本かたちと文化

古典籍・近代文献の見方・楽しみ方

大学共同利用機関法人 人間文化研究機構
国文学研究資料館〈編〉

勉誠社

刊行に寄せて

国文学研究資料館館長　渡部泰明

国文学研究資料館をご存じでしょうか。東京の立川市にある、国立の研究機関です。国立大学や国立博物館と同様、現在は法人化されています。日本文学、とくに明治時代以前の古典文学を中心に、あらゆる情報を集め、研究し、公開することを目的にしています。古典文学だけではありません。近代文学にも、また歴史資料など日本文学に関連する領域にも、力を入れています。古めかしい名称ですが、当館のホームページをご覧いただければ、六階建ての今風のビルが現れて、初めて見る方は驚かれるかもしれません。あるいは大規模なデータベースの公開、各地の研究者との共同研究、国際研究集会の運営や地域社会・アーティストとの連携など、多彩な活動に気づいていただけることでしょう。すべて、日本文学関連の情報を公的なものとするための事業です。

けれども、日本文学研究の基本は、何といっても書物に直接ふれることです。私たちは数百年の時を超えて保存されてきた書物を実際に見ることができます。なんという幸せなことでしょう。けれどその幸福を皆さんに余すところなく享受してもらうには、まず書物として古典籍や近代文献を取り扱う知識と技能が求められます。書物には、文字や絵図の内容以外にも、その本を前代から受け継ぎ、次代へと受け渡そうとした人々の営みの歴史にまつわる、多種多様な情報が刻印されています。それらを知る方法を人々とわかち合うにはどうしたらよいか、と私たちは考えました。

そこで国文学研究資料館では、日本古典籍講習会という催しを、国立国会図書館の協力を得て、毎年開催しています。二〇二三年で二十一回目となりました。コロナ感染症拡大の下では残念ながらオンライン開催でしたが、本来の対面開催に戻ることもできました。古典籍やさまざまな資料を目の当たりにしてもらえるようになったのです。

けれどもオンライン開催には、副産物もありました。動画として放映するために、講義録や画像資料を、今まで以上に念入りに作成することになったのです。こんなお宝を生かさない手はありません。勉誠社のご支援を得て、これらを紙媒体で公刊することになったのです。当館教職員を含む執筆者は、いずれも古い書籍に蘊奥を究めた方々ばかり。しかも、その知識を社会の共有財産としたいという、あふれんばかりの情熱の持ち主。ここで展開されるのは、いわゆる書誌学という学問領域に重なります。書誌学は、用語も難しげで、しかも研究者間での認識の違いがあったりもします。そのような垣根を越えて、古典籍・近代文献をめぐる情報を公《おおやけ》のものとしたい、というのが本書の願いです。

さあ、古典籍・近代文献の世界へ。

本 かたちと文化

大学共同利用機関法人 人間文化研究機構 国文学研究資料館〈編〉

contents

※所蔵元を記していない図版は、すべて国文学研究資料館所蔵。

はじめに――「本」を学び、楽しむために

海野圭介

「本」とはどのようなものなのでしょうか。日頃何となく手にする雑誌や文庫本、学校の教科書や参考書、図書館に整然と並べられて保管される大量の出版物から、記念館や文学館に展示される文豪の自筆原稿や初版本、美術館や博物館に仰々しく並ぶ奈良時代や平安時代の手書きの書物まで、私たちの生活のいたるところに「本」は存在しています。私たちが先人の知恵を学び、伝承や信仰を守り伝え、知識や技術を継承し、小説や詩歌を愉しみ、喜怒哀楽を共有するための手段として「本」は利用されてきました。各種情報の蓄積と伝達の手段にインターネットを介した電子的手法が加わった現在においても、緩やかに減少傾向にあるとはいえ「本」は流通し続けています。「本」の存在は、それほどまでに人間の生活に密着したものであるのでしょう。また、情報の結節点や蓄積場所としての意義を超えた、所有する悦び、手元に置く楽しみといった魅力が「本」にはあるのでしょう。「本」の価値は、書かれた内容と共にモノとしての書物それ自体の存在にも認められて来たと言えます。

「本」の作成には色々な工夫がなされてきました。料紙や表紙を飾り、装訂に凝るといった美的側面の充実、情報検索の容易な形態や購入しやすい書形の創出といった実用的方面への展開などの「本」の進化は、「本」の価値を高め、その利用者を拡大することへと繋がりました。それ故に、今に伝わる「本」の姿は

様々で、その佇まいを見ることを通して人と書物との関係の歴史、人と文字情報との関係の歴史の一端を窺い知ることが出来るように思われます。本書は、そうした「本」の長い歴史のうち、古典世界から近代初頭に至る時代を対象に、その時代に作成された「本」を手に取り、それを学び、それを楽しむための手引きとなることを目指して編集いたしました。

国文学研究資料館では、大学附属図書館や専門図書館に在籍され古典籍や近代文献を所管される専門職員で、経験が浅く基礎的な知識や手順の習得を希望される方、また、そうした資料を研究対象とする大学院生等を対象として、国立国会図書館と共同で古典籍講習会を毎年開催しています。この講習会では、「本」とその歴史に関する知識の習得と併せて、古い「本」を実際に見て触りながら、また、古典籍や近代文献の情報を集積するためのメタデータを作成しながら、「本」と向き合い、それとの付き合い方を共に考え学びます。本書に収められたそれぞれの章は、その積み重ねに基づき執筆されています。そのため、各章は「講義」として立項し、古典籍・近代文献の研究や専門的処理のための入門書としても活用できることを意図していますが、古い時代の「本」に関心のある方、たまたま出会った古い「本」に興味が引かれた方など、知的好奇心が刺激された方々にも読んで楽しんで戴けるよう、マニュアル的な構成は敢えて取らず、専門研究者が「本」のどこを見て何を判断しているのか、日頃何を考えて「本」を追いかけているのかといった事柄にも多く触れるようにしています。また、集録した画像の多くは、当館が推進する古典籍のデジタル化プロジェクトにより構築した「国書データベース」（https://kokusho.nijl.ac.jp/）から公開している画像や他機関からの公開画像で、対応する画像にはインターネット上に公開されたデジタルデータに恒久的に与えられる識別子であるＤＯＩ（Digital Object Identifie、https://www.doi.org/）を示し、ｗｅｂ上に公開されている鮮明な画像を併せて見ることが出来るようにしています（デジタルデータの参照には、https://doi.org/に続いて本書の図版に併記された数字を入力して下さい）。本書に収められた各講とコラム、そして「国書データベース」の提供する溢れるばかりの「本」の全頁画像データが、日本の書物文化への理解を深化させ、「本」への愛を再認識させる一助となることを願っています。

講義1

はじめての古典籍

神作研一

はじめに

古典籍とは何か――。

本講義では、古典籍を扱う際の地ならし（総論《ガイダンス》）として、「古典籍」なる術語《テクニカルターム》、書誌学という学問領域、写本と刊本の特徴、書誌記述の方法、理想の目録のあり方、分類と排列に関して案内《ナビゲート》します。個別の問題は【講義2】以降で展開される各論に譲り、むしろ本講義では、それら各論の導入的役割を果たすよう配慮しました。

一、世界は書物の中に

紙、のみぞ知る――。

生成ＡＩが出現したデジタル全盛の現代とは異なって、〈古典〉の場合、世界は書物の中にのみ存在しました。翻って〈いま〉をより豊かに、深く楽しく、そしていっそう知的に生きてゆくためには、その〈古典〉を存分に享受することが望ましいと言えましょう。かの『解体新書《かいたいしんしょ》』（安永三年〈一七七四〉刊）や『塵劫《じんこう》記《き》』（寛永十一年〈一六三四〉刊）を挙げるまでもなく、〈古典〉はいわゆる文学だけでなく、既存の学問のあらゆる領域に存在しています。「昔の人の学問と云《い》ふものは「今」を知ることではなくて、「過去」を知ることだった」との谷崎潤一郎の言（「直木君の歴史小説について」『摂陽随筆《せつようずいひつ》』中央公論社、一九三五年）も思い合わされるところです。多様な価値観が併存し、政治や宗教をめぐる困難で深刻な問題が頻発している現代だからこそ、この事実を重く受け止め、先人の叡智《えいち》と息づかいに耳を傾けることが何より肝要です。「役に立つかどうか」という貧弱なモノサシに頼らない、現世をたくましく生き抜くチカラを〈古典〉から感じ取って欲しい。今を生きる現代人のひとりとして、私もまた読者の皆さんとともに、〈古典〉の楽しみをカラダごと味わいたいと思っています。

さぁ、そのためのしるべ《指針》である古典籍を「正確に認識する」すべを磨いていきましょう。

二、「古典籍」という言葉

「古典籍」と似た言葉として「和本」「和書」「和古書」「国書」「典籍」などがあります。まずはそれらの語の意味を『日本国語大辞典』（第二版）（小学館）で確認します（用例は書名のみ掲出）。

○和　本…①漢学に対して和学に関する本。＊蔭涼軒目録。
②唐本や洋本に対し、日本で作られ、日本風に装丁《ママ》した本。和綴《わとじ》の本。また、日本で板をおこした本。和書。＊蔭涼軒目録。＊文会雑記。＊蓼喰ふ虫。
○和　書…①漢籍・仏典・唐本や洋書に対して、日本の書物。また、日本語で書いた書物。国書。＊集義和書。＊明良帯録。
②洋装本に対し、和綴の書物。
○和古書…未立項。
○国　書…①国家の間で交換する文書。＊中右記。＊魏書高祐伝。
②国の元首がその国の名で発する外交文書。批准書や条約に関する全権委任状など。＊折たく柴の記。＊公式令（明治四十年）。＊夜明け前。
③日本で著述された書籍・記録。和書。＊東京年中行事。
○典　籍…（和書・漢籍・仏典など）書物。書籍。てんじゃく。
○古典籍…未立項。

それぞれの言葉の語義と性格を正しく把握することが大切ですが、ここでは二点、確認しておきます。

まず一点めは「国書」。私たちはこの言葉からただちに『国書総目録』全八巻・索引一巻（岩波書店、一九六三～七六。補訂版一九八九～九一年。後続の『古典籍総合目録』全三巻〈岩波書店、一九九〇年〉は「国書総目録続編」を謳《うた》う）を連想しますが、この言葉の語義の根幹は「①国家の間で交換する文書」とか「②国の元首がその国の名で発する外交文書」の謂《い》いなのでした。因みに、わたくしども国文学研究資料館の基幹データベースである「国書データベース」（二〇二三年三月より運用開始。『国書総目録』を基盤とした「日本古典籍総合目録データベース」と、画像を収載した「新日本古典籍総合データベース」を統合発展させたもの）は、もちろんかの『国書総目録』の継承を込めた命名です。

ついで二点めは、「和古書」と「古典籍」が立項されていないという事実です。これはちょっと意外ですし、不首尾ですね。将来、もし『日本国語大辞典』の第三版が刊行されるとしたら、必ずや登載して欲しいと願います。

他方、『日本古典籍書誌学辞典』（岩波書店、一九九九年）には、「和書」「典籍」「古典籍」が立項されています。「和書」は冒頭の一部を、「典籍」と「古典籍」はそれぞれ全文を引きます。

○和　書…日本の書物。国書とも。漢籍、洋書等に対する用語で、和書と漢籍を併称して和漢書といい、とくに近世以前の和書を和古書とも称する。また和本も和書と同義に用いられることもあるが、通例は、装訂の上から洋本（洋装本）もしくは唐本、朝鮮本（韓本）に対して和装本の意味で用いられる。（後略）

〈鈴木淳執筆〉

○典　籍…古い大切な書物。書籍。「典」は台にのせる書物の象形で、貴い書物の意であり、「籍」（ジャクは呉音）は竹簡を重ねる意であるから、本来は漢語で、貴重で高く善なる道を記す書物、古典を指すが、次第に書物一般をいうに至る。「図書寮。典籍ヲ持シテ、内裏ニ供奉スルヲ掌ル」（『続日本紀』天平宝字二年〈七五八〉八月二十五日甲子）。『図書寮典籍解題』（宮内庁書陵部編、昭和二十三―二十五年）、『日本仏教典籍大辞典』（雄山閣、昭和六十一年）の如き書名に用いられる場合、貴所の所蔵、聖なる内容の経典であることが含意されているが、多種多様の書籍解題が著述されていくうちに、同列に扱われることになる。しかし、一般の書籍に比すれば、内容・形態ともに優れ、歴史的評価の高さも含まれた場合に用いられる語である。近時多用される善本は、形態面での美術品的価値、内容面での古典としての評価にやや欠ける点があっても、学術的見地から評価すべき点を備える場合に用いられる。〈松野陽一執筆〉

◯古典籍……古い書物の中で、特に内容・形態ともに優れているものをいう。しかし、典籍の用法同様、美術品的価値から、時代区分を含んだ学術的評価の用語に推移してきており、わが国の場合、室町時代以前の書籍を江戸時代以降のものと区分して用いたり、江戸末期以前の写本・版本全体を明治以降のものと区分して用いる場合も出てきている。『古典籍総合目録』（国文学研究資料館編、岩波書店、平成二年）は『国書総目録』続編と銘打つ如く後者の例で、明治以降現代に至る活版洋装本の時代からすれば、装訂、料紙の形態面からも、内容に関しても異質性が歴然とする写本・版本を古典籍と呼んだのである。この場合もわが国の伝統文化尊重が含意されてはいるが、「物としての本」の均質性が優先され、内容・形態に関する優劣は、収録書目では配慮されていない。

古典籍学も、本来は内容の優れた、美術品的価値をもつ古書籍に関する学を意味するが、学術的価値をもつ古書籍の学に拡大されて用いられる段階が到来している。江戸末期以前の写本・版本をもはや前代の文化遺産と見做す社会通念が形成されつつある現在、それを対象とする学の名称として積極的意義を担うと考えてよかろう。

〈松野陽一執筆〉

いま留意すべきは、二十世紀も末になって（『日本古典籍書誌学辞典』の刊行は一九九九年）、「典籍」と「古典籍」の両語がともに、優れた書物という本来の意味から徐々に時代区分を含んだ学術用語へと推移している様相が窺知される、ということです。すなわち「古典籍」とは、江戸末以前の書物（写本と刊本）の総称の謂《い》いなのだと、ひとまず定義しておきます。(1)

三、書誌学とは何か――くらべて考える

そもそも「書誌学」なる語はBibliographyの翻訳語なのですが、(2)例えば『日本古典籍書誌学辞典』では次のように説明されています（長いので、冒頭と末尾のみを引く）。

〇書誌学…書物を研究の対象とする学。書物の概念規定、書物の材料・形態・装訂などとその変遷、書写・印刷の様式・方法の変遷、テキストの成立・伝来・校訂などから、文庫・蔵書家に及び、印刷・出版・書肆などの業にわたる。（中略）

明治になり欧風化の時代に国書・漢籍は軽視され、国史研究の補助学として書史学と呼ばれたり、好事家の手に委ねられた傾きがあり、改めて書誌的研究の必要が自覚され、Bibliographyの訳語として書誌学の称が定まり、日本書誌学会が結成されたのも大正・昭和の交である。

〈長谷川強執筆〉

的確な定義として尊重されるものですが、いま私は右を踏まえた上で、書誌学を次のように規定します。

【1】書物を対象とした科学的、文化史的な研究

【2】くらべる学問であり、術語の体系に基づいて記述される

虚心坦懐に諸本を「くらべて考える」ことこそが肝心であり、それを、皆が共通認識している「術語」によって過不足なく記述してゆくことが何より大切です。

かつて私は大学院生時代に、「書誌学は大工（職人）の如し」とか「ジェネラルにモノを見よ」などと教えられたものでした。何よりも重要なのは経験であり、その一方で、先入観によることなく書物に接することの大切さを、今も肝に銘じています。

四、写本と刊本

書物は、内容による分類ではなくて、書物それ自体の生成過程によって「写本」と「刊本」（版本・板本と

も）に分類されます。

念のために申し添えれば、「写本」とは、（『日本国語大辞典』をはじめとする国語辞典の類には、本を写すことあるいは写した本のことだと記述されますが、そうではなく）手書きした書物の総称です（刊本の対語）。だから著者による自筆本も当然「写本」に含まれます。因みに、古書販売目録などでしばしば目にする「〇〇自筆」という表記は、その著者による作品だけに使用すべきものであり、そうでない場合は「〇〇筆」と表記しなければなりません。

手書きされた本（写本）と印刷された本（刊本）は、実見すれば比較的たやすく識別できますが、そうは言っても実際は、「刊／写」の境界は非常に微妙（曖昧）です。例えば、複数冊を持つ書物の場合の「取り合わせ本」（入《い》れ本《ほん》・補配本《ほはいぼん》なども）や「補写本」の場合、「刊／写」のどちらに分類するかは、単純な量（冊数）の問題ではなく、その書物が「刊／写」のどちらをベースにしているのかに拠って判断します。また、刊本なのにその挿絵に施された手彩色《てざいしき》に特色が認められる「丹緑本《たんろくぼん》」や、刊本の抄物《しょうもの》などにまま見出される「書き入れ本」は、刊本だけれどもその書物の価値は手書きされた部分にこそ宿っています。さらには「刊《かん》写本《しゃほん》」。この語は『日本古典籍書誌学辞典』には未立項ながら、阿部隆一書誌学に出る術語[3]であり、刊本を写した写本（いわゆる「版本写し」）の謂いです。日本古典籍の刊写本は、写本ですが当然刊本よりもグレードが下がります。

ここでは、写本と刊本それぞれの特徴を展開図【図1・図2】をもとに理解してみましょう。

まずは写本。

【写　本】○原則としてタテに連鎖する

○無意識に因る誤写や意識的な改編、さらには校訂を伴う　→一つとして同じ本は存在しない

○ゆえに、諸本を系統立てることが何よりも大切

○本文が流動する　→異文や異本の発生率が高い

○奥書《おくがき》の批判的読解に基づく、書写年次の確定（推定）が大切

○読者の絶対数は少ない

○外形的な諸要素（本の大きさ〈書型《しょけい》〉、表紙の色や文様）は用をなさず、重要なのはあくまでも本文

→諸本の巻頭の比較や奥書《おくがき》の批判的読解（本奥書《ほんおくがき》か書写奥書《しょしゃおくがき》か）が求められる

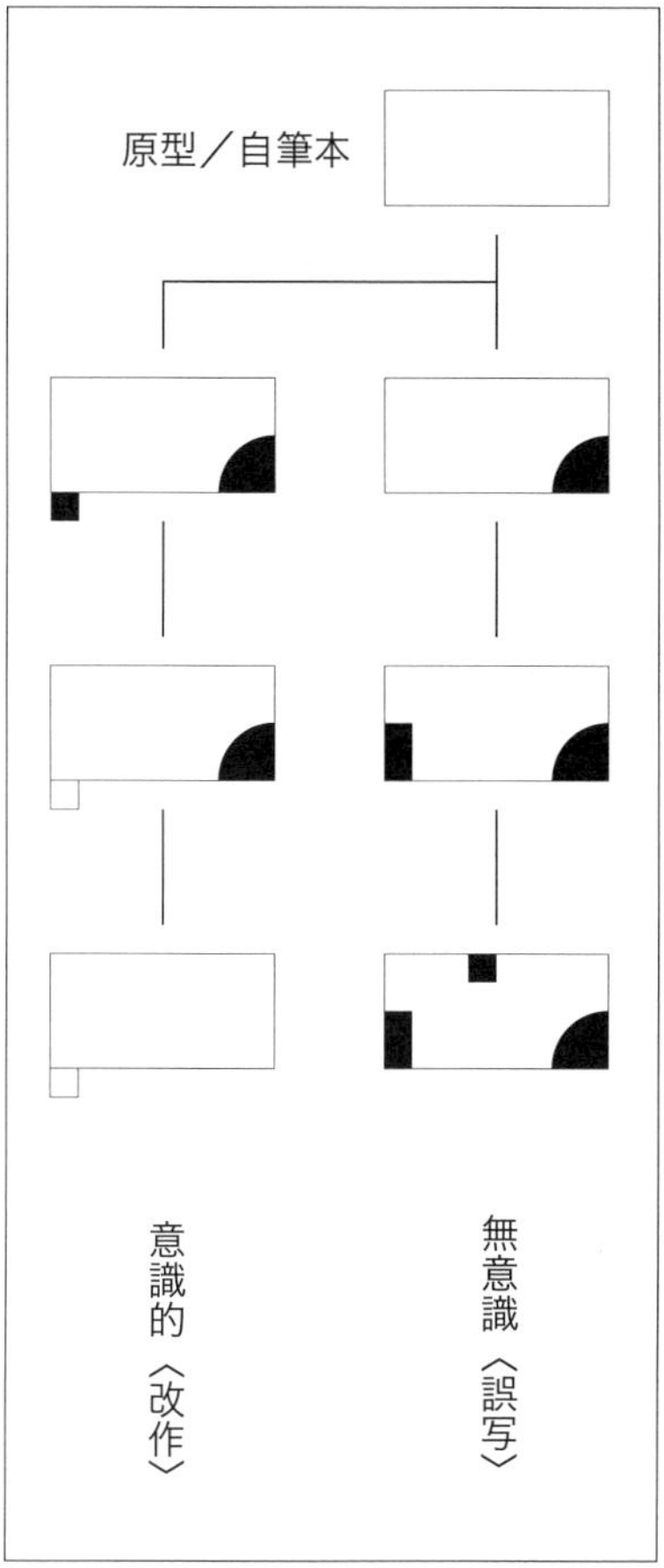

図1　写本の展開図

重言すると、写本は原則的にタテに連鎖します。従って、諸本を系統立てることが先ず何よりも大切です。書写は、長い年月をかけてあたかも伝言ゲームのように進められるため、本文が流動し、異文や異本の発生率はおのずと高くなります。一つとして同じ本というものは存在しないわけです。相対的なものですが、(刊本に比べれば)読者の絶対数が非常に少ないことも特徴として指摘できます。本の大きさ(書型)、表紙の色や文様などの外形的な諸要素は用をなさず、一にも二にも重要なのは本文です。だから写本の場合は、その目の前に現れた本がいかなる系統に属するのかを見極めることこそが大切になってきます。特に巻頭を見比べたり、本奥書や書写奥書を比較するのが手っ取り早い方法ですが、実際はそんなに単純に見極められるわけではありません。大工さん(職人)の経験値がモノを言うのです。

因みに「文献学《ぶんけんがく》」(Philologie の翻訳語)は、現存する諸写本の本文を比較・検討・審定《しんてい》することによって、既に失われた「原型」(独 Archetypus)あるいは著者の「自筆本」(Original)への到達を目指すもので、「低部《ていぶ》批判」による「本文《ほんもん》批判」(独 Text Kritik)を基盤としますが[4]、今は措《お》きます。

ついで刊本。

【刊　本】○原則としてヨコに広く展開する

○刊本ゆえに同じ本は存在しないと思われがちだが、実際は入《い》れ木《き》による修訂や版元の交替なども少なくない　↓刊《かん》・印《いん》・修《しゅう》の見極めが重要

○刊記《かんき》の批判的読解に基づく、刊年の確定(推定)が大切

○読者の絶対数が多い

○外形的な諸要素（例えば本の大きさ〈書型〉）が内容《ジャンル》を規定する傾向が強い

やはり重言すると、刊本は原則的にヨコに広く展開します。本の大きさ（書型）や表紙の色・文様はそれぞれに意味があり、内容と深く連動します。[5] これを概括すれば、詩書や歌書などの雅文学《がぶんがく》には大本《おおほん》（縦二七センチ前後）が多く、俳書は半紙本《はんしぼん》（縦二二センチ前後）が一般的。黄表紙・合巻は中本《ちゅうほん》（縦一八センチ前後）、洒落本は小本《こほん》（縦一五センチ前後）のように括ることができます。従って、私たちが調査の際にしばしば出くわす未整理の大量の古典籍は、最初に本の大きさによって山分けするとおおよそのジャンルに分類することができるのです。また、整版本《せいはんぼん》はいわゆる版画の要領で作られるため、入れ木訂正が容易です。「火事と喧嘩は江戸の花」で版木《はんぎ》（板木とも）の一部が焼けてしまったとしても、即座にその焼けた一部を補刻《ほこく》することなどお手のものです。刊本だからどれも同じというのは、とんだ早合点に過ぎません。近年「版本書誌学」が定着したのも、こうした刊本の性質を考えれば当然の成りゆきでした。

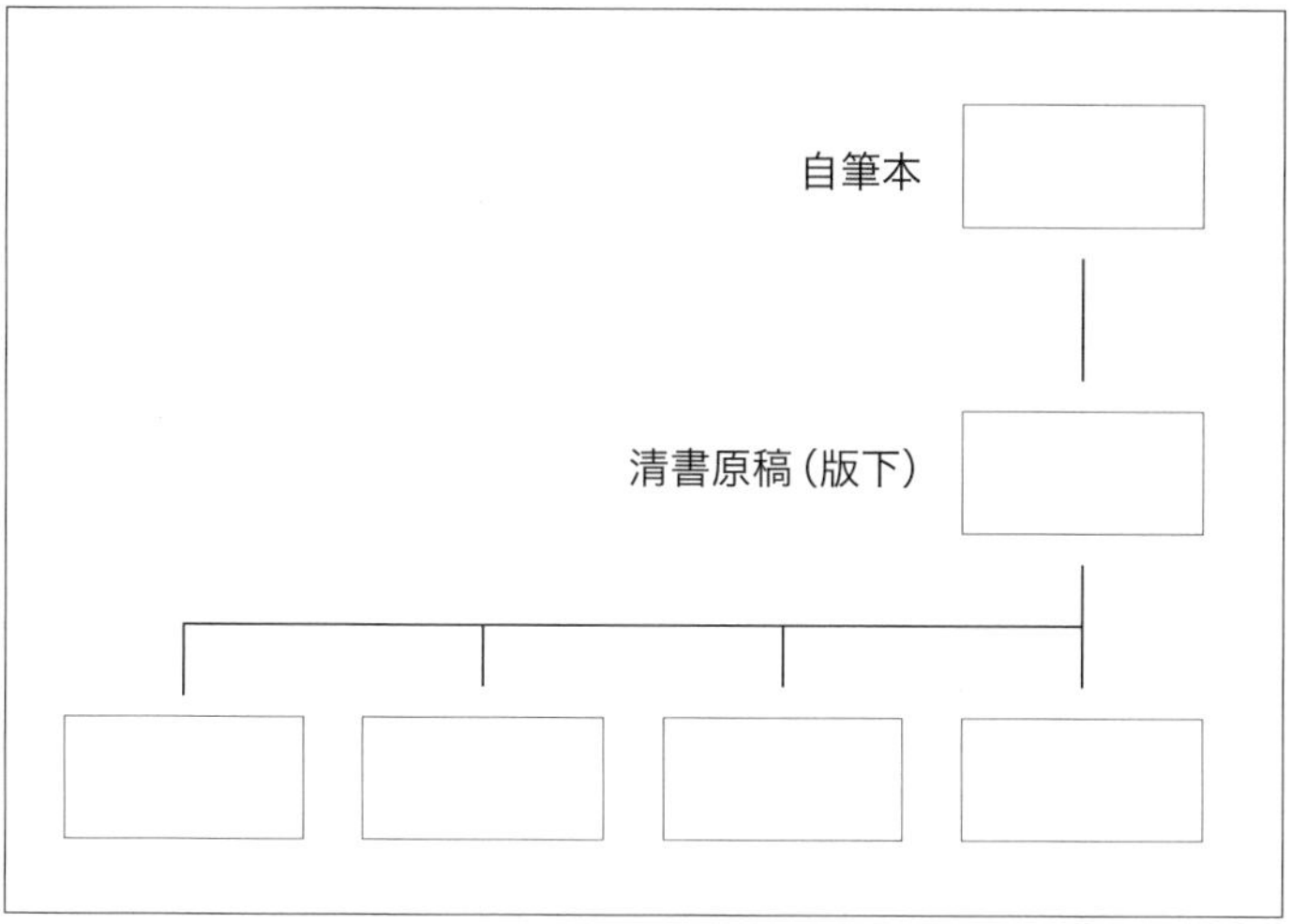

図2　刊本の展開図

五、書誌記述の方法

「目録事項」と「書誌事項」で構成される、書誌記述の方法を学びましょう。林望《のぞむ》[6]と堀川貴司[7]両氏によってその要諦が紹介されていますので、いまそれらを参照しながら記述します。参考までに、かつて私が著録した任意の書誌カードを一枚、図版に掲げます【図3】。

まずは目録事項。

> **【目録事項】**　書　名　　巻数　編著者（画者）名　　請求番号
> 書写年（書写者）／刊・印・修年（版元所在地・版元名）　　書型　冊数

書名は、本文巻頭内題《ほんぶんかんとうないだい》を以て掲出します。日本の古典籍には内題のないものが多いので、書物の性格に応じて外題《げだい》（写本は本文同筆、刊本は原題簽《げんだいせん》に限る）や目録題（浮世草子）などから適宜採り、その旨を例えば「西鶴名残の友（目録題）」のように記述します。また、書名のないものや書名があっても内容に徴してそれが不適切と判断されるものには、〔　〕内を付して新たに書名を与えます[8]。なお冠称《かんしょう》（角書《つのが》き）は〈　〉内にくるみ、改行を／で示します。

巻数は、本文上の巻数のことであって、必ずしも実際の冊数とは一致しません。例えば『古今和歌集』の

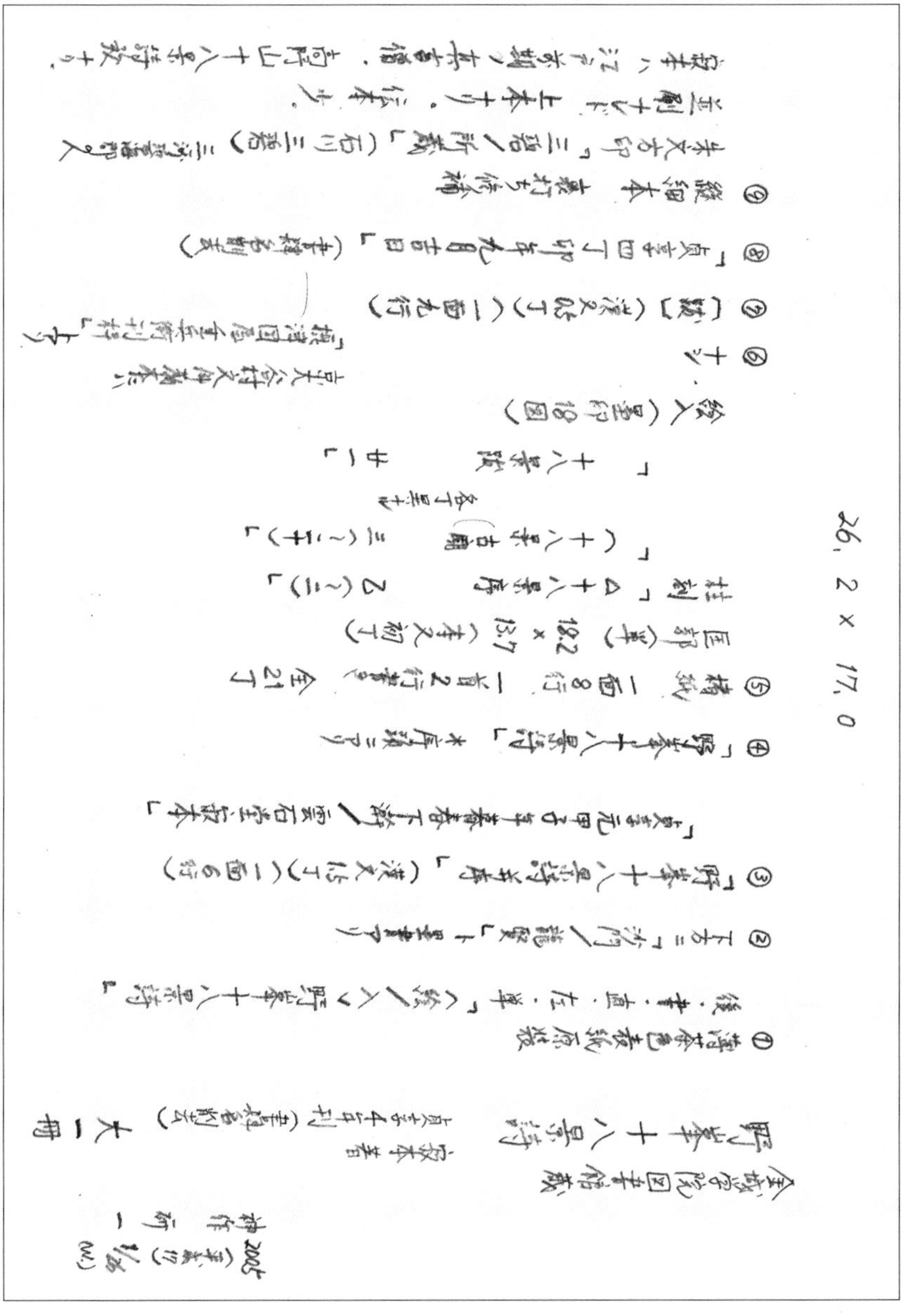

図3 神作手書きの書誌カード

刊本は通常上下の二冊本ですが、巻数は二十巻です。「一巻」の場合は記述しません（「ゼロ情報」は書かない）。また、存巻状況を「存巻一―四」とか「欠巻五」などと記します。

編著者名は、最も通行するものを以て記述します。これは編著者名索引の作成に備えた所為で、どうしても原本の表記を書き記しておきたい時には、例えば『雨月物語』の場合であれば「上田秋成（剪枝畸人《せんしきじん》）著」のように示します。「最も通行するもの」がクセ者ですが、通常は「姓氏―名」で表記し、漢学者・漢詩人は「姓氏―号」で、連歌師・俳人は「号」で、それぞれ示します。

書写年は、明確なそれが不明の場合には、「〔室町後期〕写」の如く推定年代を記します（刊年の推定記載も同断）。特に刊本の場合は、「刊《かん》・印《いん》・修《しゅう》」を用いて記述することが肝要です。「刊」は版木が刊刻された時点を、「印」は実際に印刷された時点を、「修」は版木に修訂が施された時点を、それぞれ示します。[9]

ついで書誌事項。

【書誌事項】

以下の九項目で記述します。詳細は本書所収の各論に譲り、ここでは最小限の参考文献を示しながら簡潔に説明します。記述の要諦は、書物を披《ひら》く順番に沿って記述していく、ということです。

①表紙

原装《げんそう》か改装《かいそう》なのかの見極めが最も重要です。栗皮表紙《くりかわびょうし》や丹表紙《たんびょうし》は寛永前後の刊本に特徴的なものであるとか、巻龍文《まきりゅうもん》表紙は表紙の中の大名物、行成表紙《こうぜいびょうし》は上方《かみがた》の子ども絵本に目立つなど、色や文様の中には注意すべきものがあります[10]。大きさ（縦×横）と外題《げだい》を記し、さらに副題簽・絵題簽（草双紙《くさぞうし》など）や袋（書袋《しょたい》）があればそれも記します。

○『日本色名大鑑』（上村《うえむら》六郎・山崎勝弘著、甲鳥書林、一九四三年。染織と生活社一九七六年復刻）

○『色の手帖』（尚学図書編、小学館、一九八六年。国際版一九八八年。新版二〇〇二年）

○『文様の手帖』（尚学図書編、小学館、一九八七年）

○「表紙模様集成」（小川剛生《たけお》・中野真麻理《まおり》編、『調査研究報告』二十五号別冊、国文学研究資料館調査収集事業部、二〇〇四年十一月）https://www.nijl.ac.jp/pages/images/hyousimonyou.pdf

②見返し

③前付け（題詞《だいし》、序、凡例、目録など）

④本文巻頭内題

⑤写式《しゃしき》／版式《はんしき》

用字（漢字／カタカナ／ひらがな）、料紙《りょうし》、丁数、匡郭《きょうかく》、界線《かいせん》、字高《じこう》、行数・字数、版心《はんしん》・柱刻《ちゅうこく》、訓点《くんてん》、絵などを記します。また、巻子本《かんすぼん》・折本《おりほん》・粘葉装《でっちょうそう》・列帖装《れっちょうそう》など袋綴じ以外の装訂《そうてい》[11]や、古活字版《こかつじばん》・木活字版《もっかつじばん》や拓《たく》版《はん》など整版以外の版式、春日版《かすがばん》・高野版《こうやばん》・五山版《ござんばん》などの古版本《こはんぽん》（旧刊本《きゅうかんぼん》）の種類、官版《かんぱん》・藩版《はんぱん》、銅版《どうばん》や地方《ちほう》版《ばん》・田舎版《いなかばん》なども記します。

○『書の和紙譜』全二冊（竹田悦堂著、雄山閣出版、一九九六年）

○『繊維判定用　和紙見本帳』（名古屋市熱田区紙の温度発売）

⑥尾題《びだい》

⑦後ろ付け（跋、後記など）

⑧奥書・識語《しきご》／刊記・奥付《おくづけ》

九項目の中で最も重要な項目です。

「奥書」は、書物の最後に記された、その書物の成立事情等を書き留めた文章のこと。写本の場合、本奥《ほんおく》書《がき》と書写奥書《しょしゃおくがき》を記しますが、既によく知られた本奥書は適宜省略しても構いません。「識語」は、書物の成立事情等に関わらない後人による文章のことで、奥書とは異なり、書物のどこにでも記されます。

刊本の場合は刊記もしくは奥付を記します。「刊記」は、刊本の、多くは巻末に付された刊行年月と書肆《しょし》（多くは住所を併記）を表記したものです。さまざまな様式があり、枠で囲まれている刊記のことを特に「木《もっ》記《き》」と呼びます。木記には鐘《かね》や鼎《かなえ》などの器物によるものもあり、特に仏書《ぶっしょ》に多いのは蓮の花と葉を牌《はい》の上下に配した「蓮牌木記《れんぱいもっき》」です。最初から刊記のないケースを「無刊記《むかんき》」、もともとは存在した刊記が何らかの事由によって失われてしまったケースを「刊記欠《かんきけつ》」と呼んで区別します。また、刊行に関わる短文を（刊記と同じ書体で）備えているものを「刊語《かんご》」と呼びます。「奥付」（奥附）は、刊記が別丁（通常は後ろ表紙の見返し）に仕立てられてある時の呼称です。江戸初期にもまま見られますが、後期以降になると相当に増加してきます。同じ版元の複数の書物に、同一の奥付が流用されることもあるので、注意が必要です。

奥書にしても刊記にしても、大切なことはソレを「批判的に読解する」ことです。そのために必要なのは経験であり、根気よく古典籍を観察する訓練を重ねることが肝要です。初学者に多く見受けられるのは「書写年次不明」とか「刊行年次不明」という記述ですが、これはやはり避けたい。書風（写本）や版相（刊本）、紙質、さらには書姿（書物全体の雰囲気）などをかれこれ勘案した上で、責任を持って、「〔室町後期〕写」とか「〔江戸前期〕刊」のように記述しましょう。

○「〈シンポジウム〉「奥書・識語をめぐる諸問題」田中登・牧野和夫・武井和人・新藤協三
（『調査研究報告』十七号、国文学研究資料館文献資料部、一九九六年三月）

○「〈シンポジウム〉「刊記をめぐる諸問題」飯倉洋一・市古夏生・石川了・鈴木淳
（『調査研究報告』十六号、国文学研究資料館文献資料部、一九九五年三月）

⑨その他の特記事項

蔵書印（旧蔵者）や伝来、名家による書き入れ、広告、保存状況《コンディション》などを適宜記します。書物全体のたたずまいに関する印象や、初印《しょいん》・後印《こういん》など刷りの善し悪しに関する判断など、実際に現物を見ながら気づいたことどもを忘れずにメモしておくことを勧めます。所蔵機関の整理書名が異なっている場合はソレも記述します。

○『増訂 新編蔵書印譜』全三冊・補巻一（日本書誌学大系、青裳堂書店、二〇一三〜二三年）

○『形でひく篆楷《てんかい》字典』（丘襄二《おかじょうじ》編、マール社、一九八三年）＊篆書《てんしょ》を形で引けるユニークな字典

なお、書誌著録の際に悩ましいのが異体字《いたいじ》です。異体字辞典にも各種ありますが、ここには極めて有用な工具書を一つだけ挙げておきます。

○『異体文字集』（静岡県富士郡芝川町郷土史研究会編刊、一九七三年。エース社復刻、二〇二〇年）

六、棒目録と解題目録――理想の目録を目指す

データベースは至便ですが、探しているモノしか探し出せません。データベース全盛の現代でも、私たち研究者は、そのコレクションにどんな書物があるのか、冊子体の分類目録を強く必要としています。

ついては、書誌調査を終えたあとにどんな目録を編むのがよいのか、そのことを考えてみましょう。目録には大きく二種が存在します。「棒目録《ぼうもくろく》」と「解題目録《かいだいもくろく》」です。まずはそれぞれの長所と短所を確認し、その上で「理想の目録」のあり方を考えます。

まずは棒目録。

【棒目録】○簡潔である――少ない面積（スペース）で大量の点数を収載できる。

○見やすい。

▽一点当たりの情報量が少ない。

棒目録の恰好の事例は、御覧【図4】のように『改訂　内閣文庫国書分類目録』全三冊（国立公文書館内閣文庫編刊、一九七四～七六年）です。至極単純な記述なので、編むのは簡単そうに見えますが、決してさにあらず。シンプルで効率良く書目を収載するためには、正確な分析を経た結果の、凝縮された内容を示す必要があるからです。収載するデータの生死は、目録編纂の「方針」（凡例）に大きく左右されます。

			冊	函	号
同	同(装束抄缺)	学	六	二〇三	八九
同	同(装束抄缺)	楓	六	二〇三	九〇
標註枕草子讀本	五巻 佐々木弘綱 明治二四刊		五	二〇三	八六
〔方丈記〕	(前田家藏鎌倉時代寫本) 鴨長明〕 昭和一三刊(影印・尊經閣)		一	二〇三	一〇三
方丈記	(鴨長明方丈記) 鴨長明〕 刊	林	一	二〇三	一〇七
〔方丈記〕	鴨長明〕〔江戸初〕寫	江	一	二〇三	一〇八
鴨長明方丈記之鈔	(刊本) 寫	楓	一	二〇三	一〇九
鴨長明方丈記之抄	(刊本) 安永五寫	和	一	二〇三	一〇六
つれ〲種	(靜嘉堂文庫藏釋正徹手寫本) 吉田兼好〕 昭和二六刊(影印・國立國會圖書館)		二	二〇三	一一三
〔徒然草〕	(つれ〲種)(嵯峨本第二種本) 吉田兼好〕〔慶長〕刊(古活)	楓	二	特二七	一八
同	(嵯峨本第四種本) 吉田兼好〕〔慶長〕刊(古活)		二	特六〇	三
同	同	昌	二	特一一九	四
同	(烏丸本) 吉田兼好〕 慶長一八跋刊(古活)	昌	二	特六一	九
同	同	和	二	特一一九	三
徒然草	屋代弘賢校 文化一二跋刊	楓	二	二〇三	一一一
〔徒然草壽命院抄〕	(徒然抄) 秦宗巴 慶長九刊(古活・如庵宗乾)	昌	二	特一一九	二
〔野　槌〕	(稿本) 林信勝(羅山)〔江戸初〕寫(自筆等)	江	七	特一一九	一
同	二巻 林信勝 刊	楓	一五	二〇三	一四六
同	(書入本) 二巻 林信勝 寫	和	一五	二〇三	一四七

図4 『改訂 内閣文庫国書分類目録』上冊　268頁下段

第一編 古写本　　310

第六章　江戸時代初期（慶長至寛永）

国書

慶長年間

沙石集　〔重美〕　十巻　五冊

慶長二年写。梵舜自筆。無住法師編。毎半葉十二行片仮名交り。字面の高さ、約八寸一分。巻十以外朱点付。本文楮紙。巻首に弘安二年無住序、各巻首に目録を付す。各巻末に左の書写・校合の梵舜手識あり。

(巻一末)慶長二年三月中旬比遂校合了

(巻二末)慶長二年三月十九日書之了

同月廿三日校合了　梵舜(花押)

(巻四末)此両冊仰他筆写置者也

(巻五末)右本仰他筆者書写処無正躰相違也大方以

朱直了誤多云々

慶長三卯月晦日　梵舜(花押)

(巻六末)慶長二丁酉年六月十九日筆立同月廿二日書之

梵舜(花押)

(巻七末)于時慶長二丁酉年七月五日書之　梵舜(花押)

(巻八末)于時慶長二丁酉年七月廿一日書之　梵舜(花押)

(朱筆)遂大方校合了

(巻九末)慶長二丁酉七月廿九日書之　梵舜(花押)

(巻十末)右十冊一覧之次愚隙之透之

書写了巻四三冊仰他筆残

七冊之分子書之尤遂全部功

第六章　江戸時代初期（慶長至寛永）　国書

者也

于時慶長二丁酉暦仲秋初八　梵舜(花押)

右の梵舜識語に言う如く、十巻五冊の中、第一・二巻の第一冊は全部自筆、第三・四巻の第二冊は巻首目録(五行)のみ梵舜自筆、以下巻四の終りまで、全部他筆(梵舜奥書に識する通り)、第五・六の第三冊は、巻第五本の首一葉及び同末の巻首半葉(目と本文四行)のみ自筆、他は傭筆。巻第六は全部梵舜自筆。第七・八巻の第四冊は全部自筆。第九・十巻の第五冊も全部自筆。但し、巻第十は朱点を施していない。表紙は原の儘を保存し、渋引楮紙に雲母を散いた料紙に、朱色紙に自筆で外題を書いているが、手ずれのため剥落している。表紙の左下に「五冊之内」とある墨書は梵舜の筆と思われる。本の大いさ、約縦八寸四分、横六寸五分半。箱手題蘇峰。

(図版329・330)

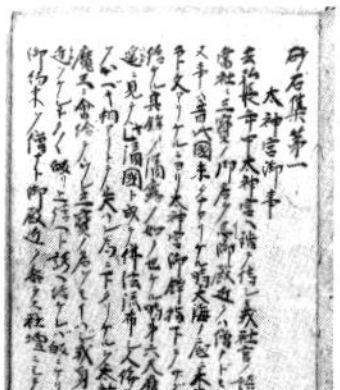

329 沙石集(巻一首) 慶長二年写

330 同(巻十末)

311

図5 『お茶の水図書館蔵 新修成簣堂文庫善本書目』 310-311頁

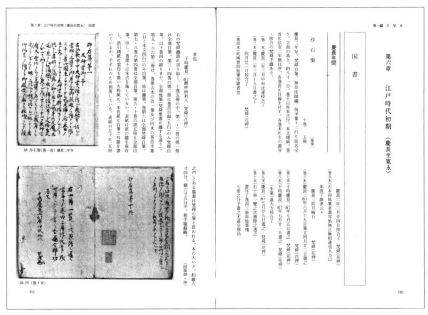

ついで解題目録。

【解題目録】○一点当たりの情報量が多い。

▽長いために大量の書目を収載して出版するのには不向き。

解題目録の事例は、御覧【図5】のように『お茶の水図書館蔵 新修成簣堂文庫善本書目』（川瀬一馬編、お茶の水図書館、一九九二年）です。丁寧な記述によりその書目の要諦を正確に把握することができますが、書目が大量にある場合は厖大な紙幅を必要とするために出版には不向きです（因みにこの書は一二八五頁で定価は八五〇〇〇円）。

では「理想の目録」はどうあるべきか――。

それは、科学的に分析された棒目録と、書目の性格に応じて柔軟に記述された注記事項とを合わせ持った目録にほかなりません。それこそが、「美しくて活きた目録」[12]なのです。そのお手本として、林望・コーニツキー編『ケンブリッジ大学所蔵和漢古書総合目録』（ケンブリッジ大学出版会、八木書店発売、一九九一年）を示します【図6】。

この「ケンブリッジ大学目録方式」は、目録事項（棒目録部分）と注記事項（＊以下）との併用形態を採っており、紙幅に限りのある冊子体の目録としては最も有効な目録記述方式です。全体にわたって〈均質性〉のある記述が施される一方で、＊以下には書目の性格に応じて柔軟にそれぞれの特質が注記されています。

私もまたこの方式によって、これまで種々の目録を編んできました。[13]そのうちの一つを図版として示します【図7】。

621　伽婢子　13巻　浅井了意(瓢水子松雲処士)　FJ.770.21
元禄12刊・後印（京、中川茂兵衛）　S，A　半合1冊
＊刊記書肆名入木。

622　伽婢子　13巻　浅井了意(瓢水子松雲処士)　FJ.770.22-24
〔元禄12〕刊・文政9増修（〔江戸〕、前川六左衛門・丁子屋平兵衛）　S，A　半10冊
＊621に同版。但し、口絵6丁(春斎英笑画)を増修、外題を「(増補絵入)怪談御伽ばふこ」として読本風に仕立つ。

(ロ)近世説話

623　泉州信田白狐伝　5巻　釈・誓誉　FJ.145.1
〔宝暦7〕刊・寛政2修（無書肆名）　S，A　大4冊
＊慶大蔵本に同版、但し、巻1の17、巻5の7等覆せ補刻。刊年は慶大蔵本による。

624　通俗和漢雑話　5巻　大江文坡著、下河辺拾水画　FJ.829.5
〔寛政4〕刊・寛政7修（〔京〕、銭屋善兵衛/〔大坂〕、河内屋八兵衛）　A　半5冊
＊香川大蔵『万国山海経』(寛政4刊)に同版。序・内題等を入木して改題。刊記は入木。(印記)「七」「田善」「本音」「宮崎」「神奈川青木町本陣鈴木文庫」「大谷木純堂」「大谷木書庫」。

625　古今雑談集　2巻　滑通　FJ.884.1
文化13序刊（無刊記）　S，A　大2冊
＊(印記)「福田文庫」。

(ハ)浮世草子

626　(好色二代男)諸艶大鑑（目録題）　存巻3-8　井原西鶴著・画　FJ.754.3
〔貞享1〕刊（刊記欠）　S，A　大合5冊
＊巻8は有欠零本の配補。現状巻次8-7-3-4-5-6の順に綴。巻8目録の巻附を破り去って首巻の如く見せ掛け完本を装う。巻7目録補写。図録『西鶴』図版に同版。(印記)「長春舎貸本　所 肥前屋久右衛門」「長崎袋町かし本所 中島店」「中島改」「桑原」「上村」「宝書軒 藤屋」「美　織文成愛書(巻8のみ)」「江戸四日市古今珍書儈達摩屋五一」。

627　(島原/吉原/新町)傾城千尋の底（外題）　5巻　遊色軒　FJ.764.6
〔元禄5序〕刊・寛延2修・〔幕末〕印（無刊記）　A　大5冊
＊元禄5序刊『諸わけ姥桜』の改題本。修年は序による。(印記)「長門」。

628　男色子鑑　5巻　FJ.764.54
〔元禄6〕刊（京、和泉屋三郎兵衛/江戸、松葉屋清兵衛）　S，A　半5冊
＊外題「(当流風躰)男色子鑑 絵入」。初印原装本。巻末「好色慰草」広告に「来ル戌ノ正月より出し申候」とあり。刊年は野間光辰『初期浮世草子年表』による。

629　古今武士鑑（目録題）3巻・附孝子鑑（目録題）2巻　椋梨一雪　FJ.764.57
元禄9刊・後修（京、浅野久兵衛/大坂、〔藤屋弥兵衛〕）　S，A　大合2冊
＊巻2第3話は版木切継により「鈴木安兵衛」の話に改刻。刊記一部破損。
(印記)「玉塵倉」。

630　小夜嵐（目録題）　10巻　題・井原西鶴著　FJ.764.18-20
元禄11刊・〔江戸後期〕印（大坂、秋田屋太右衛門等）　S，A　半10冊
＊偽西鶴本。外題「(絵入)小夜嵐物語」。(元禄11原刊記書肆)京、富倉太兵衛/大坂、村上清三郎/江戸、小川新兵衛(富倉は入木)。(奥附書肆)三都発行書肆/江戸、須原屋茂兵衛・須原屋伊八・山城屋佐兵衛・岡田屋嘉七/京、勝村治右衛門/大坂、秋田屋太右衛門。
(印記)「長谷川 本虎」。

図6 『ケンブリッジ大学所蔵和漢古書総合目録』 159頁

特小一冊　16-3

＊下絵入り絹表紙。

137　**拾遺和歌集**　二〇巻　花山院親撰　〔江戸後期〕写　大二冊　54-22

138　**拾遺和歌集**　二〇巻　花山院親撰　寛政一一年刊（京、出雲寺文治郎等四肆）　特小一冊　16-5

＊下絵入り絹表紙。

139　**金葉和歌集**　一〇巻　源俊頼奉勅撰　〔江戸前期〕写　大一帖　16-94

＊列帖装。改装緞子表紙。鳥の子。本奥書「永正十一年十月上旬　従二位雅俊」。

140　**金葉和歌集**　一〇巻　源俊頼奉勅撰　〔江戸前期〕写（伝松崎俊章）　大一帖　16-85-1

＊列帖装。伝称筆者ハ折紙ノ記述ニ拠ル。松崎俊章ハ坊城俊完男。

○

141　**千載和歌集**　二〇巻　藤原俊成奉勅撰　〔室町前期〕写　半三冊　16-24

＊改装。緞子表紙。印記「青谿／書屋」（大島雅太郎）。乙類本。

142　**千載和歌集**　存巻一一〜二〇　藤原俊成奉勅撰　〔室町中期〕写（伝蜷川親元筆）　大一帖　16-19

＊列帖装。鳥の子。古筆極札「蜷川新右衛門尉親元筆」「飛鳥井殿二楽軒外題御奥書」。乙類本カ。

143　**千載和歌集**　二〇巻　藤原俊成奉勅撰　〔室町中期〕写　大合一帖　16-91

＊列帖装。改装緞子表紙。鳥の子。印記「見真斎／図書記」「琴韻書／声裏／是吾家」。

144　**千載和歌集**　二〇巻　藤原俊成奉勅撰　〔室町後期〕写　大二帖　16-26

＊列帖装。金襴緞子表紙。鳥の子。極札「近衛稙家公御女／慶福院殿玉栄」。乙類本。

145　**千載和歌集**　二〇巻　藤原俊成奉勅撰　〔室町後期〕写　大二冊　16-95

＊改装。奥書「八代集一筆之内也。以二品親王御自筆之本令書写了。判」「此書本者当聖護院殿被書写之本也。永正十一年十月廿日」。乙類本。

146　**千載和歌集**　二〇巻　藤原俊成奉勅撰　〔室町後期〕写（伝曼殊院慈運筆）　半二冊　16-96

＊改装金襴緞子表紙。総裏打。正徳四年ノ神田道伴折紙「曼殊院殿慈運大僧正真筆。外題高辻亜相豊長卿芳筆」

図7 「国文学研究資料館所蔵松野陽一文庫分類目録」『和歌史の中世から近世へ』576頁

七、分類と排列

実は、目録を編む際にいちばん苦労するのが、分類と排列です。ここで思い起こされるのは、非分類の五十音順の目録こそ一番面白いものだとの中野三敏の言(14)ですが、これは目録を縦覧する楽しさを念頭に置いた発言であって、私も賛意は表しますが、やはり行き届いた目録は分類されていなければならないと考えます。生物学が象徴的ですが、諸学の基盤は「分類」にあります。中国学の領域（漢籍）では、前漢の劉向《りゅうきょう》・劉歆《りゅうきん》父子による『別録《べつろく》』『七略《しちりゃく》』は佚書《いっしょ》ですが、『七略』の概要は後漢の班固《はんこ》による『漢書藝文志《かんじょげいもんし》』に窺うことができますし、魏晋の時代になって生まれた四部分類《しぶぶんるい》（甲乙丙丁《こうおつへいてい》）、そして唐の于志寧《うしねい》らによる『隋書経籍志《ずいしょけいせきし》』の四部分類（経史子集《けいしししゅう》）を挙げるまでもなく、「目録学」の知識は必須だと言えましょう(15)。

古典籍を分類する際に指針となるのは、日本十進法分類（NDC）ではなく、前掲した「内閣文庫目録の分類」（そのベースは「大東急記念文庫古書分類表」）です(16)。これをベースとして、談義本を滑稽本から独立させたり、実録体小説を立項したりするなど、近年の研究動向を反映させて新たな分類表を提案したのが鈴木淳を研究代表とする分類研究会編刊の『日本古典籍分類表〈試案〉』（二〇〇八年）でした。科研の研究成果報告書であるために学界ではほとんど流通していませんが、意欲的な試みとして注目されます。

また、分類綱目内の排列は、原則としてその書目の成立年代順とします（刊本しかないものは刊行年次順）。注釈書は原書目に寄せて掲出します。行間に「○」を置いて、時代を区切ったり同類の書目をまとめて掲出したりすることもあります。同一書目は、本文の系統によって排列し、なお刊写年の先後に従います。

おわりに

「舟を編む」――。

目録を編む仕事は、ある意味で辞書を作る作業に似ている、と私には思われます。科学的な分析力とそれを術語によって的確に記述する力、そして何より粘り強さが求められるからです。しかも目録も辞書も、いったん作られると二度と作り直されることはありません（正確に言えば「めったにありません」）。まさに一期一会なのです。

いま、国文学研究資料館の「国書データベース」をはじめとして、各大学図書館では古典籍画像の公開が凄まじいスピードで進んでいます。ごくごく一般的な古典籍に限れば、今やかなりのものの画像が見られるようになってきました。とは言え、高精細画像であっても、「写刻体《しゃこくたい》」という毛筆体の文字を忠実に再現した刊本の場合などは「刊／写」の判別は難しいですし、「活字版」と「整版」（例えば嵯峨本伊勢物語とその覆刻整版）の見極めが困難なケースが多いことも事実です。

では、デジタル時代の目録記述はどうあるべきか――。

経験上いい本ほど重い[17]ことを知っている私たちとしては、これからの書誌には「重さ」の記録も必要なのではないかと感じます（キロやグラムをそのまま記すのではなく、大本・半紙本の如くひと目で「認識」できる書型のような、何らかの術語（基準）が新たに立てられることが望ましい）。デジタル時代の書誌記述の要点を柔軟に取り込めれば、冊子体目録の精度もいっそう高まることが期待されます。

他方、デジタル画像が溢れれば溢れるほど思い合わされるのは、「つまりはこの重さなんだな」（梶井基次郎『檸檬』）という、身体性に関わる記憶です。古典籍を実際に手に取った時の〈持ち重り〉の感覚は、深く身体に刻まれますから、「ホンモノの魅力／原本のチカラ」を今まで以上にカラダごと受け止めたいですし、古典籍をめぐる先人の営みにも思いを馳せたいと強く感じています。(18)

注

（1）「ひとまず」と記したのは、古典籍と地続きである和装の明治本をどう扱うか、という問題が残るからです。そこには、和装の整版本もあれば、和装の活版もあり、はたまた序跋のみ整版で本文は活版という和装本も多く存在しています（洋装なのに序跋のみ整版というものもあります）。今はいったん便宜上の問題として、「古典籍とは江戸末以前の書物の総称である」と定義しておくに留めます。

（2）ただし、翻訳語を含む明治時代の造語など一三四一語を収載した『明治のことば辞典』（惣郷《そうごう》正明・飛田《ひだ》良文編、東京堂出版、一九八六年）や『明治文学全集別巻 総索引』（筑摩書房、一九八九年）に「書誌学」の語は見出されません。因みに、後者には「書史学」の語が一例だけ確認されます（『内田魯庵集』所収「気まぐれ日記」）。なお山岸徳平《とくへい》『書誌学序説』（岩波全書、一九七七年）所収「序——書誌学について」参照。

（3）林望《のぞむ》「嵯峨本を夢む」（『増補 書藪巡歴《しょそうじゅんれき》』所収、ちくま文庫、二〇一四年。もと『書誌学の回廊《かいろう》』所収、日本経済新聞社、一九九五年。因みに『リンボウ先生の書物探偵帖』〈講談社文庫、二〇〇〇年〉は『書誌学の回廊』の改題文庫バージョン）参照。なお藤沢毅《たけし》に「刊写本について」（『鯉城往来』五号、二〇〇二年十二月）があります。

（4）池田亀鑑《きかん》『古典の批判的処置に関する研究』（岩波書店、一九四一年）、橋本不美男《ふみお》『原典をめざして――古典文学のための書誌』（笠間書院、一九七四年。新装版一九九五年）、『日本古典籍書誌学辞典』「文献学」の項（松野陽一執筆）など参照。なお、橋本著書を取り上げた新美哲彦《あきひこ》「名著探訪」記事（『和歌文学研究』一二七号、和歌文学会、二〇二三年十二月）も挙げておきます。

（5）江戸時代には、人間だけでなく書物にも〈身分〉がありました。今田《こんた》洋三・中野三敏・宗政《むねまさ》五十緒《いそお》・尾形仂《つとむ》「座談会 近世の出版」（『文学』四十九巻十一号、岩波書店、一九八一年十一月）、中野三敏「和本教室・和本には身分がある」（『図書』七一三号、岩波書店、二〇〇八年八月）、同『和本のすすめ――江戸を読み解くために』（岩波新書、二〇一一年）など参照。

（6）林望「凡例」（ピーター・コーニツキー・林望編『ケンブリッジ大学所蔵和漢古書総合目録』所収、ケンブリッジ大学出版会、八木書店発売、一九九一年）。林望「九つの鍵――マニュアル式か阿吽《あうん》式か」「続・九つの鍵――古書審定の遥かな道」「続々・九つの鍵――書に象鼻と魚尾あり」「奥附は何を語るか――九つの鍵・その四」（いずれも注3前掲『書誌学の回廊』所収）。

（7）堀川貴司「附録 書誌調査の流れ」（堀川貴司『書誌学入門 古典籍を見る・知る・読む』所収、勉誠出版、二〇一〇年）。

（8）神作《かんさく》研一「《コラム》亀甲パーレン〔 〕のこと」（本書所収）参照。

（9）長澤規矩也《きくや》「図解古書目録法解説」の「刊年記入法」（『図解古書目録法』所収、汲古書院、一九七四年）、中野三敏『書誌学談義 江戸の板本』（岩波現代文庫、二〇一五年。原刊一九九五年）第九章「刊・印・修――板（版）・刷り（摺り）・補（訂）」、林望「刊・印・修ということ――「浮世草子」を調べ尽くす」（注3前掲『増補 書藪巡歴』所収）、堀川貴司「刊・印・修の区別」（注7前掲堀川著書所収）、髙橋智《さとし》「「刊」「印」「修」の区別」（『海を渡ってきた漢籍 江戸の書誌学入門』所収、紀伊國屋書店発売、二〇一六年）、住吉朋彦「コラム 刊・印・修」（慶應義塾大学附属研究所斯道文庫編『訂正新版 図説書誌学――古典籍を学ぶ』所収、勉誠社、二〇二三年。原刊二〇一〇年）、神作研一「刊記――歌書の刊・印・修」（国文学研究資料館編『古典籍研究ガイダンス 王朝文学をよむために』所収、笠間書院、二〇一二年）参照。

（10）注9前掲中野著書第六章「板本の構成要素」「一　表紙」、木村三四吾《みよご》「『松の葉』考」（『木村三四吾著作集』第三巻所収、八木書店、一九九八）、川口元《げん》「表紙図版・題字解説」（『東海近世』創刊号、東海近世文学会、一九八八年三月）、母利《もり》司朗「元禄以前の大坂版往来物」（同誌十八号、二〇〇九年五月）参照。

（11）国文学研究資料館通常展示リーフレット『和書のさまざま』（二〇一八年）。https://kokubunken.repo.nii.ac.jp/records/3738　なお、神作研一「《コラム》表記は装訂です　付、新出化粧綴じ二種」（本書所収）参照。

（12）林望「目録よ、生きて語れ！」（『ホルムヘッドの謎』所収、文春文庫、一九九五年。原刊一九九二年。初出は『文学界』四十五巻八号、一九九一年七月）。

（13）要諦は、均質性のある記述をすること、袋綴じとか楮紙《ちょし》などのいわゆる「ゼロ情報」は書かないことです。神作研一編「山梨県立文学館蔵　樋口一葉・則義旧蔵書目録稿」（『季刊文学』十巻一号、一九九九年一月）、同編『金城学院大学図書館所蔵　日本古典籍分類目録』（『金城学院大学論集（国文学編）』四十四号別冊、二〇〇二年三月）、加藤弓枝・神作研一編「蘆庵文庫蔵書目録」（日本書誌学大系『蘆庵文庫目録と資料』所収、蘆庵文庫研究会編、青裳堂書店、二〇〇九年）、海野圭介・小川剛生・落合博志・神作研一編「国文学研究資料館所蔵松野陽一文庫分類目録」（浅田徹ほか編『和歌史の中世から近世へ』所収、花鳥社、二〇二〇年）、海野圭介・神作研一・粂汐里・小林健二編「国文学研究資料館所蔵碧洋臼田甚五郎文庫分類目録」（『調査研究報告』四十三号、国文学研究資料館学術資料事業部、二〇二三年三月）、海野圭介・岡﨑真紀子・川上一・神作研一・中西智子《さとこ》編「国文学研究資料館所蔵岩津資雄旧蔵書分類目録」（同誌四十四号、二〇二四年三月）ほかがあります。

（14）中野三敏はその著『和本の海へ　豊饒の江戸文化』（角川選書、二〇〇九年）所収「『国会図書館・目録』」で、中村幸彦の言を引きながら五十音順の国立国会図書館目録の面白さを語っており、また「私の「作後贅言」」（『図書』六六〇号、岩波書店、二〇〇四年四月。注18後掲中野著『本道楽』刊行後のエッセイ）でも、五十音順の国会図書館目録と分類不備の岩瀬文庫目録を賞賛しています。

（15）倉石武四郎述『目録学』（東洋学文献センター叢刊影印版1、汲古書院、一九七三年）、清水茂『中国目録学』（筑摩書房、一九九一年）、井波陵一『知の座標――中国目録学』（白帝社、二〇〇三年）、長澤規矩也「漢籍の分類法」（『新編和漢古書分類法』所収、汲古書院、一九八〇年修。原刊一九六二年）など参照。

（16） 長澤規矩也「国書の分類法」（注15前掲長澤著書所収）参照。

（17） 髙橋智『書誌学のすすめ 中国の愛書文化に学ぶ』（東方選書、二〇一〇年）にも「重い本は「いい本」だ、などといいだすと甚だ非科学的な発言との誹りを受けるかも知れないが、このことも一つの真理であることは、原本を手に取る方々の多くが経験されているであろう。大きいから重い、紙が厚いから重い、といろいろな理屈はあろうが、理屈を超えて、「えい！」と本の良し悪しを判断するのも書誌学の大切な方法の一つである」と記されています。中国の書物を対象としての指摘ですが、極めて興味深いものです。

（18） 古典籍の魅力を縦横に引き出したビジュアルブック四点――週刊朝日百科 世界の文学84『近世の出版文化』（佐藤悟《さとる》編、朝日新聞社、二〇〇一年）、西尾市岩瀬文庫創立一〇〇周年記念特別展図録『岩瀬文庫の一〇〇点』（岩瀬文庫編刊、二〇〇八年）、この岩瀬の図録の趣向を踏まえて編まれた国文学研究資料館創立五〇周年記念展示図録『こくぶんけん〈推し〉の一冊』（入口敦志ほか編、二〇二二年）、日本近世文学会編『和本図譜 江戸を究める』（文学通信、二〇二三年）――と、古典籍の流伝と蒐集をめぐる悲喜こもごもを綴った異色の古典籍文化誌三点――横山重《しげる》『書物捜索』全二冊（角川書店、一九七八年）、松野陽一『書影手帖 しばしとてこそ』（笠間書院、二〇〇四年）、中野三敏『本道楽』（講談社、二〇〇三年）――を挙げておきます。

付記 本稿は、その多くを、かつて大学院生時代に受講した林望先生の授業（阿部隆一書誌学）に負うています。長きにわたる先生の御指導と御学恩に衷心より篤く御礼を申し上げます。また、先行する多くの参考文献の中では、特に堀川貴司『書誌学入門 古典籍を見る・知る・読む』に学びました。氏の深い学恩に改めて感謝いたします。

亀甲パーレン〔　〕のこと――神作研一

column

推定事項には亀甲《きっこう》パーレン〔　〕を付すこと。

この、推定事項に亀甲パーレン〔　〕を付すというのは書誌学の領域で定着していますが、それが日本古典文学研究の学界で広く認識・共有されているかというと、どうもそうではないらしい。しかしながら、書誌学は術語の体系によって記述される学問なので、符号に関しても共通理解しておきたいところです。ついては、まず先学の方針《スタンス》を確認します。

（1）長澤規矩也《きくや》著

○『図解古書目録法』（汲古書院、一九七四年）

目録はできるだけ主観を避けなければいけない。実物になくて、編目者の知識体験によって筆を加えて、記載事項を詳しくする必要もあるが、その際には、その記載事項の前後に〔　〕を加えて、実物にないことを明確にしなければいけない。（六頁上段）

○『和刻本漢籍分類目録』（汲古書院、一九七六年。増補補正版二〇〇六年）「凡例」

凡て、推定による年次は〔　〕で挟み、序文による推定は「序刊」とした。（二三頁）

（2）阿部隆一《りゅういち》執筆『慶應義塾図書館蔵和漢書善本解題』（慶應義塾図書館編刊、一九五八年）「例言」

書名を始め解題中に、原本に明記していないが、解題者が補った記入は全て〔　〕印でかこんで

明示した。（一頁）

長澤をはじめとする「各方面の学者の指導」のもとに編纂されたという[1]『内閣文庫国書分類目録』（一九六一〜六二年、改訂版一九七四〜七六年）も、推定事項には〔　〕を使用しており、私もまた先学に倣って、目録を編む際には常に、例えば「〔室町後期〕写」とか「〔江戸前期〕刊」のように、推定事項に〔　〕を付しています。ところが昨今、書写年次や刊行年次の推定は自明のことなのであえて〔　〕を使わずともよいのではないか、との意見を耳にすることがありました。

では〔　〕を使わないとどうなるか――。

まず刊記の場合を、『おくのほそ道』の元禄刊本を取り上げて説明しましょう【図1】。

『おくのほそ道』の元禄刊本（枡型本《ますがたぼん》一冊）の刊記は「京寺町二条上ル町／井筒屋庄兵衛板」とあるだけで刊年が刻されていないことはよく知られています。刊年に関しては、支考《しこう》の『俳諧古今抄《はいかいここんしょう》』（享保十五年〈一七三〇〉刊）による元禄十二年刊行説と、阿誰軒《あすいけん》（井筒屋庄兵衛《いづつやしょうべえ》）編『誹諧書籍目録《はいかいしょじゃくもくろく》』（宝永四年〈一七〇七〉刊）による元禄十五年刊行説との二説がありましたが、現在は元禄十五年刊行の可能性が極めて高い[2]とされていることもまた、よく知られていることです。

いま仮に「目録」に『おくのほそ道』が立項されているとして、そこに「元禄十五年刊」と記述されていたとしたら、どうでしょうか。私たちは即座に、「元禄十五年」との「刊年」が刻された元禄刊本が新たに出現したのかと瞠目し、心を躍らせます。でもそうではないのですね…。だから目録記述は正確に、「〔元禄十五年〕刊」と〔　〕を付して表記しなければならないのです。

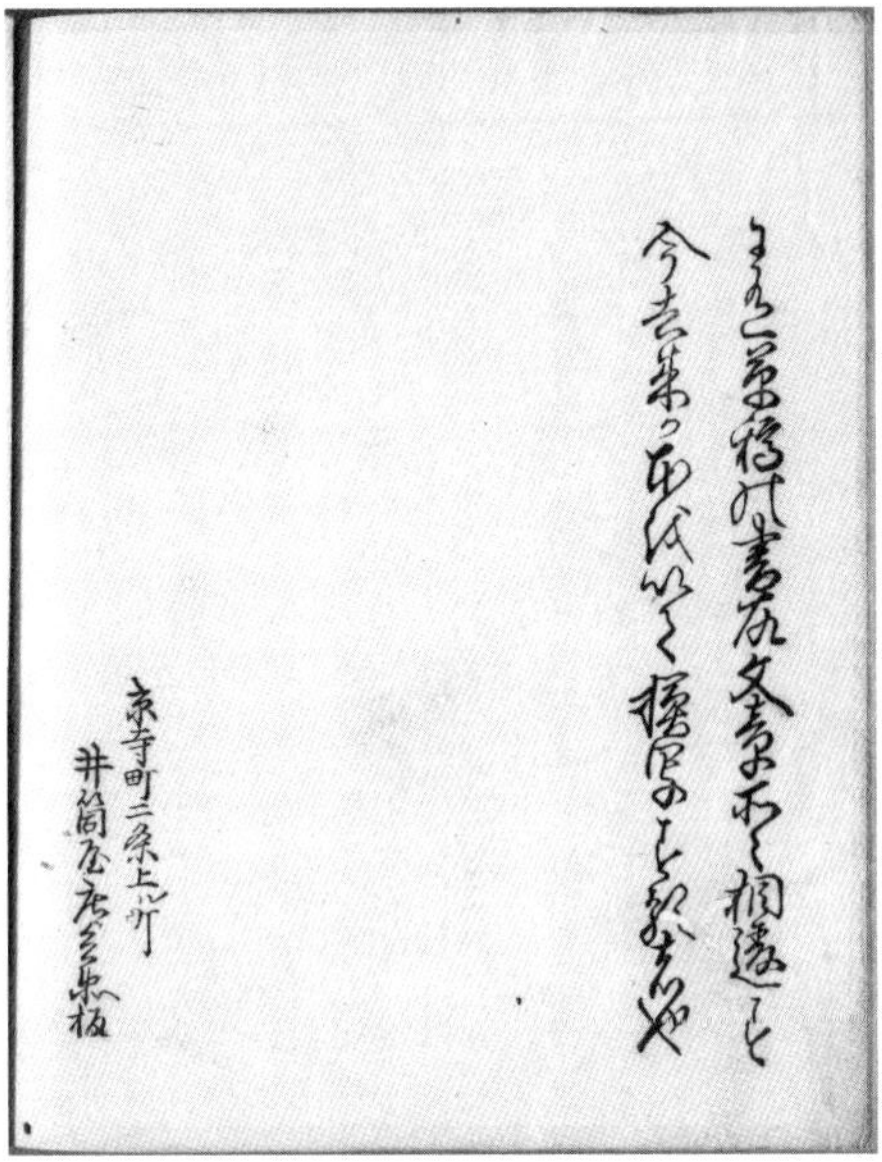

図1　おくのほそ道　原刊初印本（刊記）（桝型本１冊）（早稲田大学図書館雲英《きら》文庫蔵）

だったら、この『おくのほそ道』のようなケースのみ〔　〕を使用して、書写年次や刊行年次の推定の際には使わなければいいのではないか、との意見を寄せられたこともありますが、それでは統一がとれません。同じ推定に基づくにも拘わらず、あるところには〔　〕を使用し、あるところには〔　〕を使用しないというのは、書誌学において最も避けねばならないことです。本書【講義1】「はじめての古典籍」で記したように（15頁）、また本コラムの冒頭にも明記したように、書誌学とは「術語の体系に基づいて記述される学問」だからです。〔　〕は符号であって術語ではありませんが、でも、個々人が勝手に、あるいは恣意的に使ってしまえば、もはや学の基盤が成り立ちません。

また、もう一例。今度は書名の場合を紹介します。

国文学研究資料館の松野陽一文庫（全四八五点）は、氏の専攻領域を反映して、『千載和歌集』の古写本や近世和歌関係資料の優品を核とする貴重なコレクションです[3]が、その中に、濱口博章《ひろあき》旧蔵の伝嵯峨本《でんさがぼん》「花宴《はなのえん》」があります【図2】。〔江戸初期〕刊の古活字版《こかつじばん》（一面十一行）、大本《おおほん》一冊。伝嵯峨本は、この『源氏物語』や『古今和歌集』（〔江戸前期〕刊）が知られていますが、嵯峨本との関係性は今なお多くが不分明であり、今後の追

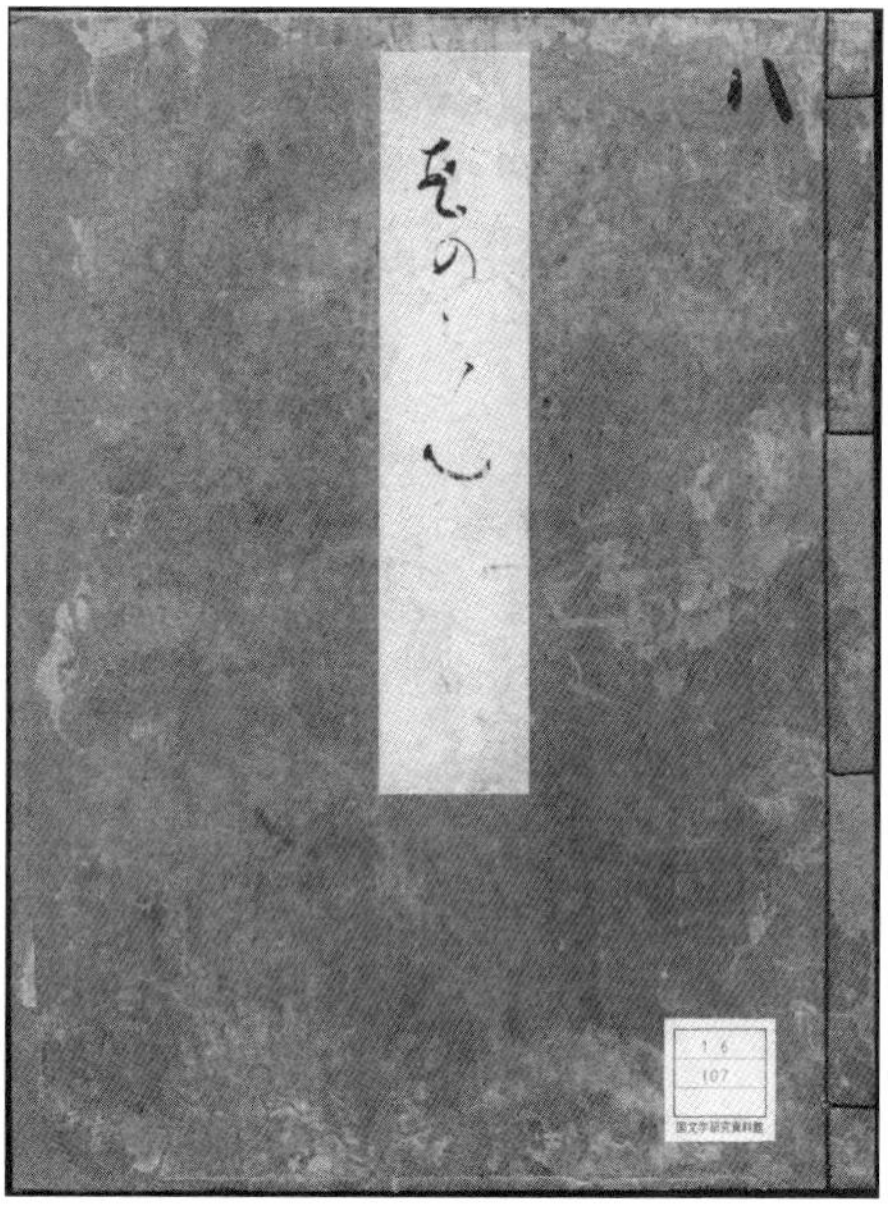

図2　〔源氏物語〕花宴巻（表紙）（松野陽一文庫蔵）
（DOI:10.20730/200040888）

究が待たれるものです。それはさておき、こと『源氏物語』の場合は、当該書物に「源氏物語」の名が記されているのはレアケースで、その大半は、「桐壺」とか「野分《のわき》」のように源氏の巻名のみが記されて（刻されて）います。これまた皆が、よくよく知っていることでしょう。

この松野文庫蔵の伝嵯峨本源氏も同様で、御覧【図2】のように、書物には「花のえん」とただ巻名だけが外題に記されています（後補《こうほ》書《か》き題簽《だいせん》）。したがって私たちが編んだ「目録」には、この書物の書名として「〔源氏物語〕」と表記、立項しました。では、もしこれが亀甲パーレンを付さずに「源氏物語」と表記されていたらどうでしょうか。私たちは、「源氏物語」との書名を具備した新たな伝嵯峨本源氏物語が出現したのかと、心惹かれます。でもそうではないのですね…。

推定事項には亀甲パーレン〔　　〕を付すこと――これは、書誌や目録記述上の大切な約束ごとです。

なお、御存じのように、欧米には亀甲パーレン〔　　〕自体が存在しないため、やむを得ず［　　］を使います。

最後にもう一つ。〔　　〕という符号について記します。

長澤は、「注釈に関する特殊の書名的称呼を有し、巻頭編著者名の下にその書名的称呼がついているものは、巻頭書名の下に「〔　　〕」（上角下丸）の括弧を施して加える」（前引『図解古書目録法』十三頁下段）として、「論語〔集解〕（正平版単跋本）」のように、「〔　　〕」なる符号を使っています。この書は、いわゆる「正平版論《しょうへいばんろん》語《ご》」と通称され、現存する日本最古の経書《けいしょ》の刊本として大変に高名な古版本《こはんぽん》であり、この「単跋本」はその覆刻本ですが、(4) 今は措きます。

氏は、この符号について、さらにこうも述べています。「この場合、全部〔　　〕にすれば、全然実物にないものを補ったものと混ずるので、予が特別に考えて〔　　〕としたのである」（『新編和漢古書目録法』汲古書院、一九六〇年、一九七五年補、一九七九年修。二三頁）と——。ふぅ。いかがでしょうか。この符号はやはりいささか煩雑と言うべきであり、現に長澤以外の大半の書誌学者には使われておりません。

注

（1）『内閣文庫国書分類目録』上巻「凡例」。因みに下巻「後記」には、それが川瀬一馬《かずま》など九名であったことが明記されています。

（2）雲英末雄編『元禄版 おくのほそ道』（勉誠社、一九八〇年）「解題」。

（3）海野圭介・小川剛生・落合博志・神作研一編「国文学研究資料館所蔵松野陽一文庫分類目録」（浅田徹ほか編『和歌史の中世から近世へ』所収、花鳥社、二〇二〇年）。

（4）『日本古典籍書誌学辞典』（岩波書店、一九九九年）「正平版」の項（落合博志執筆）参照。

講義2

くずし字

昔の人びとの文字をどう読むか

粂 汐里

はじめに

「くずし字」とは、古典籍や古文書などの前近代の資料にみられる漢字・平仮名・片仮名の文字表記のことです。見慣れない表記で、複数の字がつながって綴られているため、現代人が「くずし字」を判読するためには、ある程度の知識が必要です。人々はいつから「くずし字」が読めなくなってしまったのでしょう。その文化が消えてしまったのは、明治時代です。当時は金属活版印刷の普及や明治三十三年（一九〇〇）に出された小学校令施行規則によって仮名字体の統一がなされ、これに伴ってくずし字とよばれる書き方は衰退していきました。とはいえ、明治時代をまたいで生きていた当時の人々は、突然文字の書き方を改めることはできませんから、速記性・秘匿性を求められる手書きの書簡類等は、その後もくずし字で書かれていました。すでにそうした文字を書く人は少なくなりましたが、現代においても、創業して久しいお菓子屋さんや小料理屋さんなどの看板、箸袋などに、くずし字は息づいています。うなぎ屋さんの看板がその典型例といえるでしょう。

くずし字を読んでみようと思い立ち、参考書を探してみると、歴史学・日本文学・書誌学のあらゆる分野の書物がヒットすることでしょう。独学で学びたい方には便利な教材が多数揃っています。また近年では、くずし字学習支援アプリ「KuLA」や、AIくずし字認識アプリ「みを」などが開発され、手軽に学び、読むことができるようになりました。国文学研究資料館に所蔵される多くの古典籍もまた、現代の書物と同様に、すらすらと読める未来もそう遠くはありません。それでも、結局、くずし字は人の手によって書かれたものですから、デジタル技術で読めるようになるには、まだまだ時間がかかりそうです。

また「くずし字」と一口に言っても、資料の時代、ジャンル、その文章を書いた個人によって崩し方の差異が大きく、その解読の方法も、表記の種類によって異なってきます。参考書を頼りに読もうにも、何を手元に置けばよいのかわからない方も多いと思います。ここでは、くずし字の解読を気軽にはじめ、そして深めていきたい方のために、国文学研究資料館のデータベースを活用しながら、くずし字の基本的な学習方法や、くずし字で書かれた文献を読む際に役立つツールを紹介します。自分に合ったくずし字の学び方について知り、古典籍をより身近な書物として楽しむきっかけになればと思います。

一、くずし字とは何か

はじめに、くずし字とはどのような文字のことを指すのか、くずし字、あるいは変体仮名と呼ばれる文字の成り立ちについて考えてみましょう。現在使用されている平仮名は、「a」＝「あ」、つまり一音につき一字ですが、それまでは、「a」音＝「あ」「𛀂」、「e」音＝「え」「𛀙」「𛀘」というように、複数の平仮名が用いられていました。くずし字（変体仮名）とは、明治三十三年に仮名遣いが一音につき一字と定められたとき、採用されなかった平仮名のことで、通行の平仮名も含め、使用頻度の高いくずし字（変体仮名）は約一五〇種もあります。明治以前の人々は、この一五〇種もの平仮名を使って、書物、手紙、お触れなど、さまざまな文字を解読していたのです。現代の我々が小学校で学ぶ平仮名の数は、四十六文字ですので、明治以前の人々はその約三倍もの平仮名を習得していたことになります。

そんなに沢山のくずし字を覚えなければ古文書や古典籍は読めないのでしょうか。そんなことはありません。日本語の文字表記には、漢字、平仮名、片仮名がありますが、平仮名は漢字を崩したもの、片仮名は漢字の一部が独立したものです。多くのくずし字は皆さんが知っている漢字から作られているので（「安」→あ）、この元となる漢字（「字母」といいます）を併せて知ることで見慣れないくずし字も簡単に読めるようになります。くずし字の一覧表は、字母が崩れ平仮名になっていく過程を図にしています。同じ字であっても、崩し方が違うと別の字に見えることがあるため、解読にあたっては、まず、くずし字の一覧表を手元に準備しましょう。『江戸版本解読大字典』の巻末付録「主要変体仮名索引」(1)や、『未来を切り拓く古典教材和本・くずし字でこんな授業ができる　すぐに使える問題付き！』（全頁公開、ダウンロード可）の付録「くずし字一覧表」(2)が手軽に入手でき、便利です。

二、自分にあった参考書の見つけ方

次に、辞書類の活用法について簡略に説明します。まず、あなたはどの文献を読みたいのでしょうか。いわゆる古文書でしょうか。『源氏物語』などの古典作品でしょうか。ひとくちに「くずし字」といっても、くずし字で書かれた文献は、日記、書簡、和歌の短冊、文学作品、絵画の余白に書かれた画賛（詩や文）など、多岐にわたります。「くずし字」解読に必要な辞書類は多数作られていますが、読みたい文献の成立時期や種類によって辞書を使い分けることは、解読の近道になります。ここでは文学を中心に、いくつかの辞書を紹介しましょう。

・**児玉幸多編『くずし字用例辞典』**（東京堂出版、一九八一年）

広い分野をカバーする基本的なくずし字の辞典。大きく分けて漢字、平仮名のくずし方が文字ごとに確認できる。「申候」「御座候」など、頻出する連綿体（文字がつながって書かれている状態）の用例は、歴史資料、古典籍双方の文献解読にも便利。

・**笠間影印叢刊刊行会編『字典かな——写本を読む楽しみ』**（笠間書院、二〇〇三年）

古今の名筆ごとに字体を分類。和歌の書物を読みたい人向け。

・**根岸茂夫監修『江戸版本解読大字典』**（柏書房、二〇〇〇年）

版本の概説と、版本に特有の漢字や平仮名とその用例が一望できる。版本を読みたい人には必携の書。「版本を読む」のコーナーでは往来物にみられる御家流、浄瑠璃本などにみられる勘亭流など、版本特有の書体を解読、学習できる。

・**児玉幸多編『くずし字解読辞典　普及版』**（東京堂出版、一九七九年）

どうしても読めない漢字がある場合、本書の起筆順検索でアプローチが可能。

・**法書会編『五體字類　改訂第四版』**（西東書房、二〇一四年）

漢字の様々な書体（楷書・行書・草書・隷書・篆書）を調べる際に活用。

・**日外アソシエーツ編集部編『漢字異体字典』**（日外アソシエーツ、一九九四年）

常用漢字ではない異体字・俗字を調べる際に活用。

・**波多野幸彦監修・東京手紙の会編『くずし字字典』**（思文閣出版、二〇〇〇年）

天皇・公卿・武将・僧・茶人・町人などのあらゆる階層の自筆書状より用例を集めている。一部に筆者別の用例も掲載。巻末に筆者略伝も。

・**かな研究会編『実用変体がな』**（新典社、一九八八年）

草仮名とともに、片仮名のくずし字の用例を収録。

以上、代表的な辞典類について取り上げました。まずは基本となる一冊を手にし、解読で読めない字が生じた際に、その字の属性を見極めながら複数の辞書を組み合わせて使用してみましょう。次第に自分に合った参考文献が揃えられるはずです。

三、くずし字を読む——初級篇

初めてくずし字を読む方は、いきなり文章に挑戦するのではなく、まずは「あ」から「ん」までの四十八の変体仮名（平仮名のくずし）の習得を目指しましょう。そのためにはまず単語から取り組み、くずし字一覧表を脇に置いて、変体仮名の元になった漢字＝字母《じぼ》を確認しながら、くずし字を解読する練習を繰り返しましょう。最初によむものとしては、連綿体が少なく、一文字一文字が独立していて、単語や熟語が多く載る往来物や、明治期の初等教育の教科書などが良いでしょう。また、絵は読解の助けとなるので、絵入りの百科事典や図鑑なども適しています。とはいえ、初めてくずし字に挑戦する方にとっては、読み切る達成感を味わうことが何より大切ですので、ここでは、冊子ではなく一枚の紙に記された単語を読んでみたいと思います。

次の**図1**は、国文学研究資料館祭魚洞文庫《さいぎょどうぶんこ》旧蔵史料のうちの一枚、「[魚尽双六《うおづくしすごろく》]」です。右下の振り出しで賽の目をふり、そこで出た目の種類によって、「たち魚」「どじやう（どじょう）」など、枠で囲まれた魚の絵に飛びます。そこで再び賽を振り、出た目の示す魚の絵に飛びます。これを繰り返しながら、日の出が描かれた中央上の「上り」を目指すという絵双六です。この双六の旧蔵者は、戦後に大蔵大臣を務めた、日本の実業家であり政治家の渋沢敬三《しぶさわけいぞう》です。民俗学者でもあった彼は、友人とともに自宅の屋根裏にアチック・

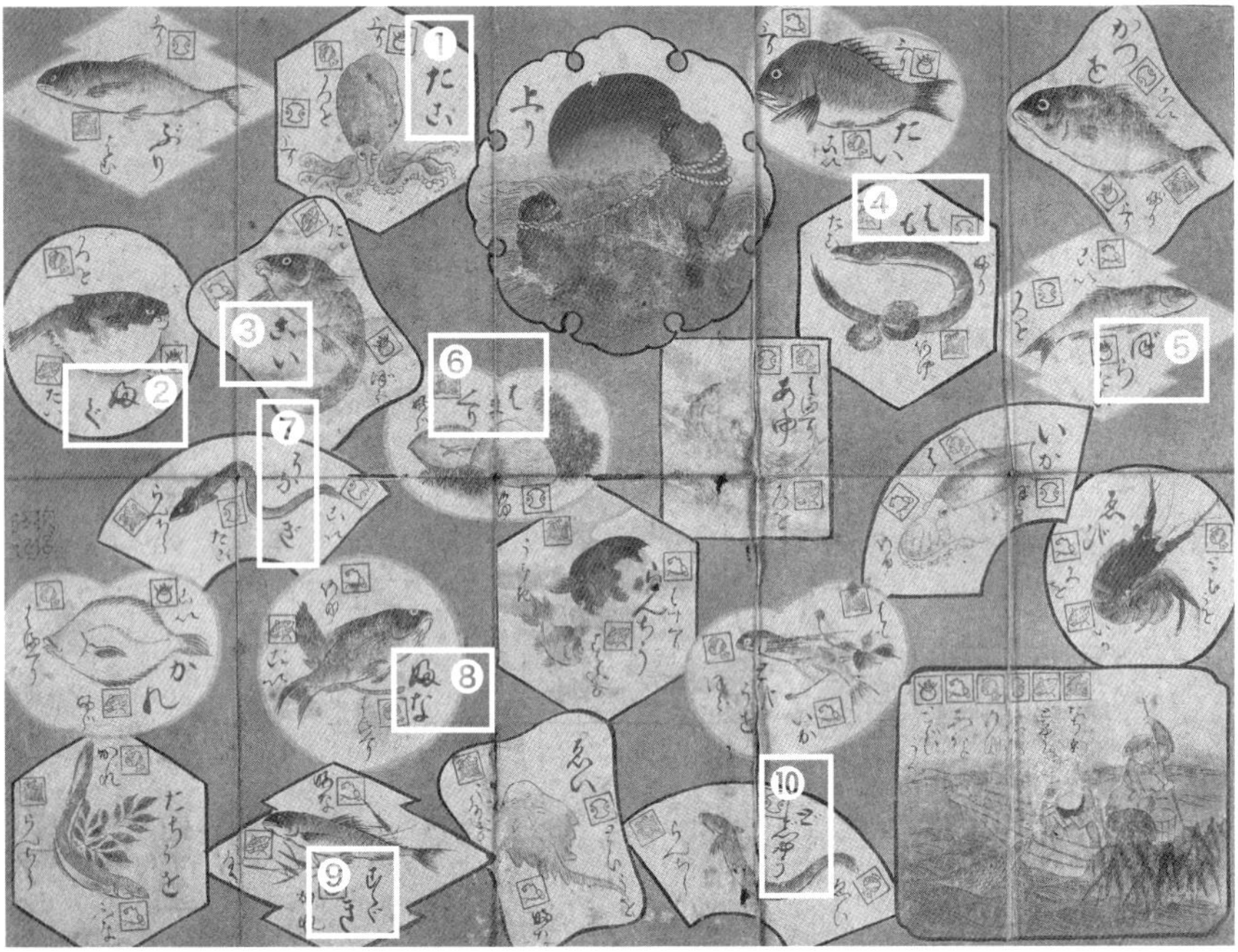

図1　「〔魚尽双六〕」江戸後期刊（DOI：10.20730/200022244）

ミューゼアムを築き、玩具や民具などの民俗資料を収集、整理しました。中でも日本水産史に多大なる関心を寄せ、祭魚洞文庫を建て、若手研究者とともに水産関係の資料の収集と研究に情熱を注ぎました。「〔魚尽双六〕」は、そのコレクションの一つです。

それぞれの魚の横に、変体仮名で名前が書かれています。通し番号の順に読んでみましょう。

答えは以下の通りです。参考として、変体仮名の元の形である漢字「字母」を横に記しておきました。

①たこ《古》　②ふ《婦》ぐ　③こ《古》い　④は《者》も
⑤ぼ《保》ら　⑥は《者》まくり　⑦うな《奈》ぎ
⑧ふ《婦》な　⑨す《春》ゞき（すずき）
⑩どじ《志》やう

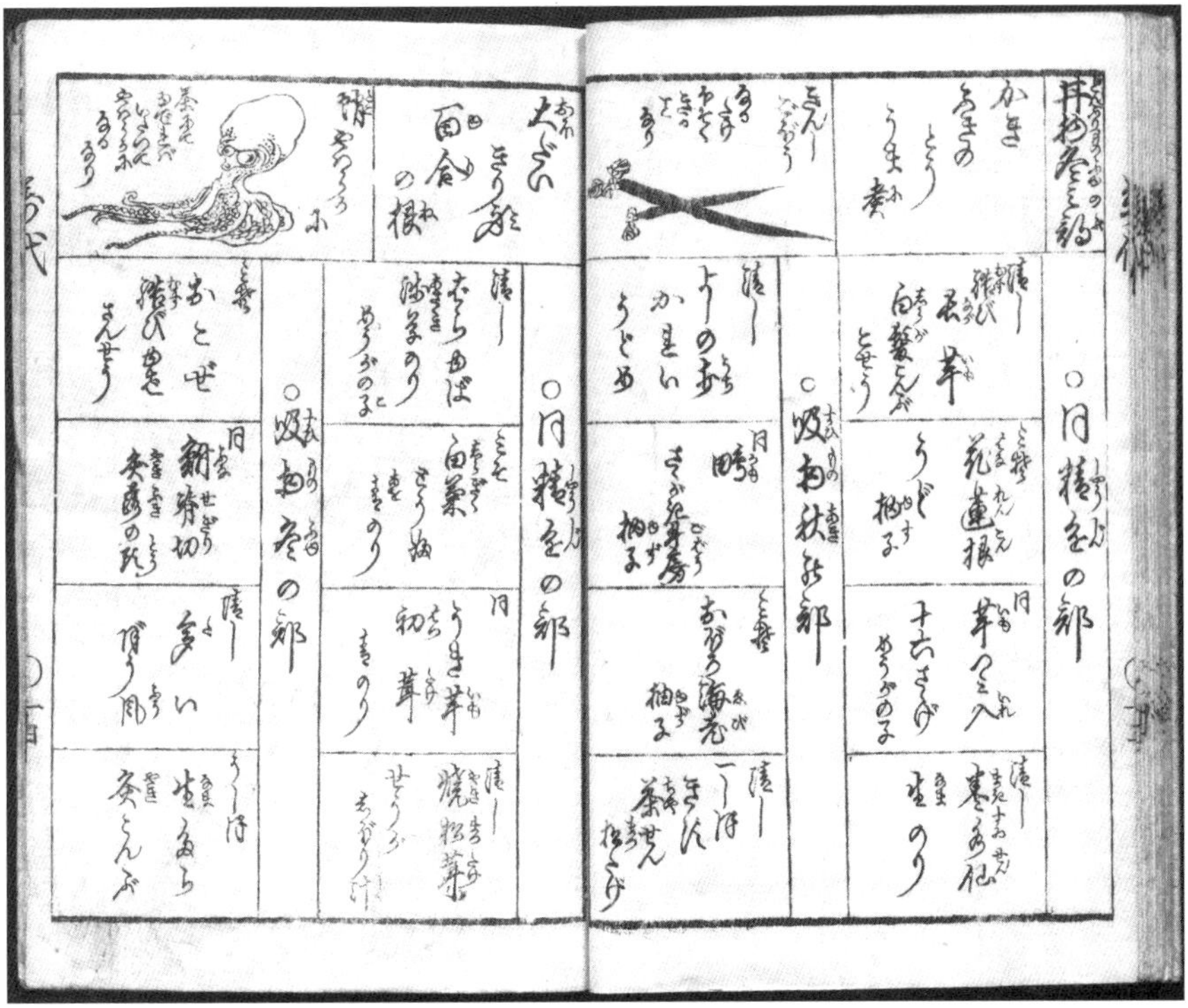

図2 『魚類精進　當世料理』江戸後期刊(DOI：10.20730/200021637)

①の場合、「た□」の□の字は「こ」です。この「こ」の字の字母は「古」で、これがだんだんと崩れされてゆき、「こ」になったのです。同じ変体仮名は③にも出てきますね。②「□ぐ」⑧「□な」の□は「ふ」。字母はいずれも「婦」です。④⑥も「者」が崩された「は」の変体仮名を知っていれば、解読できます。このように、通行の字体も含め約一五〇種もあるといわれる変体仮名ですが、繰り返し出てくる変体仮名とその「字母」を確認し、覚えてしまえば、まとまった文章を読むことも可能です。実際、この双六に使用されている変体仮名は七種類です。たった七種類を覚えさえすれば、この一枚の双六の魚の名前をすべて解読できてしまうのです。

国文学研究資料館には、右の絵双六など、文学作品以外のさまざま分野の資料が蓄積されています。くずし字初学者におすすめしたいのは、生活に役立つ書物です。例えば、江戸後期に刊行された『魚類精進《ぎょるいしょうじん》當世料理《とうせいりょうり》』【図2】という題の料理本があります。季節ごとの献立と簡単な調理法が書かれた本です。旬の食材の下ごしらえや、季節に見合った盛り付け方の工夫など、季節ごとの食材を楽しむコツが、上段の枠の中に、絵とともに短い文章で記されています。

一部を拡大して読んでみましょう。答えを下段に記載し、変体仮名の元となる漢字「字母」を横に表示しています。

蛸《たこ》□□□□
□
□□□
□□□□
い□つて
□□□□□
□る
□り

蛸やはらか可
に爾
茶に爾て
ゆでれ連ば八
いた多つて
や八はらか可に爾
な奈る
な奈り

ここでは、「爾（に）」「可（か）」「奈（な）」を字母とする変体仮名が二回以上使われています。覚えておきましょう。右は、「煮込み蛸柔らか煮」という、春の一品についての文章です。お茶で蛸をゆでると柔らかくなると書かれています。江戸時代には、他にも大根で蛸を叩いて柔らかくする方法（『魚類精進早見献立帳《はやみこんだてちょう》』）や、大根で叩いてから、茹でる際に白豆、みりん、醤油を入れる方法（『料理《りょうり》通《つう》』）など、色々なコツがあったようです。

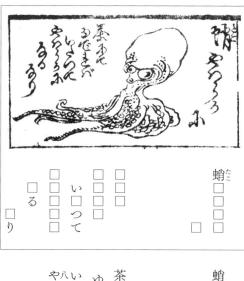

こうした食材の下ごしらえの方法だけではなく、ちょっとしたレシピも絵入りで掲載されています。例として、二汁七菜の一品として、鮎並《あいなめ》という白身魚で作る小炙物《こやきもの》、「山吹焼き」の作り方を読んでみましょう。答えは、下段の通りです。

山吹《やまぶき》やき
□□□□
□□□
□□身□
□□
□□水□
□□置
□□□
玉子の
□□□□□
よく□□
二どもとき遠火
　□□□□□□ば
□□□□□□□□
□□□□

山吹やき
三まいに《爾》
おろし
は《者》ら身を
とり
し《志》ほ《本》水に《爾》
つけ置
やきて
玉子の
きみ《三》ば《者》か《可》り
よくとき
二どもとき遠火
に《爾》てか《可》は《八》か《可》せば
やまぶきいろに《爾》
な《奈》るな《奈》り

くずし字で見慣れないものは「本（ほ）」でしょう。「志（し）」は「〔魚尽双六〕」の「どじやう」に使用されていました。「三（み）」「八（は）」は、漢数字の音読みと同じですので、わかりやすいですね。「山吹焼き」は、塩水につけて生臭さを取り除いた魚に、黄身だけで作ったそぼろをまぶして焼く料理です。現代の炒り卵と同じ手順で、よく溶いた卵を火で炙ってパラパラにした状態でまぶしたのでしょう。料理名にもなっている山吹色（赤みを帯びた黄色）は、卵の黄身の鮮やかな色から付けられた名前であることがわかります。『魚類精進　当世料理』には、他にもさまざまな料理に関する豆知識が掲載されています。国書データベースで全頁公開していますので、ぜひ読んでみてください。

くずし字と聞くと古典の名作や歴史文書を思い浮かべると思いますが、国文学研究資料館には、『魚類精進　当世料理』のような生活に役立つ書物のほか、辞書、百科事典、数学書、地誌などの実用書もたくさん所蔵されています。くずし字が読めるようになると、こうした江戸時代以前の人たちの暮らしがどのようなものだったのか、知ることができるのです。

四、くずし字を読む――中級篇

変体仮名の字母に慣れてきたところで、少し長い文章に挑戦してみましょう。古典文法や歴史的仮名遣いにとらわれずに読み進められる文献から始めてみます。中学・高校の古典の授業で学習した作品の冒頭文や、名場面などから読み始めることをおすすめします。

まずは、『平家物語《へいけものがたり》』の冒頭部分を読んでみましょう【図3】。

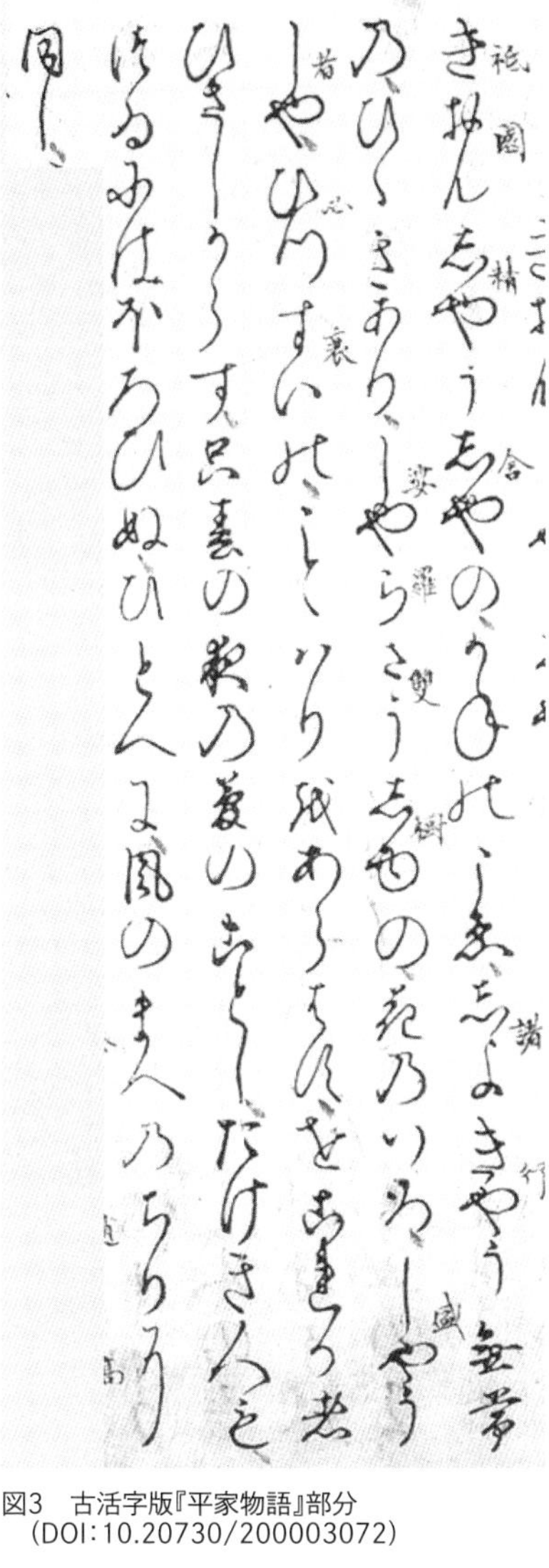

図3　古活字版『平家物語』部分
（DOI：10.20730/200003072）

答えは以下の通りです。

きおんし《志》やうし《志》やのか《可》ね《年》の《能》こゑし《志》よきやう無常
の《乃》ひゝきありしやらさうし《志》ゆの花の《乃》いろしやう
しやひつ《川》すいの《能》ことは《八》りを《越》あらは《者》す《須》をこ《古》れ《連》る者
ひさしか《可》らす只春の夜の夢のこ《古》としたけき人も
つ《徒》ゐに《爾》はほ《本》ろひぬひとへに《爾》風のまへの《乃》ちりに《耳》
同し

右の文章で最も頻度高く使用されている変体仮名は「志（し）」でしょう。これまでの問題にも度々登場してきたので、難なく読み解けると思います。初見の字は、「年（ね）」「能（の）」「須（す）」「越（を）」「徒（つ）」でしょうか。「能（の）」は、一見すると通行の平仮名の「み」にみえますが、よくみると、最後の一画が右に曲がっており、違う字だとわかります。注意しましょう。「須（す）」「徒（つ）」も、へんとつくりの二つの部分から成る字母を崩していますので、特に「須（す）」はくずし方の段階によっては斜めになった「て」の平仮名にみえてしまいます。このような場合は、文脈を押さえながら適切に文字を判読していくのが良いでしょう。

右の『平家物語』は江戸時代初期の古活字版です。「古活字版」とは十六世紀の終わりから十七世紀の半ばに主に木製の活字を使って印刷された出版物で、一～四文字からなる文字パーツを複数組み合わせて文章の版面を作りましたので、文字がつながっている部分（連綿体《れんめんたい》）が短く、字体も様式化されているので読みやすいです。

古活字版で刷られた代表的な古典作品としては、他に『方丈記《ほうじょうき》』『徒然草《つれづれぐさ》』『伊勢物語《いせものがたり》』、観世流謡本《かんぜりゅううたいぼん》などがあります。ここでは古活字版『伊勢物語』のうち、著名な第九段「東下り」の冒頭文を読んでみましょう【図4】。

昔男有け《介》りそ《曽》の《能》男身を《越》えうなき物に《爾》思ひ《日》
な《奈》して京に《爾》は《八》あらし《志》あつ《徒》まの《能》かた《多》にす《須》む《無》
へき《幾》くにもとめにとてゆき《支》け《介》り《利》もとよ《与》り《利》
と《登》もとす《須》る人ひ《日》とり《利》ふ《婦》たり《利》し《志》ていきけ《介》り《里》
みちし《志》れ《連》る《流》ひともな《那》くてまとひつ《川》き《起》け《介》り《利》

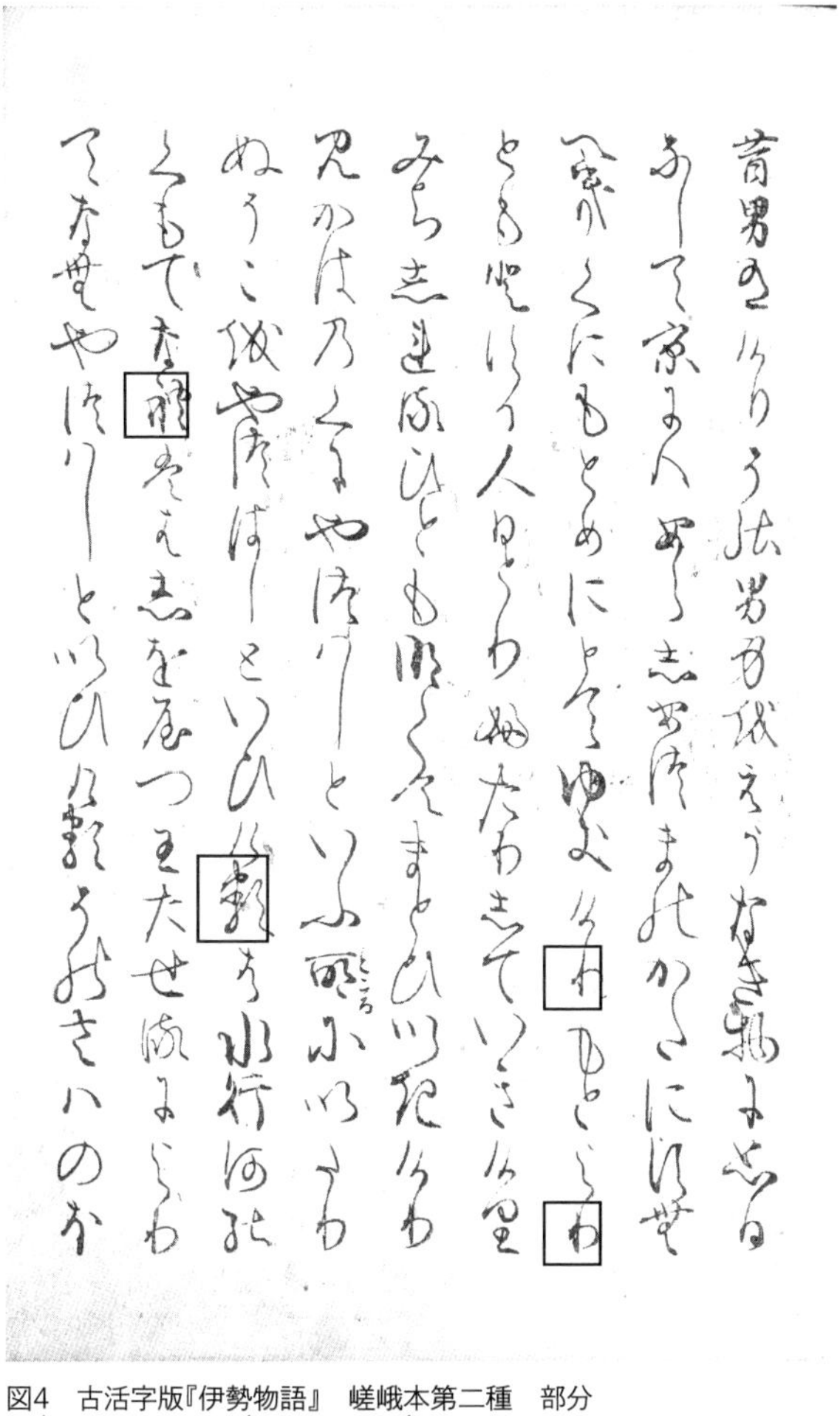

図4　古活字版『伊勢物語』　嵯峨本第二種　部分
（DOI：10.20730/200024934）

み《見》かはのくに《爾》やつ《徒》は《八》しといふ所に《爾》い《以》た《多》り《利》
ぬそ《曽》こを《越》やつ《徒》はしといけ《介》る《類》は《者》水行河の《能》
くもてなれ《禮》は《盤》は《者》し《志》をや《屋》つわ《王》たせる《流》に《爾》よ《与》り《利》
てなむ《無》やつ《徒》は《八》しとい《以》ひけ《介》る《類》そ《曽》の《能》さは《八》のほ《本》

解読できたでしょうか。注意したいのは、「利（り）」「類（る）」「禮（れ）」の変体仮名です。三行目の後半の「ゆきけり―もとより―」の「利（り）」は、現行の平仮名の「わ」ととてもよく似ています。これは、字母である「利」が崩されていく段階でへんの「禾」の部分が残っているために、「わ」に見えてしまうのです。ですが文脈を捉えながら読むと、「わ」ではおかしなことになってしまいます。活字化されたテキストを参考にするなどして、読む必要があります。

また短い文章の中に、異なる字母のくずし字が次々と出てきて、くずし字一覧表を確認する回数が多くなり、なかなか読み進められなかったのではないでしょうか。それもそのはずです。実は、この古活字版『伊勢物語』一冊を印刷するために、約二〇〇〇種類もの活字が作られ、使用されたと言われています(3)。古活字版は、一枚の版木に直接文章を彫る整版と違い、一～四文字の文字が彫られた活字の駒を組み合わせることで一枚の紙に印刷する文章を作らなければなりませんでした。また、同一丁内で一つの活字駒を使い回せないため、多くの種類の活字駒を用意しておく必要があったのです。

また、古活字版『伊勢物語』は、別名「嵯峨本《さがぼん》」とも呼ばれています。嵯峨本とは、江戸時代初期の芸術家・本阿弥光悦《ほんあみこうえつ》と、豪商・角倉素庵《すみのくらそあん》が共同で手がけたとされる、美しい料紙と流麗な本文を有する活字本です。「光悦流」とよばれる装飾的な書体で綴られた本文は、工芸品としての魅力の一つでした。同一丁内に複数の種類の変体仮名がみえるのは、光悦流の書体を楽しむ意味もあったのでしょう。

現在は、人文学オープンデータ共同利用センター（ROIS-DS）で、嵯峨本のくずし字体を用いて、現代日本語テキストを生成することができるサービス「そあん（soan）」が提供されています。(4) くずし字一覧表とにらめっこをしながら読むことに疲れたら、「そあん（soan）」で自分の自己紹介文や、好きな曲の歌詞や小説をくずし字に変換して、楽しんでみてください。

嵯峨本が刊行され、やがては整版として流布する一方で、『伊勢物語』は、さまざまな人の手によって書写され、広く読まれ、考証されてきました。国文学研究資料館鉄心斎《てっしんさい》文庫は芹澤新二・美佐子夫妻によって長年収集されてきた、千点を超える『伊勢物語』関連のコレクションです。同文庫には、藤原定家の子孫達や、江戸期の大名ら、当代のきっての文化人や権力者によって書写された『伊勢物語』が多く所蔵されています。注目したいのは、その書体です。同じ内容であっても、読み較べてみると、文字の形が違います。古典作品を書写した人たちには、それぞれの美意識があり、自分が美しいと思う書体や、こだわりの表紙をあつらえて、特別な一冊を書写していたのです。(5)

一点目、伝黒田長興《くろだながおき》筆『伊勢物語』を読んでみましょう【図5】。取り上げた箇所は先ほどと同じく第九段「東下り」の冒頭文です。筆者とされている黒田長興（一六一〇〜一六五五）は豊臣秀吉の軍師として知られる黒田孝高《よしたか》（如水《じょすい》、官兵衛《かんべえ》）の孫にあたり、秋月藩（現在の福岡県朝倉市）の初代藩主であった人物です。聡明で、和歌は公卿、歌人、書家であった烏丸光広《からすまみつひろ》の指導を受けており、そのほか俳諧、茶道、鞠、立花を嗜む文化人であったとされています。(6) 翻刻本文は以下の通りです。

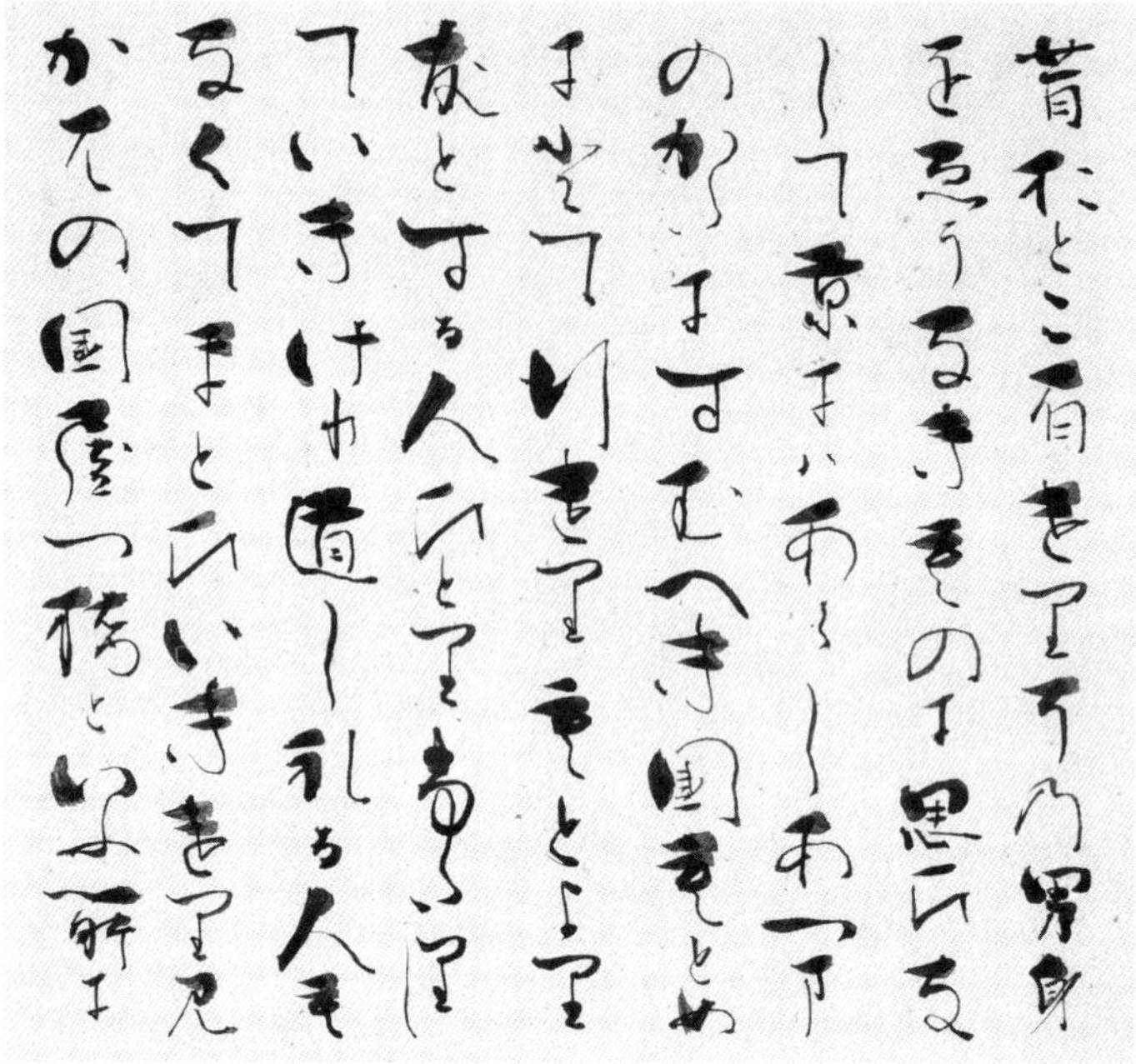

図5 『伊勢物語』江戸前期写、伝黒田長興筆　部分
（DOI：10.20730/200024370）

昔お《於》とこ有けりその《遣里曽乃》男身
をゑうな《奈》きも《毛》のに《爾》思ひな《比奈》
して京に《爾》は《八》あらしあつま《万》
のかた《多》に《爾》すむへき国も《毛》とめ
にと《爾登》て行けりも《遣里毛》とより《里》
友とする人ひ《比》とりふたり《里布多里》し
ていきけり《利》道しれ《禮》る人も《毛》
なくてまとひ《比》いきけりみ《遣里見》
かは《者》の国や《屋》つ橋といふ所に《爾》

一部が極端に太く、端正とは言い難い変わった書風は、『新古今和歌集《しんこきんわかしゅう》』『小倉百人《おぐらひゃくにん》一首《いっしゅ》』の撰者である藤原定家（応保二〜仁治二年〈一一六二〜一二四一〉）の筆跡を意識した定《てい》

家様《かよう》（定家流）とよばれる書き方によるものです。家定本人が「悪筆」と自認する独特な書風は、定家の子孫らによって模写がさかんに行われ崇拝され、室町時代以降は、定家様として茶人や文化人達に受け継がれていきました。(7)定家様によって文章を綴ることは、自身の教養の高さを示すことでもありました。

次は、幕府老中筆頭として寛政の改革を成し遂げた松平定信の自筆本をみてみましょう【図6】。同じく第九段「東下り」の冒頭文ですが、やや特殊な系統の本文ですので、ここでは字体を確認するに留めておきます。

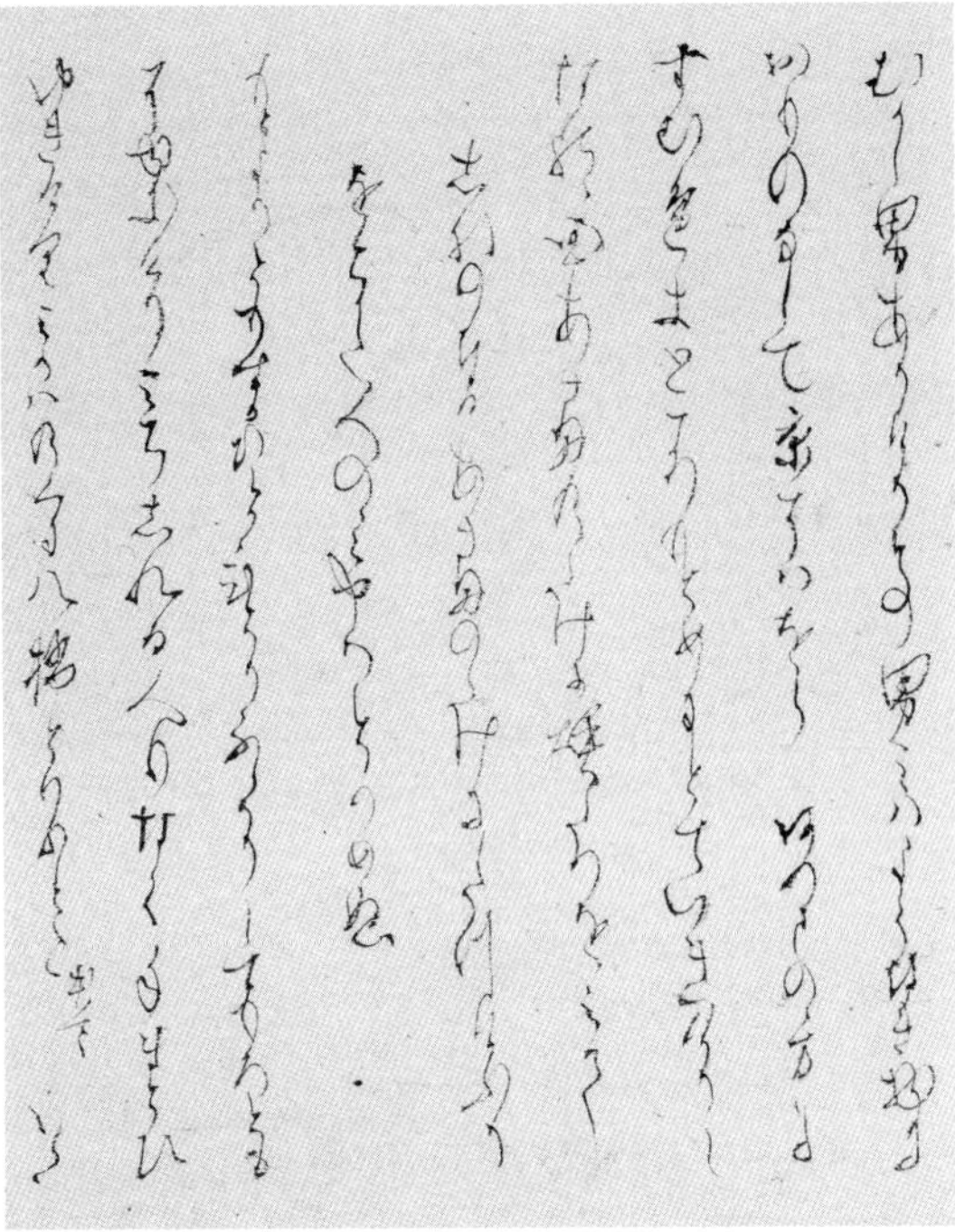

図6　『伊勢物語』文政6年（1823）写　部分
（DOI：10.20730/200024274）

筆者である松平定信は、晩年古典の書写活動に精を出し、写し終わるとすぐに新たな書写に取りかかりたくなる、「写病」と呼ばれる趣味嗜好があったことを自身の日記『花月日記《かげつにっき》』に書き記しています。(8)記録や現存本から『伊勢物語』も最低六度は書写したことが明らかにされており、右はそのうちの一本ですが、極めて細い字で書かれていることがわかります。実はこの本は、豆本《まめほん》と呼ばれた、本の規格のなかで最も小さいサイズの本なのです。縦七・三セ

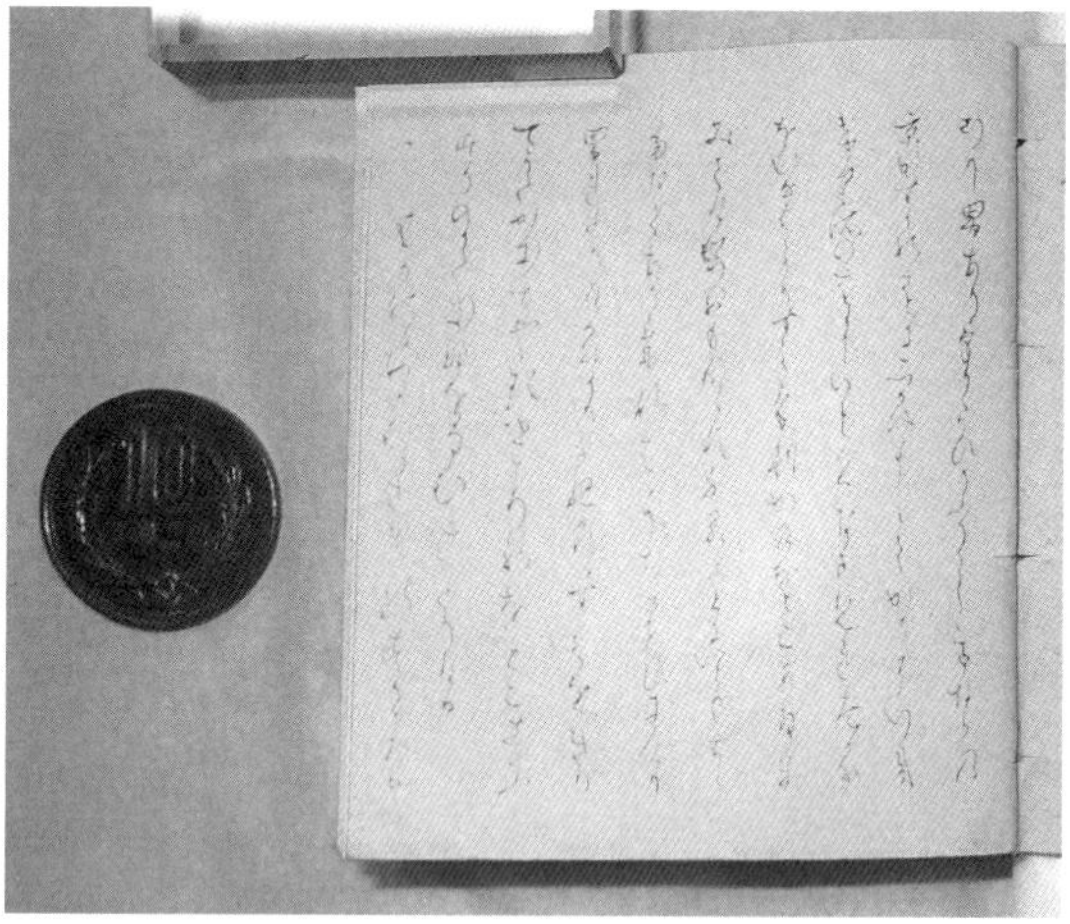

図7

ンチ、横六・三糎ほどの小さな料紙に本文が書写されています。実際に写真で確認してみましょう【図7】。

隣に置いた十円玉と比べると、この本の小ささと、いかに細密に本文が書写されているのかが分かります。実は、先に読んだ定家様で書かれた『伊勢物語』も特小本と呼ばれる、縦九・八センチ、横九・四センチのサイズの本なのです。そのような小さな紙にこだわりの書体で文章を綴るのがいかに難しいことかおわかりでしょう。これら特小本は、読むためというより、眺めて楽しむために作られた愛玩用であったとも考えられています。

五、くずし字を読む——上級篇

ここまで、教科書でなじみ深い古典作品を通して、さまざまな字体、大きさで書かれたくずし字を読んできました。最後に、手紙や和歌によくみられる「散《ち》らし書《が》き」について説明しておきましょう。「散らし書き」とは、消息（手紙）や和歌などを書くときに変体仮名あるいは漢字を交え、散らして書く方法のことです。通常の文章だと、各行を揃えて書く必要がありますが、散らし書きの場合は行間や高さに変化を付けて書きます。そのため、改行時に読む順番を間違えないように注意しなければなりません。ここでは、『百人一首かるた』の散らし書きを読んでみましょう。上の句の札と下の句の札を並べておきます【図8】。

答えは以下の通りです。ここでは字の配列に注目してほしいので、字母は省略しています。字母は各自で確認してください。

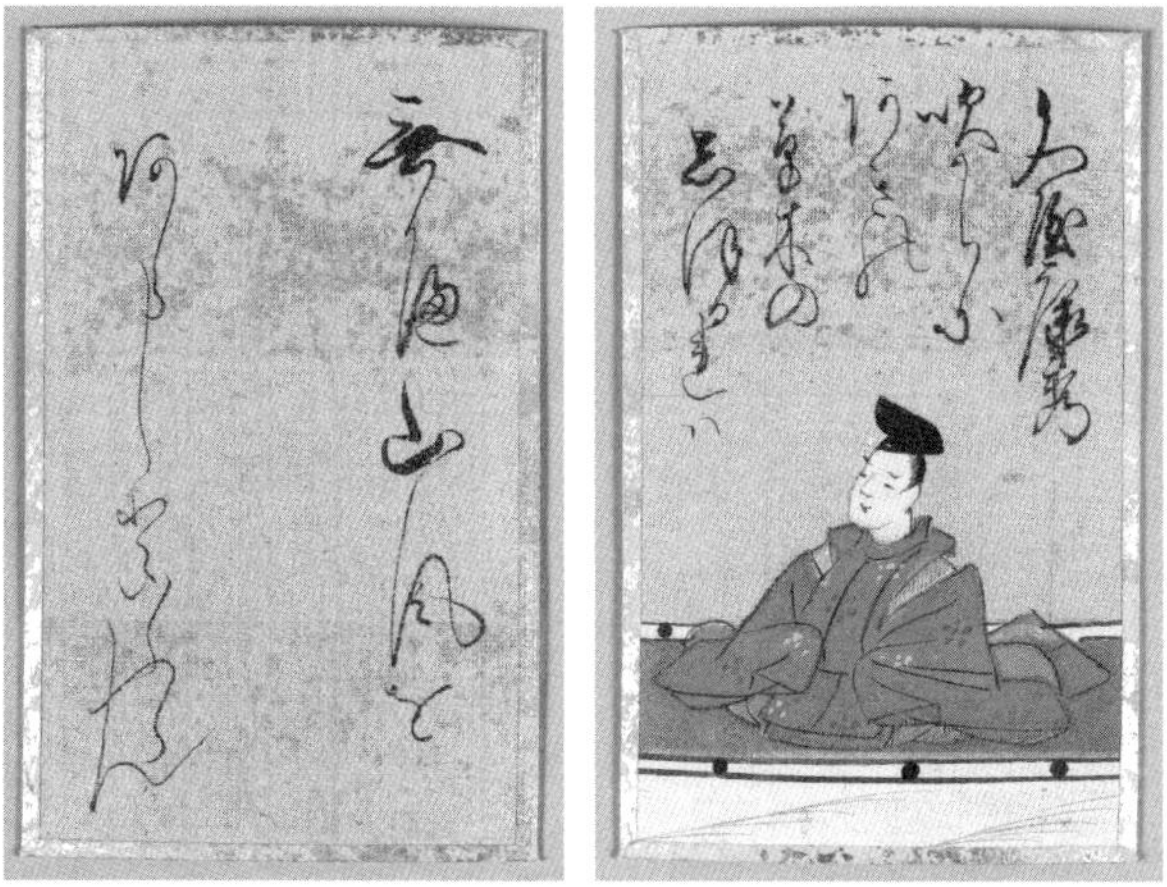

図8 『百人一首かるた』江戸後期写(DOI:10.20730/200020349)

(上の句)
文屋康秀
吹からに
あきの
草木の
しほるれは

(下の句)
むへ山風を
あらしといふらん

図8の一首は比較的簡単に読めますね。では図9の一首はどうでしょうか。

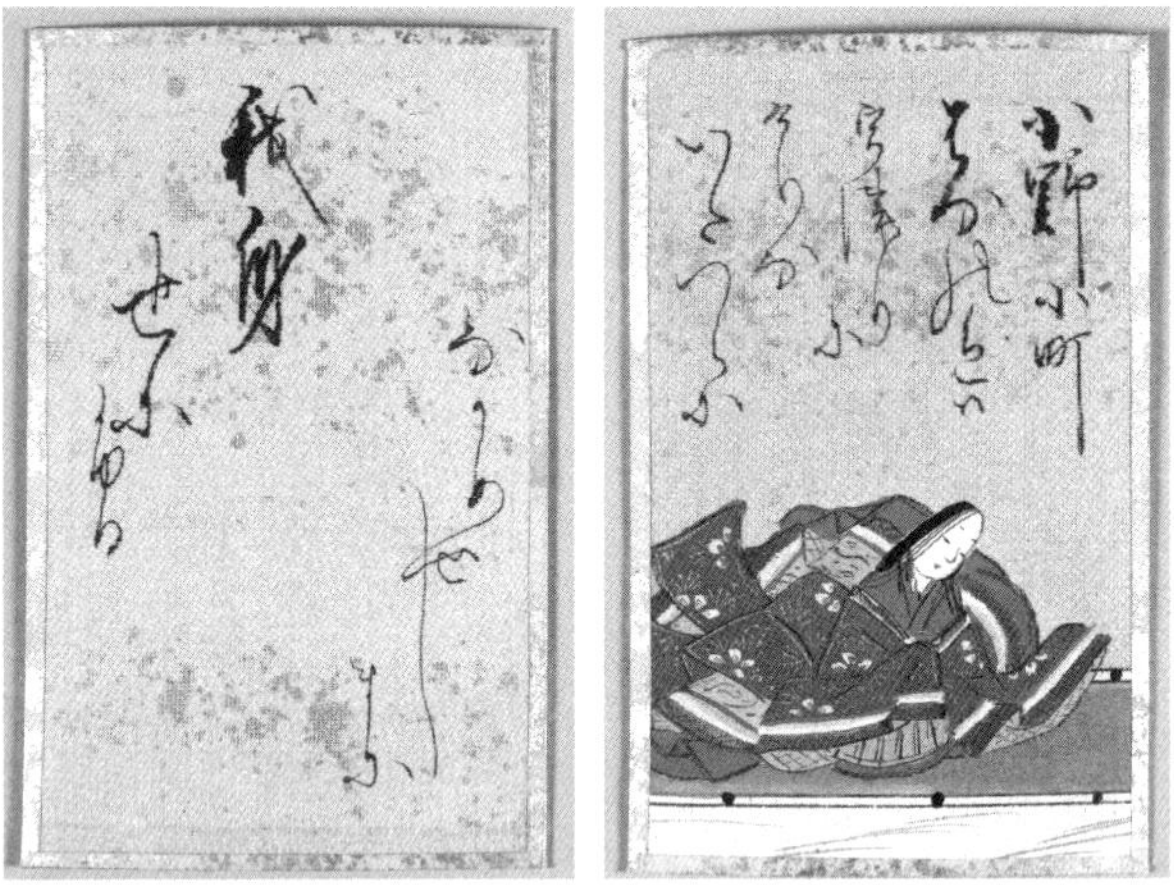

図9　『百人一首かるた』江戸後期写（DOI:10.20730/200020349）

（上の句）
小野小町
はなの色は
うつりに
けりな
いたつらに

（下の句）
なかめせし
まに
我身
世に
ふる

通常の順番で読むと、下の句が逆になってしまいます。散らし書きで書かれていますので、「我身世にふる　ながめせしまに」の順で読まなければなりません。もう一例図10を読んでみましょう。

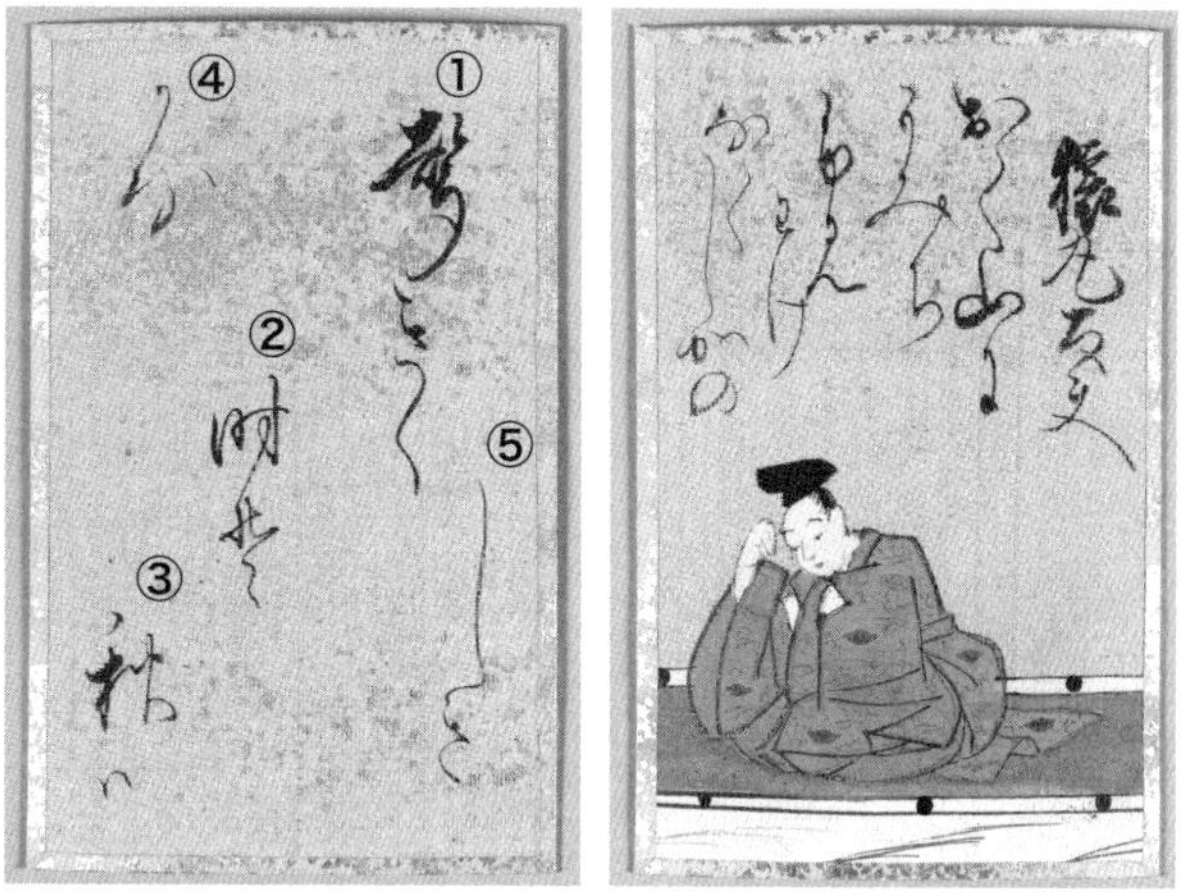

図10　『百人一首かるた』江戸後期写（DOI:10.20730/200020349）

（上の句）
猿丸太夫
おく山に
もみち
ふみ
わけ
なくしかの

（下の句）
しき
聲きく
時そ
かな
秋は

もはや文脈を知らなければ正しい順番で読むことはできないでしょう。下の句は「声きく時そ　秋はかなしき」ですので、①〜⑤の順で読んでいく必要があります。

ところで、名歌や、当時の流行歌を扇に描き、その元になった歌をあてる遊びがあったのをご存じでしょうか。その遊びに用いられた扇絵は『扇の草子』と呼ばれ、十六世紀の中頃から十七世紀の初期の一時期に流行しました。次の扇絵の上部【図11】に散らし書きされているのは、皆さんもよく知っている和歌です。

図11　『扇の草子』江戸前期刊　部分（DOI:10.20730/200006670）

絵も参考にしながら、本文を読んでみましょう。

絵には橋を渡っている鷺と、画面左に川から飛び出した傘が描かれています。答えは、

「かさゝきのわたせる橋にをくしものしろきを見れはよそふけにける」。

『新古今和歌集』巻第六・冬・中納言家持の歌です。

続いてもう一つ、扇絵に付された和歌を解読してみましょう【図12】。

「あふ時はかたりつくすとおもへ共別になれはのこる言葉」

出典未詳の和歌ですが、室町時代の物語草子などに同じ和歌が散見されます。絵には男女が背を向け

図12　『扇の草子』江戸前期刊　部分（DOI:10.20730/200006670）

て離れていく様子が描かれ、左の女性は琴を踏んでいます。泣いているようにも見えます。これは、別れた男女を描いており、愛し合っていた時には大切だった言葉（ことのは）の数々が、別れてみれば邪魔な存在になってしまった様子を、女が「琴《こと》の端《は》」を踏む絵で表しているのです。

散らし書きの場合、字のサイズに大小あり、また縦に伸びて書かれるものもあるため一字一字の区別がつきにくいです。「言葉」の漢字を解読するためには、琴を踏む女性の意味に気付くことが重要です。絵は、読めない字を類推する大切な手がかりなのです。

最後に、活字化された本文の利活用についても簡単に述べておきましょう。ここまで読んでみて、やはりくずし字を難しく感じる方は、無理をせず、活字化された本文を参考にしながら読むことをおすすめします。活字化された本文といっても、教科書や古典文学大系、全集に掲載されている本文は、くずし字で書かれた状態の本文を、通行の字体に書き直し（この作業を「翻刻」あるいは「翻字」といいます）、読みやすいように句読点や濁点を施し、漢字を当て、送り仮名を補うなどして調整をしたものです。(9) また写本や版本のかたちで流布した複数の本を照らし合わせ、その違いを示し、誤りを修正した「校訂本文」もあります。すなわち、現在私たちが手に取って見ることのできる活字テキストは、原本通りではないため、その点は注意が必要です。くずし字を解読できているかどうか、厳密な答え合わせはできませんが、写本などには筆者の書き癖などがありますので、活字を参考にすることは、その本の表記の特徴をすばやくつかむというメリットもあります。

翻刻本文を探す際には、市古貞次・大曾根章介編『国文学複製翻刻書目総覧』正・続（日本古典文学会、一九八二～一九八九年）を活用しましょう。国書データベースにも、「【複】〔活〕」という項目で活字化された閲覧媒体を掲載しています。また、これ以降に発表された翻刻は、国文学研究資料館の「国文学・アーカイブズ学論文データベース」で、〈翻刻〉または〈翻〉で検索すると、探し出すことができます。

その他、基本的なことですが、わからない語があれば、地名辞典や人名辞典、その他古語辞典などを活用しましょう。

おわりに

ここまで、くずし字の基本的な学習方法と役立つツールについて説明してきました。近年は冒頭に記したようなデジタル技術を用いたくずし字学習・解読のためのツールが充実してきています。これらの技術を使ってくずし字を読む活動を古典学習の場に取り入れようとする活動もみられますが、(10)これまでみてきた様々な書体、書写者のこだわりなども考えると、人間の知恵と工夫で読み解いていくことが、くずし字読解の一番の近道といえそうです。

ここでは、国文学研究資料館に所蔵される和本を軸に、くずし字を手軽に読み始められる方法についてお話しました。くずし字を解読できるようになれば、活字化されていない未知の書物と出会うことができます。未開拓の沃野に、ぜひ一歩を踏み出してみてください。

注

(1) 根岸茂夫『江戸版本解読大字典』(柏書房、二〇〇〇年)。
(2) 同志社大学古典教材開発研究センター編『未来を切り拓く古典教材　和本・くずし字でこんな授業ができる　すぐに使える問題付き!』(文学通信、二〇二三年)。↓全文ダウンロードサイト　https://bungaku-report.com/kotekiri.html
(3) 鈴木広光「第1章　嵯峨本『伊勢物語』の活字と組版」(『日本語活字印刷史』名古屋大学出版会、二〇一五年)。
(4) そあん(soan) http://codh.rois.ac.jp/soan/
(5) 以下、伝黒田長興筆写本、松平定信自筆本については、基幹研究「鉄心斎文庫伊勢物語資料の基礎的研究」編『伊勢物語のかがやき』(国文学研究資料館、二〇一七年)を参照した。
(6) 甘木市史編さん委員会編『甘木市史』上巻(一九八二年)。
(7) 小松茂美『日本書流全史』(講談社、一九七〇年)。

（8）一戸渉「松平定信の伊勢物語筆者活動とその周辺」（『国文学研究資料館調査研究報告』三九、二〇一九年三月）、同「風雅と教誡――松平定信の細写本歌書製作」（『国文学研究資料館紀要　文学研究篇』四五、二〇一九年三月）の一連の研究報告に拠った。また、こうした細い字体で書写することを定信自身「細写」と呼び、現存未詳も含め、二十八点の作例が確認できるという。

（9）「翻刻」「校訂」の違い、その成立過程については、小林健二「翻刻と校訂　日本古典文学作品を読むために」（国文学研究資料館編『古典籍研究ガイダンス　王朝文学をよむために』笠間書院、二〇一二年）を参照のこと。

（10）近世文学会編『和本リテラシーニューズ』vol. 1～5（二〇一五年七月～二〇二〇年一月）、同志社大学古典教材開発研究センター編『未来を切り拓く古典教材　和本・くずし字でこんな授業ができる　すぐに使える問題付き！』（文学通信、二〇二三年）。

講義3

写本

奥書・識語から本の来歴と素性を知る

海野圭介

はじめに

日本で作成されたもので、もっとも早い時期に書写された書物は何でしょうか。日本に仏教が伝来した時代に、その興隆に尽力した聖徳太子（五七四〜六二二）の著述とされる『法華経義疏《ほっけきょうぎしょ》』四巻（御物）は、日本史の教科書にも名の挙がる有名な書物で、太子自らが書き記したものとして伝えられてきました。この伝承が正しければ、六世紀後半から七世紀初頭に作成された、現存する最も古い書物ということになります。しかし、残念なことにこの書物には、書写の事情を伝える年紀などは記されておらず、その書写年代については研究者の間でも異論があって統一的な見解は示されていません。

現在知られている書物で、書写の年時を記した最も古いものは、『金剛場陀羅尼経《こんごうじょうだらにきょう》』（国宝。文化庁保管）【図1】で、その末尾には次のように、書写された年紀が干支を用いて明示され、書写した場所や人物の名前も記されています。

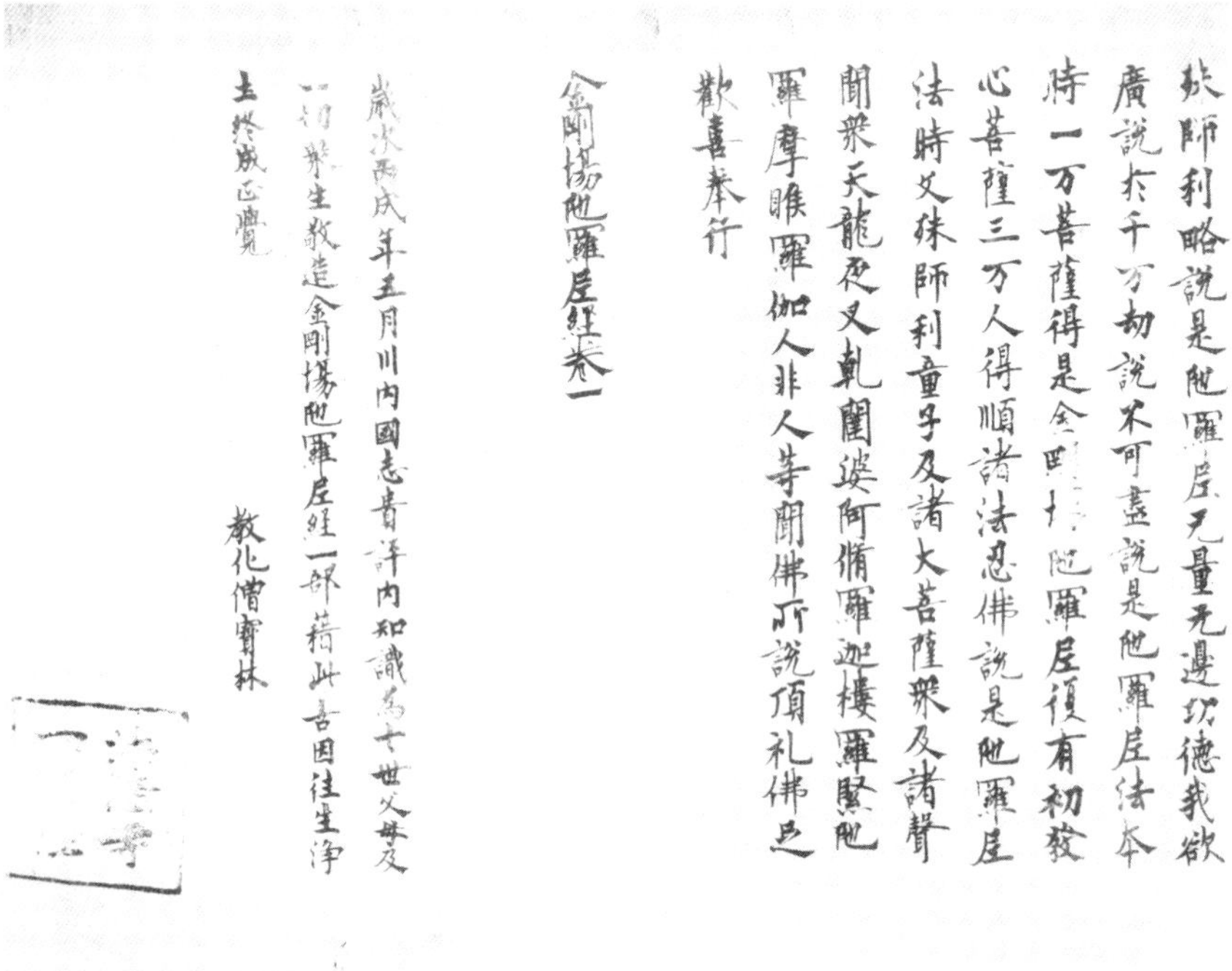
殊師利略説是陀羅尼无量无邊功徳我欲
廣説於千万劫説不可盡説是陀羅尼法本
時一万菩薩得是金剛場陀羅尼復有初發
心菩薩三万人得順諸法忍佛説是陀羅尼
法時文殊師利童子及諸大菩薩衆及諸聲
聞衆天龍夜叉乾闥婆阿脩羅迦樓羅緊那
羅摩睺羅伽人非人等聞佛所説頂礼佛足
歡喜奉行

金剛場陀羅尼經一巻

歳次丙戌年五月川内國志貴評内知識為七世父母及
一切衆生敬造金剛場陀羅尼經一部藉此善因往生淨
土終成正覺
教化僧寶林

図1　国宝『金剛場陀羅尼経』奥書
書写の年紀が干支で記されています。文化庁保管。『古文書時代鑑』所収の書影によります。
（DOI：10.11501/1903687）

歳次丙戌年五月、川内国志貴評内知識、為七世父母及
一切衆生、敬造金剛場陀羅尼経一部、
藉此善因、往生浄
土、終成正覚。　　　教化僧宝林

冒頭に記される「歳次丙戌年」は何時のことでしょうか。六十年に一度回ってくる干支によって書写した年が示されているため、この部分のみでは正確な年代の特定が難しいのですが、年紀に続いて記される書写した場所についての記述の「川内国志貴評」とある部分の「評」の文字が、律令制度以前に「郡」の意味で用いられた用字と考えられていて、『大宝令』（大宝元年〔七〇一〕）以前の書写が想定されることから、朱鳥元年（六八六）に該当すると見るのが通説となっていま

す。(1) 僅か三行のこの書き付けのおかげで、この書物が七世紀の終わり頃に河内国(現在の大阪府南部)で「七世」の「父母」と「一切衆生」の「浄土」への「往生」を願って「宝林」という「僧」によって書写されたものであったという、書物の作成に関わる詳細が知られるのですから、この書き付けは極めて重要な意味を持っています。

この例のような、書物に書き付けられた、作成の事情を述べた文章を「奥書《おくがき》」と呼びます。奥書は、その書物の成立年代や書写者、成立環境といった書物の作成に関わる様々な事情を伝える貴重な情報を私たちに教えてくれます。また、奥書に類似する言葉として「識語《しきご》」があります。本講義では両者の違いや、どのように読み解くべきものなのといった点について、具体的な事例を挙げながら考えてみようと思います。

一、奥書・識語とはどのようなものなのか

「奥書《おくがき》」、「識語《しきご》」とは、その書物がどのようにして作られ、そして伝えられて来たのかという、作品の著述や書物の作成に関わる情報を記した文章のことを指す書誌学用語です。日本の古典籍の特質を説明する辞典として最もよく用いられている、『日本古典籍書誌学辞典』(岩波書店、一九九九年)には、この二つの言葉が次のように説明されています。

「奥書」の項目(井上宗雄執筆)には、「書物の最後、または本文の末に記された文章」で、「著作・書写・校合・相伝・伝受・伝来などについて記すのが普通で、漢文体のものが多いが、和文のものもある」と、書

物の後ろ、書誌学の用語で言えば「奥」の部分に記されている文章であること、書物作成の様々な場面の情報が記されるものであることが説明されています。また、「奥書によってその書物に関する情報、とりわけ本文の性質や伝来を知り得るのが普通である」ともあり、書物の来歴を知るための重要な情報源であることも強調されています。

「識語」の項目（紙宏行執筆）には、「ある書籍についてのさまざまな情報を、その書籍に書き加えた文字・文章をいう。奥書と区別がつきにくい場合もあり、専門家の間でもいまだに定説をみないが、その書籍の著者や書写者ではなく、所蔵者や読者など後人（旧蔵者や伝承者に仮託することもある）であるときに識語といい、奥書と区別されている」とあり、また、「見返しや遊び紙など、巻中の余白のどの部分にでも記載されることもある」と説明され、「奥書」との区別は難しいこと、所蔵者や伝承者のような後人の記した情報であることが指摘されています。

この二つの項目を見比べて気になるのは、「奥書」と「識語」の「区別がつきにくい場合もあ」ると記される点ではないでしょうか。これらの言葉は学術用語ですから、厳密に定義しようとすれば論ずべき点は幾らも出てくるのですが、特殊な例に出会うまでは、原則として次のように考えておけばよいように思います。一定の基準が定まっていれば、何かの書物を説明するために記された一つの文章の中では徒らな混乱を避けることができます。

著作・書写・校合・相伝・伝受・伝来などの書物の成立に関わる情報→奥書

所蔵者・伝承者・読者などの後人が記した書物の伝来に関わる情報↓識語

「奥書」と「識語」の区別がつきにくいとされるのは、一方が記される内容を説明する用語ではなく、「奥」という位置を示す言葉を付して呼ばれ、他方がその対立概念ではなく、「識」という書記行為を広く指す言葉で示されることによります。例えば、書物の途中に書写事情について記された文章が付されている場合には、記される内容からすれば「奥書」と呼ぶべきだけれど、書物の末に記されていないので、これは一体何と呼ぶべきか、というような混乱が生じる場合があり、「区別がつきにくい」と思われてしまうのですが、用語自体が問題を抱えているため、この語を用いて説明しようとすると例外が生じることは避けられません。特殊な例については個別の対応が必要となるでしょう。判断や説明に困ってしまうような事例に出会った場合には、どちらかの用語を用いて説明したとしても読者によっては誤解が生じてしまい、正確な情報が伝わらないことが想像されます。通例の理解の範囲を超える事例については、誤解の無いようにその状況を丁寧に説明する必要があるでしょう。

二、奥書は何のために記されるのか

奥書・識語は書物の来歴を辿り、その素性を知るための重要な情報源ですから、ある書物が書写される際には、その基づく書物に記されていた文面がそのまま転写されることもあります。このような転写された情

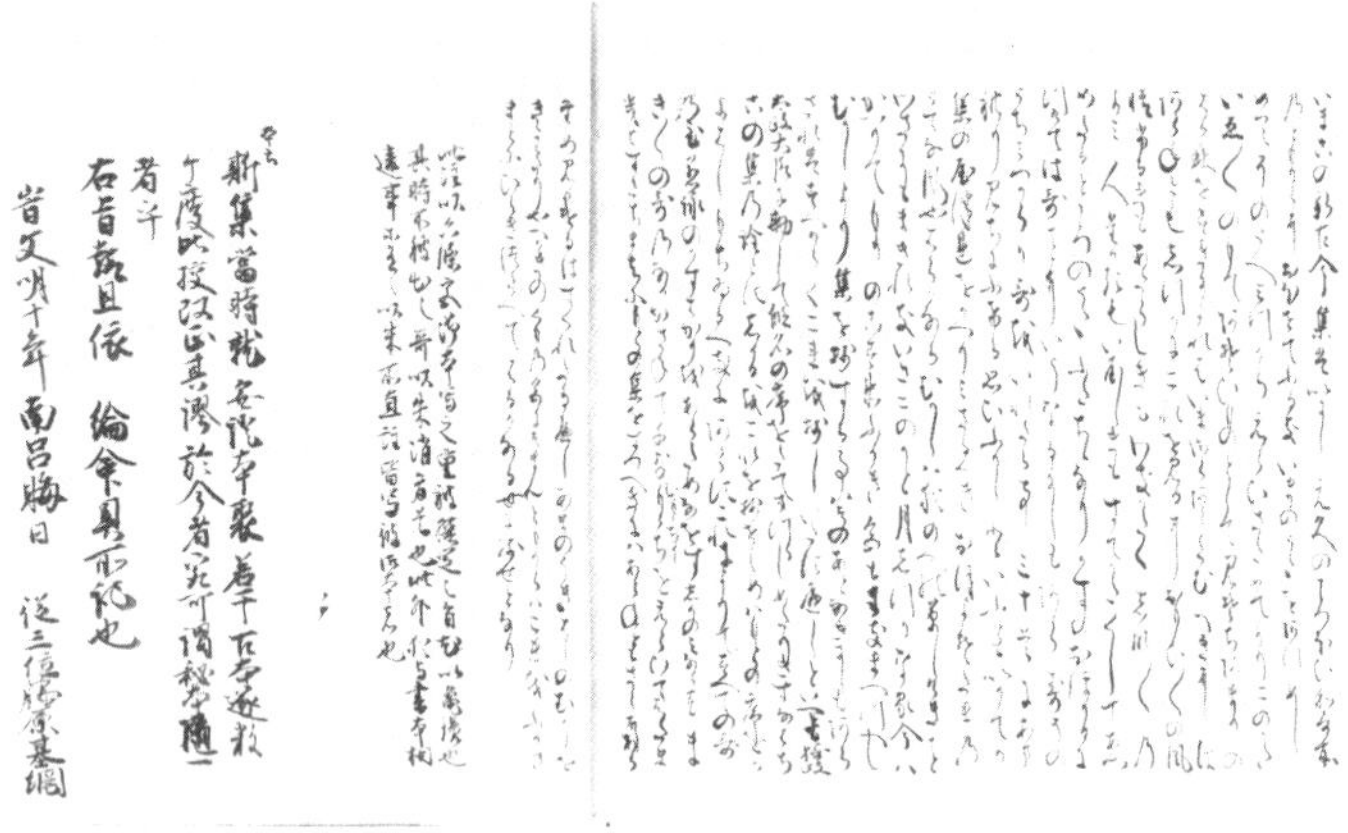

図2　『新古今和歌集』奥書
奥書の右肩に「本云」という注記が見えます（懐風弄月文庫）。（DOI：10.20730/200014143）

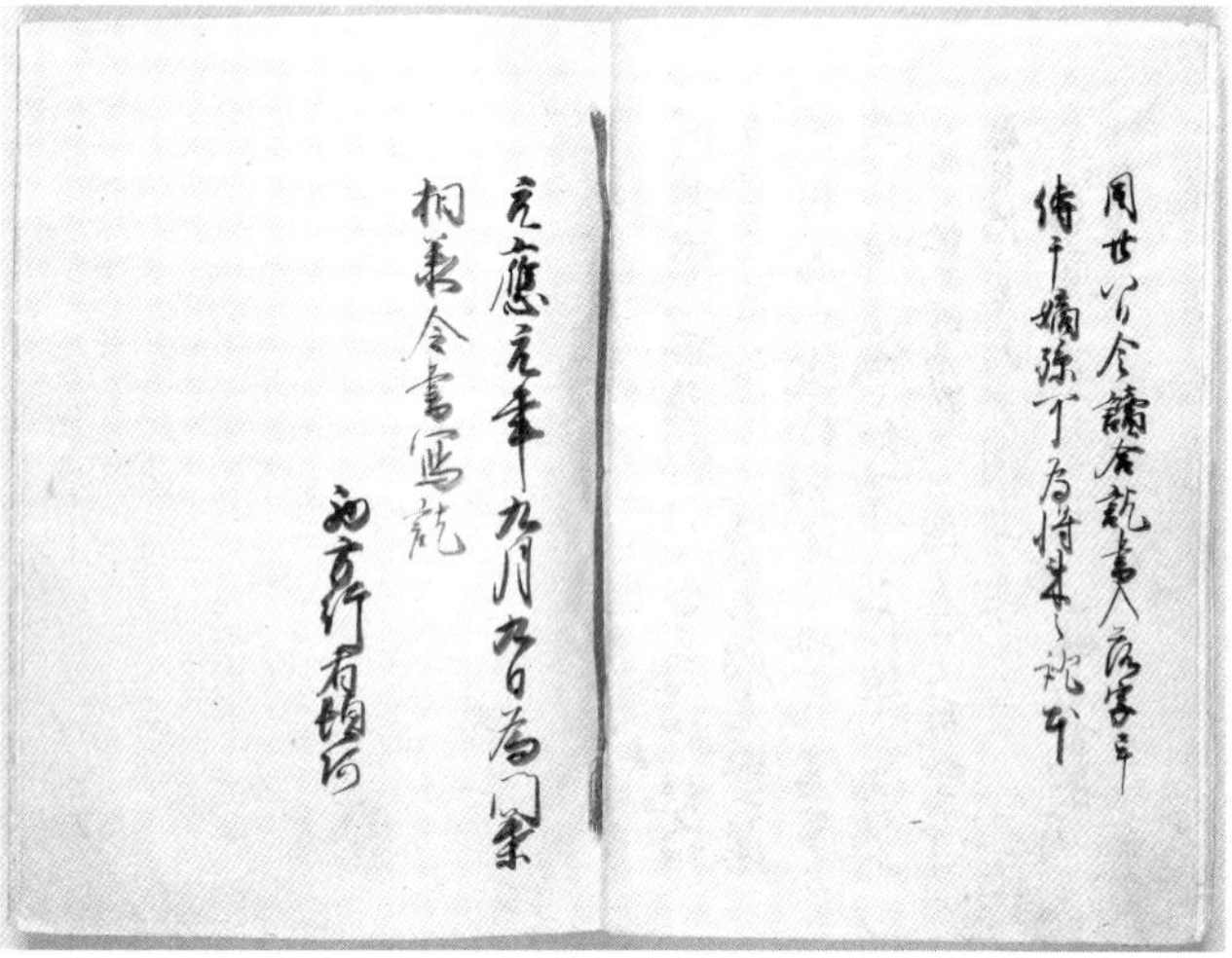

図3　『古今和歌集』奥書
奥書には「本云」という注記が付されていません。
（DOI：10.20730/200003052）

報は、書物の作成者や書写者が記した奥書と区別して、「本《ほん》奥書《おくがき》」と呼ばれます。書物によっては、転写した奥書であることを示すために、冒頭に「本云」のように付記されていることもあります。**図2**は、『新古今和歌集』の写本ですが、書写の際に基づいた本に記されていた奥書が「本云」という言葉を右肩に付して転記されています。全ての本奥書がこれと同様に「本云」と明記してくれれば、その写本の成立事情や書写年代の特定がしやすいのですが、「本云」を記さずに本奥書が転写されることも少なくありません。

図3は、鎌倉時代後期頃の法体の歌人・頓阿《とんあ》（一二八九～一三七二）の署名を付した奥書を持つ『古今和歌集』の写本です。この奥書には「本云」という語が添えられていませんから、一見すると頓阿自身によって書写された写本に見えますが、頓阿という歌人には短冊や懐紙といった自詠の和歌を書き付けた自筆資料が残されていて、それらと比較すると筆跡は異なっているように見えます。どうやら頓阿による書写であることを積極的に肯定することはできないようです（こうした作業の手順については第四節に記します(2)）。しかしながら、この写本の書写者が、頓阿による書写を偽装しようとしてでたらめを書き付けたということでは恐らくないでしょう。想像の域に止まるものですが、二条派の著名な歌人であった頓阿の手元にあった貴重な写本をそのままに写しおいて所蔵したいという意図で、もとの本の通りにそっくりそのまま書写されたもののように思われます。

図2・図3に示した写本には、巻尾に奥書が記されていましたが、古い書物には奥書や識語が記されないものも多く伝わります。むしろ、そうした例の方が多いかもしれません。こうした現象は何故おこるのでしょうか。

先に、奥書は「著作・書写・校合・相伝・伝受・伝来」などについて記すのが「普通」だという辞典の記述を引用しましたが、この説明を逆に考えてみれば、著作や書写や校合などの事情を書き残しておくべき状況が生じた時に、敢えて記された文章が奥書であったと考えて良いように思います。「所蔵者や読者」が記したと説明される識語もこれと同様に、それぞれの人が書き残して置きたいことがあったからこそ書き付けられたと考えるべきでしょう。

奥書に記される後世に伝えたいこと、書き留めて置きたいこととは、その書物がどのように作られ、伝えられてきたのかという成立や伝来の情報であることが殆どです。こうした情報は、書物それ自体の素性を伝えることを通して、その固有の価値や権威を示すものでもありました（こうした事例については次の第三節で具体的に見ます(3)）。佐々木孝浩氏は、室町時代頃には、「所有者である武士の箔付けのために、身分の高い公家が書写したという事実」を書き付けた「為書き的奥書」が目立つようになるという印象を述べています(4)。これもそうした誰々の筆跡であるという事実を書き付けることが書物の権威を示し、その価値を向上するものと考えられたからでしょう。

武井和人氏は、写本に奥書・識語が記されないことの意味を考えることの重要性を早くに指摘しています し(5)、先の論で佐々木氏も日本の書物総体から見て、漢字で記された書物と比較して見ると、「仮名書のものに「奥書」があるのは、非情に特殊な事例」との見方を示し、「何故それが加えられているのか確認」することの必要性を指摘しています。写本の奥書は、江戸時代後期の出版物の奥付・刊記のように法規によって義務化されたものでもなく(6)、現在の出版物の奥付のように網羅的に付されることが慣習化されたものでもありません。何らかの用途のために敢えて記された特別な情報を伝える文章が、奥書や識語であるということは記憶に留めておくべきでしょう(7)。

三、奥書を読み解く

国文学研究資料館に収蔵される古典籍の内、貴重書に指定されている書物には九九―〇〇という函架番号が与えられています。次に取り上げる『古今和歌集』の写本は、九九―二という番号で整理されていて、早い時期に収集されて貴重書として扱われてきたことが知られます。この『古今和歌集』には図4に示したような奥書が付されています。日本の書の歴史に触れたことがある人ならば、一見して藤原定家（一一六二～一二四一）の筆跡に発する「定家様《ていかよう》」と呼ばれる特徴的な書風で書写されていることに気付くでしょう。緩みの無いしなやかな筆致で、定家自筆なのかと期待される優品ですが、この写本自体は定家が書写したものではありません。では、この書物はどのようなものなのでしょうか。

この『古今和歌集』に付される奥書は次の三つです。

①「此集家々所称」から始まる嘉禄二年の「戸部尚書」の記した奥書

②「此本付属大夫為相」から始まる年時を記さない「融覚」の記した奥書

③「此集依前内府〈實―《望》公〉懇望」から始まる永正十六年の「宗清」の奥書

①から③を順に目で追ってみてすぐに気付くのは、①②と③とで筆跡が異なっているように見えることではないでしょうか。①②はやや丸みを帯びた可愛らしい印象の文字で書かれるのに対して、③は豪放とも言うべき力強い印象の文字で書かれています。また、**図4―1**の右端に記されている和歌本文の部分と見比べ

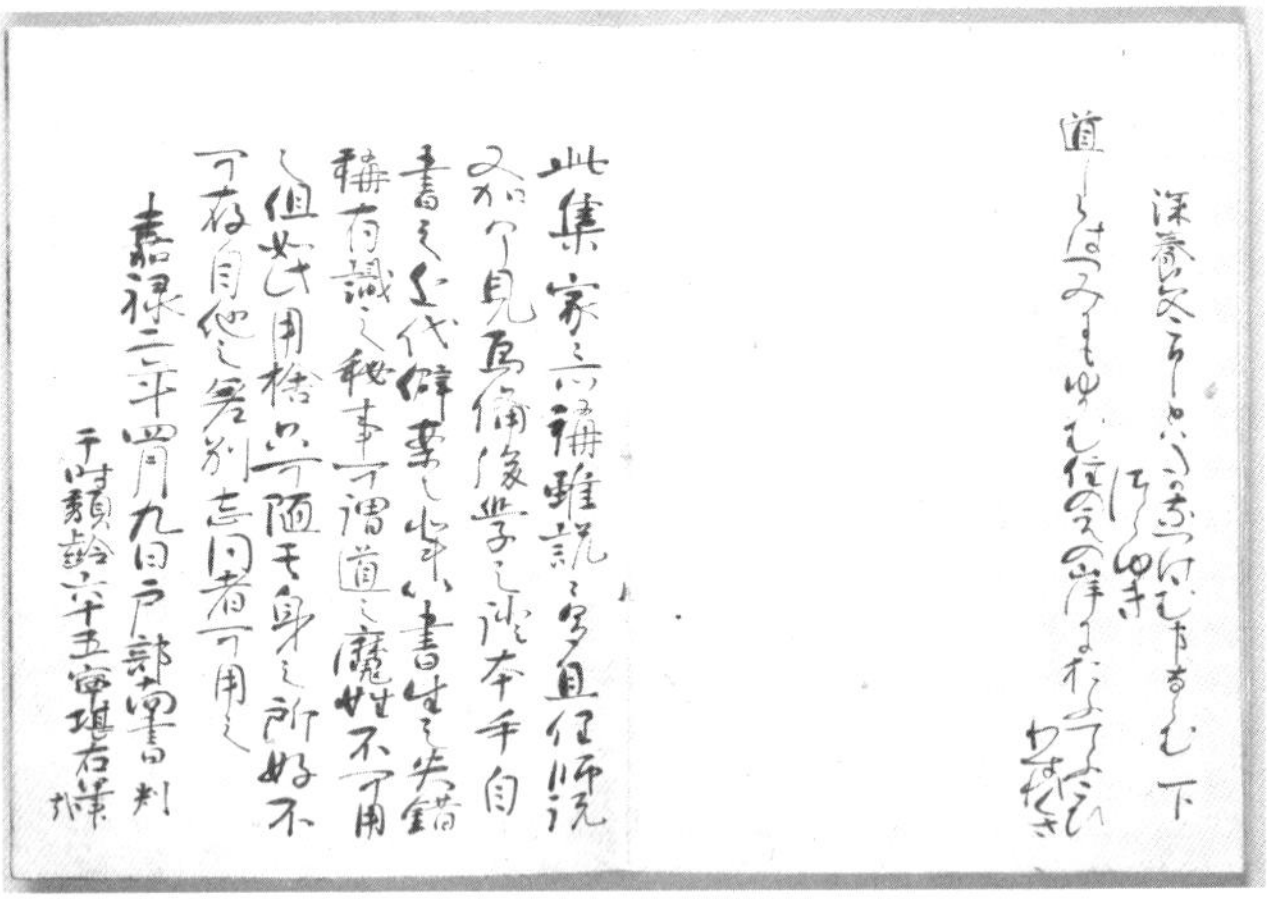

図4-1

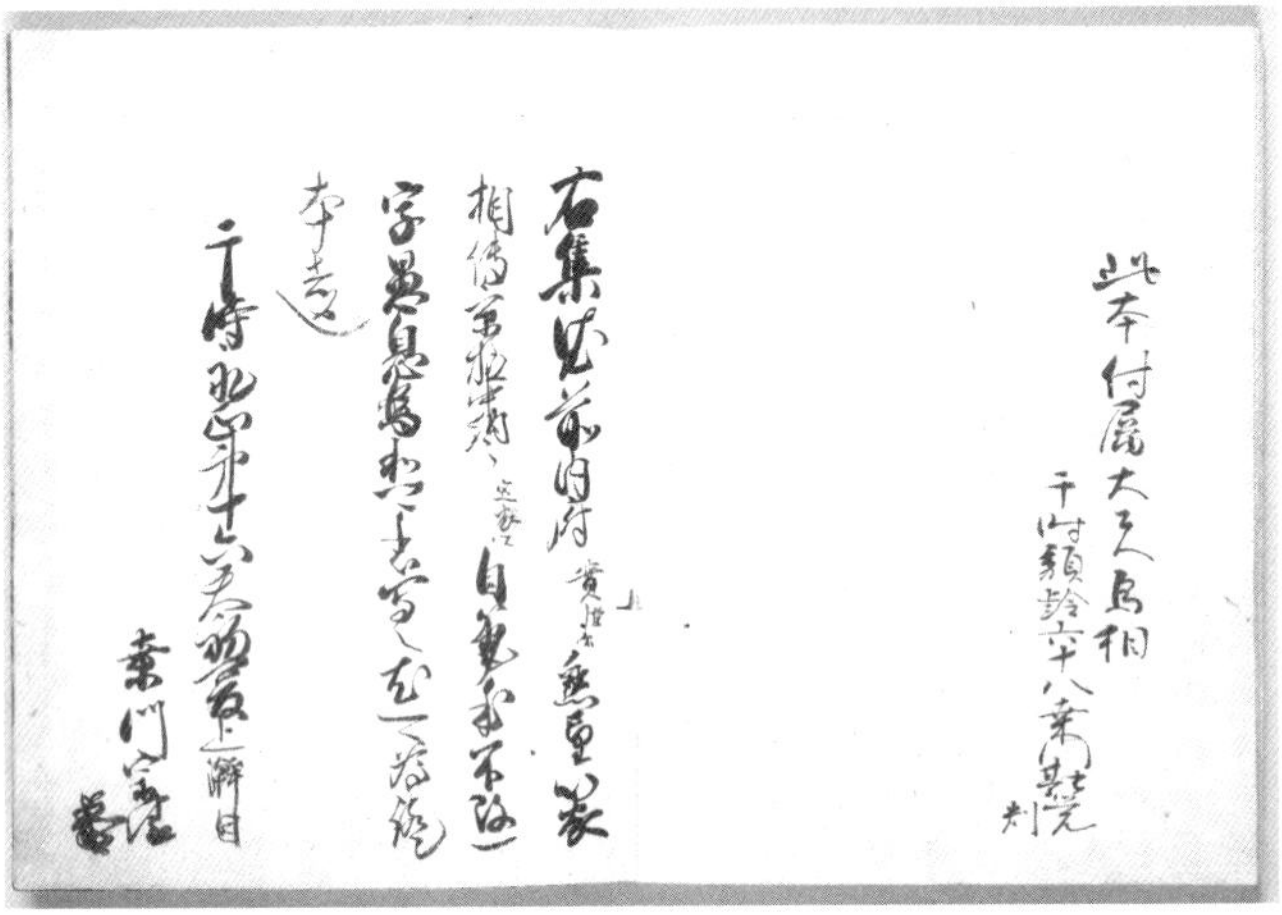

図4-2

『古今和歌集』奥書
本奥書に続けて書写奥書が記されています。(DOI:10.20730/200003050)

てみれば、①②は和歌を書写した人と同じ人が書いていることも一見して明らかでしょう。

①から順に奥書の内容を見てゆきましょう。嘉禄二年（一二二六）の年紀の下に記される「戸部尚書《こぶしょうしょ》」は民部卿《みんぶきょう》を指す唐名《からな》（日本の官職を中国の官職に当て嵌めて記したもの）で、その職にあった藤原定家の署名です。①は定家によって記された奥書と判断できます。この奥書の文面は、嘉禄二年本と通称される定家書写本に

付された有名なもので、定家自身がこの年に書写した自筆本が、定家の子孫である冷泉家に伝わっていて、朝日新聞社から『冷泉家時雨亭叢書二 古今和歌集 嘉禄二年本 古今和歌集 貞応二年本』(一九九四年)として全体の写真版が刊行されています。この自筆本と国文研本を見比べると、非常によく似た書風で記されていることに気付くでしょう。それとともに、「戸部尚書」とある署名の下に、自筆本では花押が記されているのに対して、国文研本では「判」と書かれていることにも気付くでしょう。この「判」の文字は、転写に際して見ていたもとの本に花押が記されていた際に、それを写すことを省略して記される語で、「在判」などとも書かれます。この「判」の文字があることによって、国文研本は定家自筆ではなく、その転写であると客観的にも判断され、この①の部分は本奥書《ほん》に該当することが判明します。

この嘉禄二年本の奥書で定家は、『古今和歌集』の写本の伝来をめぐって興味深い事柄を記しています。概要を辿ってみると次のようになるでしょう。「この『古今和歌集』をめぐって家ごとに様々な説が唱えられているけれども、私・定家自身は師である父・藤原俊成(一一一四~一二〇四)の説に基づき、自説を加えて書写している。世に「秘本」などというものを称揚する者があるが、それは「魔姓」のもので用いるべきではない。しかしながら、それらは自身の好むところにより用捨すべきだ」。随分と厳しい表現が用いられていますが、このように記されることの背景には、定家は御子左家《みこひだりけ》という当時新進の和歌の家の当主で、古くからの和歌の家である六条藤家《ろくじょうとうけ》との間で覇権を争っていたという事情があり、他家に対しての優位性を声高に述べる必要性がありました。当時の情勢については浅田徹氏の論に詳細に述べられています。関心がある方は是非ご覧いただきたく存じます(8)。

②に記される「融覚《ゆうかく》」は、定家の息・為家《ためいえ》（一一九八〜一二七五）が出家した後に名乗った法名です。定家から為家へとこの書物が伝来した経緯は記されていませんが、[9]為家の識語が記される以上は、この嘉禄二年本は定家から為家へと譲られたのでしょう。②には具体的な年紀は記されていませんが、「齢六十八」と記されていますので、為家の年齢から文永二年（一二六五）に記されたことが知られます。「為相《ためすけ》」（一二六三〜一三二八）は為家の男で、為家晩年の子であったために、たいへん可愛がられたことが知られています。俊成の説に依拠して定家が作成し、為家へと受け継がれるという三代に相承された家の説を伝えるとされる書物を譲るというのですから、溺愛の程が窺われます。この部分を①と同じく自筆本と比べてみると、ここにも署名の下に「判」とある事とともに筆跡の相違に気付くでしょう。為家の筆跡は、定家とは違って丸みを帯びた書風ではありませんでしたから、為家が記したはずの②の部分が定家様で書かれるのは辻褄が合わないのですが、このような書風で記されることになった事情については次の③に説明されています。

③は、室町時代の冷泉家当主であった為広《ためひろ》（一四五〇〜一五二六）[10]によって永正十六年（一五一九）に記された奥書です。「宗清」は為広が出家の後に名乗った法名です。奥書の末尾に記される署名の下には花押も付されていて、為広自身によって記された奥書であることが知られます。内容を見てみると、「実―《望》」の「懇望」により、為広の息・為和《ためかず》（一四八六〜一五四九）に書写させたこと、この写本が定家自筆本に基づくこと等が明記されています。「実―《望》」は正親町三条実望《おおぎまちさんじょうさねもち》（一四六三〜一五三〇）で、為広と同時代の公家です。この『古今和歌集』は、冷泉為和による書写で②の部分まで為和が通して書写したので、為家による奥書部分まで定家様で書写されてしまったということなのでしょう。

総じて、①から③には十三世紀から十五世紀わたって、定家の子孫達の間で書物が伝えられてきた事情が説明されているといえます。この写本の書写を懇望した実望は、『古今和歌集』の写本ならどのような本でもよかったのではなくて、まさにこの為広へと伝えられた由緒正しい定家自筆本の写しが欲しかったということなのでしょう。そうした素性の正しさ、権威のありかを証明するためにも、奥書は無くてはならないものでした。

四、奥書を記したのは誰か

写本に書き留められた奥書を読むことによって、この『古今和歌集』が、冷泉為広・為和父子によって作成されたものであったことが判明しましたが、この書物は奥書に記されているように本当に為和によって書写されたものだったのでしょうか。第二節で見た頓阿の奥書を記した写本のように、③の奥書が「本奥書」である可能性はないでしょうか。

こうした疑問に答えるためには、書物が書写された年代を検討し、その結果と奥書・識語の情報が矛盾していないかを確かめる必要があります。書写年代の判定には科学的な分析手法が用いられることもあります(11)が、現状ではそうした方法は例外的で、研究者の判断の合意で大凡の年度が想定されるのが通例です。そのような判断を行うための様々な検討材料の中でも筆跡は極めて重要な要素です。

為広や為和の筆跡であることが確実な資料があれば、それと照合することで自筆であるか否かの検討が可

図5　冷泉為広短冊

図6　冷泉為和短冊

能です。しかしながら、五〇〇年も前に生きた人々の筆跡を知ることができるのでしょうか。実は、室町時代以降の公家や武家で和歌を詠んだ人物の自筆資料は意外に多く残されています。中世の歌人達は、宮廷や将軍家の歌会へ詠進するために、懐紙《かいし》や短冊《たんざく》に和歌を認めました。懐紙・短冊には、原則的に自らが詠んだ和歌を自筆で記し、名乗りを記しました。署名が添えられているのですから人物の特定も容易で、その詠者の筆跡を調べることができる貴重な資料となります。[12] 為広、為和には図5・図6のような短冊が残されています。

為広は、やや無骨な印象を与える豪放な筆遣いで、一方、為和は丸みを帯びた可愛らしい筆致で和歌を記しています。この両者の筆跡には他者と区別することができる明瞭な特徴があり、これを先の『古今和歌集』の奥書と比較してみると一見して矛盾はなく、この『古今和歌集』は冷泉為和が書写し、為広によってそれを証す奥書が付されたものであることが理解されます。

このように、奥書を読み解き、筆跡を照合して書写者を特定し、書物が作成された状況を明らかにする作業を進めてゆくと、この写本の書写者はどのような人物だったのか興味が湧いてきませんか。この『古今和歌集』が書写された前後の為広・為和の置かれた状況をもう少し広い視野から見てみましょう。

為広は文明十四年（一四八二）に後土御門天皇（一四四二～一五〇〇）に定家自筆の『古今和歌集』を書写して進上しています。その折りに天皇から下された宸翰《しんかん》女房奉書《にょうぼうほうしょ》（天皇に近侍する女官が天皇の意思を奉じて発給した仮名書きの文書の様式で書かれた勅筆の書状）が冷泉家に伝わっていて、天皇の反応がどのようなものであったのかが知られます。(13)天皇は「家に不出の定家卿の自筆のほん（本）」を叡覧に供され、その写本が進上されたことを「一らむ（乱）の中にもうし（失）なはれ候はぬ事、めてたく（目出度）おほしめし（思召）候」とその喜びを述べ、さらに自筆の『拾遺和歌集』の披見を所望しています。為広は定家以来の貴重な書籍を伝える和歌の家の当主として、定家自筆本の披見や書写を通して高貴な人物との関係を深め、自身の立場の保持を図っていたようです。(14)

為広は風雅の道にのみ生きたのではありませんでした。時の室町将軍・足利義澄《よしずみ》（一四八一～一五一一）に側近として仕え、幕府の様々な難事に対応し、大名と将軍との間を取り持つこともあったことが知られています。(15)十一代将軍・義澄は、明応二年（一四九三）に十代将軍・足利義稙《よしたね》（一四六六～一五二三）が、細川政元《まさもと》（一四六六～一五〇七）によるクーデター（所謂「明応の政変」）で京都を追われた折に擁立されて、天龍寺の塔頭・香厳院の僧侶であった身から還俗して将軍となりました。この将軍に為広と共に相伴衆（幕府の諸行事に参加し、将軍に近侍した公家衆）として仕えたのが、先の奥書に名前が記されていた正親町三条実望です。為広と実望は実社会でも昵懇の仲で協力関係にありました。

永正五年（一五〇八）に為広は出家し、『古今和歌集』の末尾の署名に記された「宗清」を称しますが、これは為広が政治的に窮地に陥ったための処置であったと考えられています。義澄の治世においても前の将軍・義稙は重臣のもとにあって政権奪還を狙っていました。義澄を将軍に立てた細川政元がその子の世代の家督争いに巻き込まれて暗殺（所謂「永正の錯乱」）されると、混乱に乗じた義稙が周防の守護・大内義興《よしおき》（一四七七〜一五二九）の軍勢を伴い京都に迫りました。京都を守ることは難しいと判断した義澄は近江へと逃れ、その治世は終焉を迎えることとなります。この一連の争乱には為広も相当に驚いたのでしょう。その責を逃れるために剃髪したと考えられています。この時、やはり自身への被害を恐れた実望は京都を離れ、今川氏を頼って駿河に下向しています。実望の妻は今川義忠（一四三六〜七六）の女で、実望は今川氏と縁戚関係にあったのでした。

先に見た『古今和歌集』の奥書は、為広が嘗て共に将軍の側にあった実望との縁を長く永正年間の末頃まで繋いでいたことを証拠付ける遺品でもあります。この年には為広は七十歳に達していましたが、依然として盛んに和歌を詠んでいたことが知られます。ちょうどこの年から最晩年の大永六年（一五二六）に至る時期に為広が書き留めた和歌詠草（和歌の草稿）や紀行文的な日記が、為広の子孫である冷泉家に伝わっていて、『冷泉家時雨亭叢書十一　為広詠草集』（朝日新聞社、一九九四年）、『同六二　為広下向記』（同、二〇〇一年）として写真版が刊行されています。後者の『為広下向記』に収められた日記には、冒頭に「永正十六年八月十六日播州下向中堺通リ也」とあり、「初夏」に『古今和歌集』を作成した後に、堺（大阪府南部）や播州（兵庫県南西部）へと下向していることが知られます。中々に忙しい日々を送っていたようです。

一方、為広男・為和の方は、永正十六年には四十四歳。父・為広とともに、また単独でも京都を離れて地方へと下向する日々を送っています。この時期前後の為和の活動は、前に記した為広による記録とともに、

『冷泉家時雨亭叢書五〇　為広・為和歌合集』（同、二〇〇六年）、『冷泉家時雨亭叢書七六　為和・政為詠草集』（同、二〇〇七年）として公刊された冷泉家に伝わる為和自筆の詠草や歌合の記録によって知ることができ、これらの資料を駆使して小川剛生氏によってその生涯が詳細に描かれています。(16)

為広が亡くなるのは、この『古今和歌集』の書写から七年後の大永六年（一五二六）で、畠山氏を頼り、為和を伴って下向した能登の地で七月二十三日に没しています。戦国の厳しい社会情勢の中で諸国の大名領地と京都との間を往還し、自家の存続と繁栄のために奔走した七十七年の生涯でした。

おわりに

美術館や博物館の展示を巡っていると、仏像・茶道具といった彫刻、器物類や屏風・絵巻といった絵画作品とともに、多くの手書きの書物や書物の一ページを裁断して仕立てられた軸物に出会うでしょう。私たちが通常手にする書物は、小説のような読んで楽しむもの、あるいは知識や情報を得るためのものであることが多いのですが、古い時代に書写された書物は、その筆跡の美しさや著名人の筆跡であることが評価され、芸術作品として鑑賞されることもあります。

こうした写本やその断簡には、江戸時代の鑑定家（「古筆見《こひつみ》」と呼ばれた鑑定家集団が職業として存在していました）によって筆者が鑑定された際に発給された「極札《きわめふだ》」【図7】や「折紙《おりがみ》」（本書九一頁・図3）と称される鑑定書が附属していることもあります。こうした歴史的な鑑定は、かつては非科学的なものとして排除される傾

向にありましたが、近年では鑑定文化への理解も進み、その効用や利点も説かれるようになってきています。(17)

鑑定家達が筆跡を分析し、誰が書写したかを判断する方法の一つに、「書流《しょりゅう》」という考え方がありました。親に文字を教えてもらった子の筆跡が親に似通うことはよくあることだと思いますが、師と弟子の筆跡が似ることも少なくありません。寧ろ師の筆跡を真似ることが習学の方法でもありました。師弟関係にある者や、似ている筆跡を残していて師弟の関係にあったと推測される者達をグルーピングして、流派として分類したものが書流と呼ばれる筆跡の系譜です。江戸時代にはこの書流のあり方を示した書物も出版されています。こうした考え方は万能とは言えませんが、一定の有効性を持っていて、現在でも筆跡を整理する際に用いられることがあります。小松茂美編『日本書流全史』（講談社、一九七〇年）は、近代的な手法で書流のあり方を検討した重要な仕事で、刊行後約半世紀を経た現在でも書流を考える上で常に参照されるべき成果と言えます。

写本には、その書物を写し伝えた人々の人生が反映しています。その歴史の一駒を筆跡を通して体感することができるのも写本の魅力の一つでしょう。あるものには奥書や識語が記されていて、より詳細に当時の

図7 『古今和歌集』(99－2)に附属する極札

状況を理解することが可能となります。そうした書物自体の来歴、書写者の置かれた立場や状況、そして書写者の生涯を窺い知るための重要な情報が奥書・識語には凝縮されています。本講が、古い書物に触れて感じ、読み解き考えることを通して、日本の写本文化を体験して戴くことのガイドとなれば幸いです。

注

（1）この写経の成立年代については、藤本孝一氏により朱鳥元年（六八六）ではなく、六十年後の天平十八年（七四六）の書写ではないかとする疑義が出されています（藤本孝一「国宝『金剛場陀羅尼経』と評について」『日本古写経研究所研究紀要』三、二〇一八年三月。https://icabs.repo.nii.ac.jp/records/446）。その後、藤本氏の見解に対し、従来の見解を支持する赤尾栄慶氏による反論も示されています（赤尾栄慶「国宝『金剛場陀羅尼経』について――藤本論考を承けて」『日本古写経研究所研究紀要』七、二〇二二年三月。https://icabs.repo.nii.ac.jp/records/609）。奥書の情報の検討と処理の方法について専門家の意見が割れた興味深い事例だと思います。併せて参照下さい。

（2）頓阿の自筆資料として確実なものに、国宝『宝積経要品《ほうしゃくきょうようぼん》』（前田育徳会）の料紙として継がれた紙背短冊があります。『尊経閣叢刊 宝積経要品』（育徳財団、一九二九年）参照。https://www.doi.org/10.11501/1191983。

（3）海野圭介「テクスト、パラテクスト、秘儀伝受――テクストを所有するとはどのような行為なのか？」（『アジア遊学二六一 古典は遺産か？ 日本文学におけるテクスト遺産の利用と再創造』勉誠出版、二〇二一年十月）参照。

（4）佐々木孝浩「書物およびテクストの所有性における奥書の役割について」（『アジア遊学二六一 古典は遺産か？ 日本文学におけるテクスト遺産の利用と再創造』勉誠出版、二〇二一年十月）。

（5）武井和人『中世古典学の書誌学的研究』（勉誠出版、一九九九年）三一三―三三二頁。

（6）本書【講義4】（木越俊介執筆）参照。

（7）奥書から一旦離れて、ある文学作品の成立時点に遡ってみてみると、例えば、『古今和歌集』には、その序文に醍醐天皇の勅命によって紀友則、紀貫之、凡河内躬恒、壬生忠岑の四人が撰集して、延喜五年（九〇五）に奏上されたことが明記されています。対して、『源氏物語』には成立時期はおろか、作者に関わる情報も付されてはいません。こうした差異は、作品それ自体の性格や社会的位置、対象とする読者の地位や範囲の差異を反映していると考えられます。言い換えるのならば、そもそもが成立事情を書き残す必要がある作品と無い作品があったと言えます。

（８）浅田徹「俊成本古今集試論――伝本分立の解釈私案」（『和歌文学研究』六六、一九九三年九月）、同「顕註密勘の識語をめぐって」（『和歌文学研究』七二、一九九六年六月）。

（９）冷泉家時雨亭文庫に所蔵される定家自筆本には、この①と②の間に切り取りがあることが確認されています。『冷泉家時雨亭叢書二 古今和歌集 嘉禄二年本 古今和歌集 貞応二年本』（朝日新聞社、一九九四年）解題では、「おそらくは証本として誰々に伝える」という定家自身の識語があった」と推定されています（同書解題一七頁）。

（10）冷泉為広の活動とその生涯については、赤瀬信吾「為広と門弟組織――乱世を生きた冷泉家当主」（冷泉為人監修『冷泉家 歌の家の人々』書肆フローラ、二〇〇四年）、小川剛生『武士はなぜ和歌を詠むか 鎌倉将軍から戦国大名まで』（角川学芸出版、二〇〇八年）一九二―一九三頁参照。

（11）例えば、書物が書写された料紙の時代を判定するために、料紙の一部を採取して炭素同位体（^{14}C）による年代測定が行われることもあります。池田和臣『古筆資料の発掘と研究 残簡集録 散りぬるを』（青簡舎、二〇一四年）参照。

（12）短冊の写真を載せる代表的な書籍には次のようなものがあります。小松茂美編『短冊手鑑』（講談社、一九八三年）、田中之博・中本久美子編『珠玉の書 短冊手鑑の世界』（MOA美術館、二〇〇二年）、鉄心斎文庫短冊研究会『むかしをいまに 鉄心斎文庫短冊総覧』（八木書店、二〇一二年）、永井一彰編『俳諧短冊手鑑』（八木書店、二〇一五年）。

（13）『冷泉家時雨亭叢書五一 冷泉家古文書』（朝日新聞社、一九九三年）所収「後土御門天皇宸翰女房奉書」（書影同書三三頁、釈文同七頁）。

（14）小川剛生氏は、『月庵酔醒記』に為和の子・明融（?～一五八二）の言として記される、為広が定家自筆本『古今和歌集』を将軍・義澄に見せるのを渋って、将軍家の不興をかったとする逸話を、文亀二年（一五〇二）十月から翌二月まで為広が蟄居していることに対応すると見ています（注10掲載の小川著書一九二―一九三頁）。史実とすれば、これも同様の例と見なすことが出来ます。

（15）山田康弘『戦国期室町幕府と将軍』（吉川弘文館、二〇〇〇年）一〇二―一〇九頁。注10掲載の小川著書一九一―二四五頁。以下の記述はこれらの書に多くをよります。

（16）注10掲載の小川著書一九一―二四五頁。

（17）村上翠亭・高城弘一監修『古筆鑑定必携 古筆切と極札』（淡交社、二〇〇四年）、日比野浩信『はじめての古筆切』（和泉書院、二〇一九年）、『書を極める 鑑定文化と古筆家の人々』（慶應義塾大学附属研究所斯道文庫・慶應義塾大学ミュージアムコモンズ、二〇二二年）等参照。

参考文献

井上宗雄・他編『日本古典籍書誌学辞典』（岩波書店、一九九九年）

国文学研究資料館編『古典籍研究ガイダンス 王朝文学をよむために』（笠間書院、二〇一二年）

小松茂美『日本書流全史』（講談社、一九七〇年）

佐々木孝浩『日本古典籍書誌学論』（笠間書院、二〇一六年）

田中登・牧野和夫・武井和人・新藤協三「シンポジウム 奥書・識語をめぐる諸問題」（『調査研究報告』一七、国文学研究資料館、一九九六年三月）

橋本不美男『原典をめざして 古典文学のための書誌』（笠間書院、二〇〇八年）

春名好重『古筆大辞典』（淡交社、一九七九年）

日比野浩信『はじめての古筆切』（和泉書院、二〇一九年）

藤井隆『日本古典書誌学総説』（和泉書院、一九九一年）

堀川貴司『書誌学入門――古典籍を見る・知る・読む』（勉誠出版、二〇一〇年）

山本信吉『古典籍が語る――書物の文化史』（八木書店、二〇〇四年）

column

書物を切る

古筆切という資料――海野圭介

日本の書物の利用方法の特異な例の一つに、巻子や冊子の一部を裁断して掛軸や帖に仕立てて鑑賞されたことが挙げられます。(1) 現在でも美術館、博物館に展示されることも多いこうした断簡は、古筆切《こひつぎれ》【図1】と称されます。「古筆」とは古人の筆跡の意ですが、書道史においては、平安時代から鎌倉時代にかけて書写された和様の仮名の優品を指すのが通例です。

室町時代の後期頃から隆盛した茶の湯の席の懸物として需要が高まり、多くの書物が裁断されました。江戸時代初頭には、沢山の古筆切を貼り込んだ手鑑《てかがみ》と呼ばれる厚冊の帖の作成も流行して、古筆切の蒐集が一大ブームとなります。こうした古筆切蒐集の流行によって、名跡と称される書物は、江戸時代以降四〇〇年間にわたって裁断され続けましたから、より古い書物、より美しい書物は、一巻、一冊そのままではなく、断簡となって伝わることとなりました。ですから、古筆切を除外して日本の書物の歴史を語ることはできません。

しかしながら、たった一枚の断簡となってしまっては、一目見ただけではその書写内容や筆者を知ることは不可能です。こうした事情は今も昔も同じで、室町時代頃には既に、書写内容や筆者の吟味と鑑定が行われていたことが知られています。古い筆跡の鑑定は、古人の血縁にあたる者や古い書物に触れる機会の多かった公家達が行っていましたが、桃山時代に古筆了佐《こひつりょうさ》（一五七二～一六六二）が出て、筆跡の鑑定が職業とし

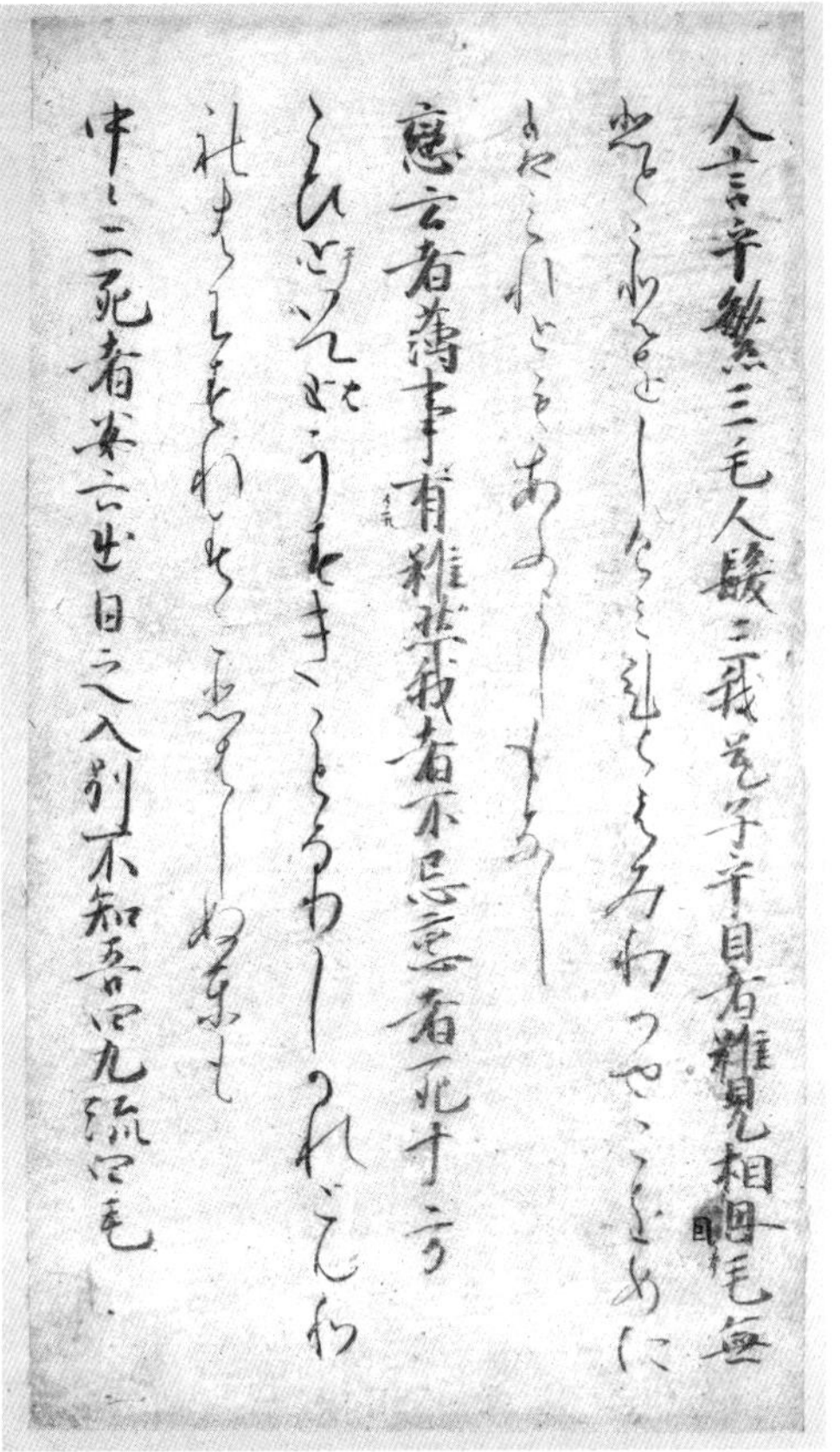

図1　『万葉集』断簡（ヨ6―59、〔平安後期〕写、一幅）（DOI：10.20730/200017724）
「尼崎切《あまがさきぎれ》」と通称される『万葉集』の断簡。

図2　極札（『万葉集』断簡（ヨ6―59）「尼崎切」附属）（DOI：10.20730/200017724）
「源俊頼」の筆跡と鑑定されています。極札の下方に捺された極印と特徴的な筆跡から、古筆本家二代・了栄による鑑定と判断されます。

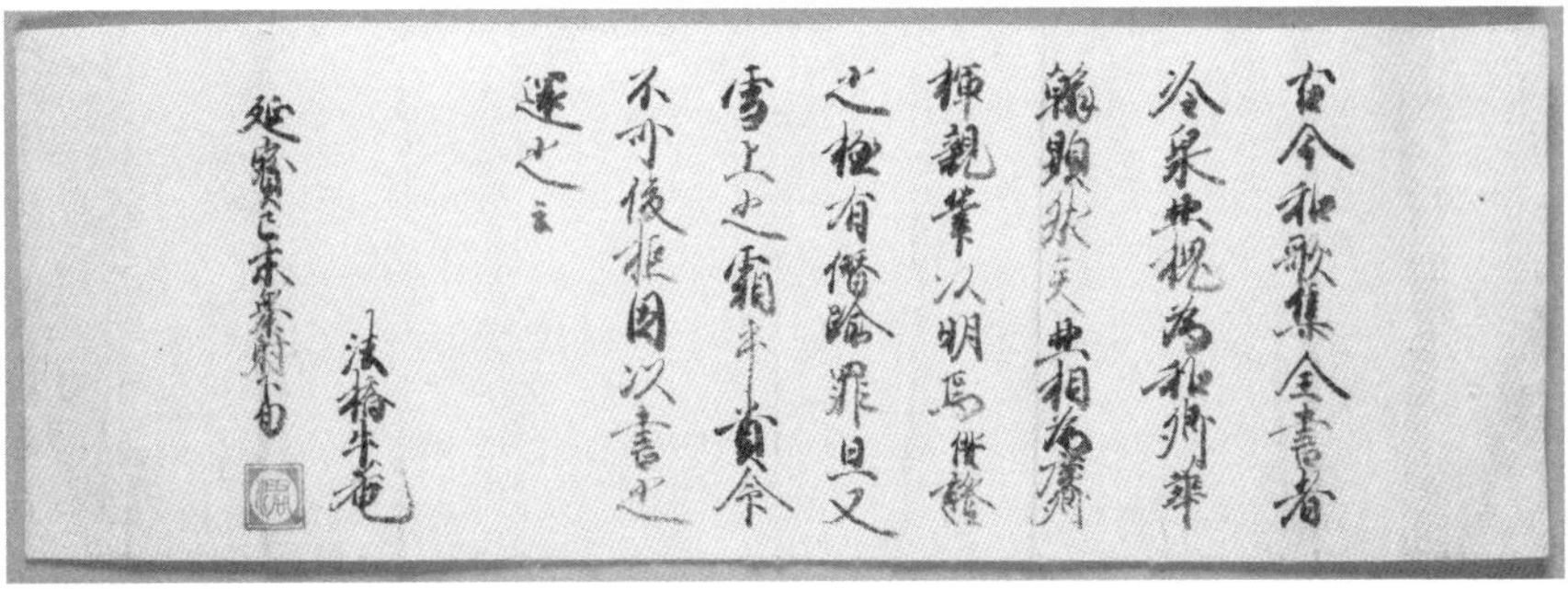

図3　折紙（『古今和歌集』（99-2）附属）（DOI：10.20730/200003050）
延宝七年（1679）に、畠山牛庵によって極められた際の鑑定書。牛庵の極印は通常は瓢箪型に「牛庵」と記す印を用いますが、本資料にはそれとは異なり「君水」と記される印が捺されています。印記と筆跡から見て二代牛庵（1625-93）による鑑定と判断されます。

て定着しました。それ以降、江戸時代を通して筆跡鑑定に携わる人々が多く輩出し、昭和の時代に至るまで世襲されました。(2)

これは聖武天皇の筆跡だ、これは光明皇后だというような鑑定の結果は、「極札《きわめふだ》」【図2】と呼ばれる紙片や「折紙《おりがみ》」【図3】と呼ばれる紙に記されてその証とされましたが、こうした鑑定が当たっているものは実はさほど多くありません。そもそも著名人の筆跡がそれほど多く伝わっているはずもなく、また、奥書に署名などがあれば、筆者が判明しますが、それ以外の例では書写者が誰であるのかを判断するのは極めて困難です。鑑定家たちは、数多の筆跡を比較検討して鑑定対象となる筆跡の大凡の書写年代を判定し、筆跡の風格を見定めて、これならば誰それの筆跡に相応しいというように判断していたようです。こうした歴史的な鑑定により与えられた筆者名は現在では「伝称筆者《でんしょうひっしゃ》」と呼ばれ、伝○○筆のように冒頭に「伝」の字を添えて、真の筆者とは異なることを明記して表示されるのが通例ですが、普段から多くの書跡を見ていた鑑定家達の判断ですから、極札や折紙に記される筆者その人の筆跡ではなくとも、鑑定された人物とほぼ同年代の筆跡であることが多く、古筆切の書写年代を考える際には参考となるように思います。

古筆鑑定家たちは、断簡を鑑定し整理するために目録化を進めました。そうした作業のための鑑定家の手控えであった資料が、慶應義塾大学附属研究所斯道文庫に所蔵されています。(3) 江戸時代後期には『古筆名葉集』【図4】という本が刊行され、伝称筆者名や伝来や由緒に因む「高野切《こうやぎれ》」や「吉野切《よしのぎれ》」などの古筆切に付された固有の名称が広く共有されることとなります。この本は昭和の時代まで版を重ねていて、その流行の程が知られます。(4)

裁断されて伝わる古筆切の中には、完本が既に失われてしまった作品の断簡などもあり、古筆切を用いた復元によってのみその存在が知られる作品も存在します。[5]また、『古今和歌集』や『伊勢物語』といった著名な古典作品においても、最古の写本（の一部）は古筆切として伝わっていて、古い時代のテキストの状態や写本の姿を知るために欠くことのできない資料となっています。[6]

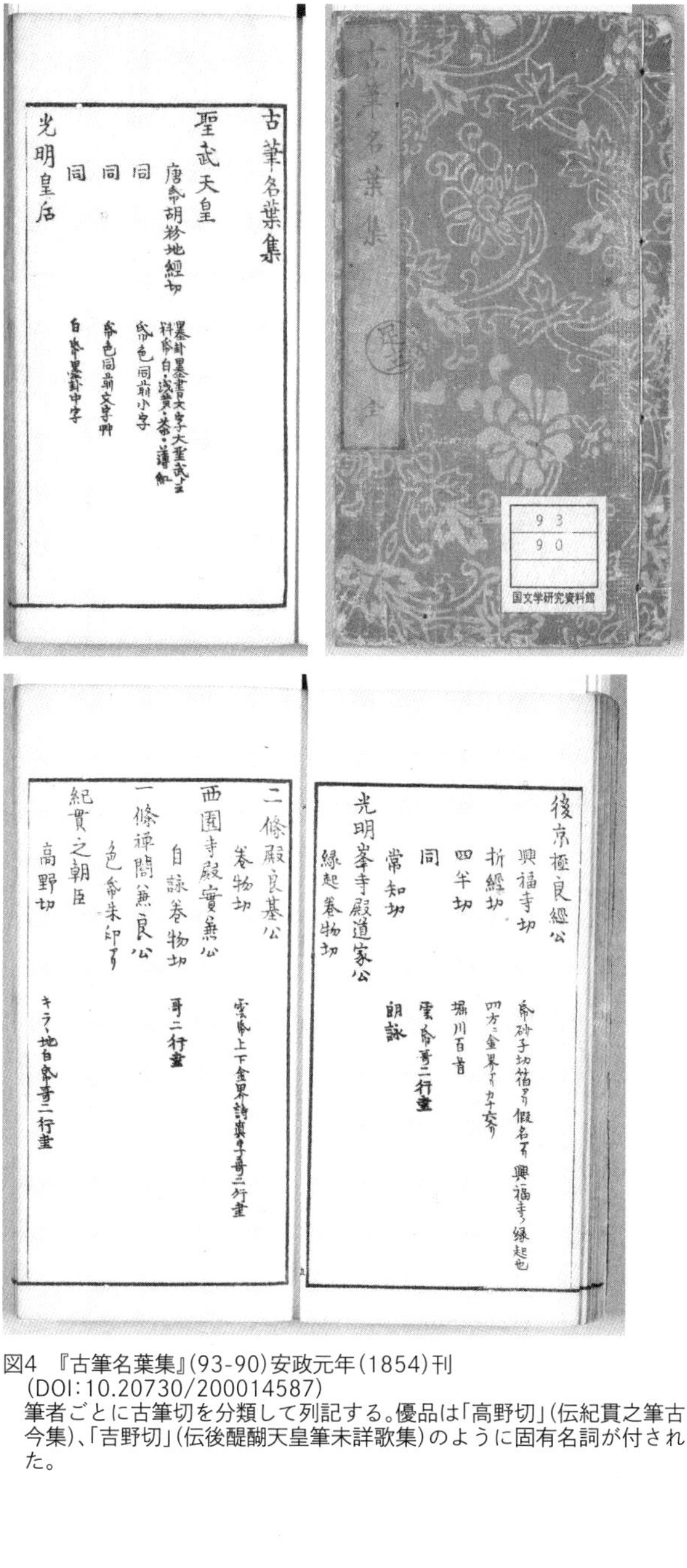

図4　『古筆名葉集』（93-90）安政元年（1854）刊
（DOI：10.20730/200014587）
筆者ごとに古筆切を分類して列記する。優品は「高野切」（伝紀貫之筆古今集）、「吉野切」（伝後醍醐天皇筆未詳歌集）のように固有名詞が付された。

注

（1）根津美術館において二〇一四年に開催された「名画を切り、名器を継ぐ」展は、こうした作品を裁断し、また継ぎ合わせる行為の文化的背景と歴史的展開に視点を合わせた興味深い展示でした。『名画を切り、名器を継ぐ』（根津美術館、二〇一四年）参照。

（2）古筆鑑定の歴史については、村上翠亭・高城弘一監修『古筆鑑定必携 古筆切と極札』（淡交社、二〇〇四年）、松谷芙美・島田和・佐々木孝浩編『書を極める――鑑定文化と古筆家の人々』（慶應義塾大学附属研究所斯道文庫・慶應義塾大学ミュージアム・コモンズ、二〇二二年）参照。

（3）注2掲載の『書を極める――鑑定文化と古筆家の人々』参照。

（4）田中塊堂編『昭和古筆名葉集』（京都鳩居堂、一九四七年）。

（5）近年におけるこうした研究の成果については、久保木秀夫『中古中世散佚歌集研究』（青簡舎、二〇〇九年）。別府節子『和歌と仮名のかたち――中世古筆の内容と書様』（笠間書院、二〇一四年）参照。

（6）近年著された古筆切を対象とした入門書に、日比野浩信『はじめての古筆切』（和泉書院、二〇一九年）があります。

講義4

版本

刊記・奥付から印刷文化を探る

木越俊介

はじめに

印刷された本を古典籍では版本《はんぽん》と呼びますが、それらがいつ、誰の手によって刊行されたのかという点は、目の前の資料を理解する上で欠かせない基本的な情報です。現代の日本の本では、そのほとんどに奥付が付されていることによって、各々の刊行情報を容易に知ることができます。一方、江戸時代の古典籍においてはある時期から奥付《おくづけ》(1)が付されるものの、「刊記」、すなわち「刊本に付した、刊行年月・刊行者とその居住地等の表示」(『日本古典籍書誌学辞典』岩波書店、一九九九年、長谷川強「刊記」の項)の記載のあり方は、その有無も含めて多様です。

本講義では、数量的には古典籍の中で最も多いと思われる江戸時代の版本を対象に、刊記の中でもとりわけ「奥付」に記載されている情報の読み解き方や、読み解く際の注意点について説明したいと思います。

奥付についての疑問点

江戸時代の版本における奥付は、一見、現代のものと類似しているので簡単に理解できそうに思われるのですが、実はそこにこそ落とし穴があり、なんとなく理解したつもりのままに誤解しかねない点が多いのです。そこでまず、現代の私たちから見て、江戸時代の版本の奥付・刊記を見たときに感じるであろう違和感、疑問点を、三点あげてみたいと思います。

① 奥付に記載される年月日は、何を意味しているのか?
② 奥付に複数の本屋の名前が記載されるのはなぜか?
③ 同じ内容の本なのに、刊記・奥付が異なる場合があるのはなぜか?

以下、これら三つの課題について順を追って、江戸時代の商習慣や文化的背景などを整理しながら理解を深めていきたいと思います。

なお、本講義の話は整版本(2)に限ったもので、活字本などについては該当しません。したがって以下に「版本」と記述する場合はもっぱら整版本のことを指すものと理解してください。また、当然のことながら、個別的な事例については例外が多くあることもあらかじめご了承いただいた上で、要点を絞って説明していくことにします。

それでは本題に入りたいと思いますが、その前に、前提として次の二点のことを頭の片隅に置いていただきたいと思います。

（A）江戸時代における版本には、常にその元となる**板木《はんぎ》が存在する。**

（B）江戸時代の「本屋」（のちに出てきますが、「書肆《しょし》」という言い方などもします）は、一般に、現在の出版、流通（卸《おろし》）、小売り、さらには古本業の全てを担う場合が多かった。

これらのことがらをおさえておくと、本講義の内容が理解しやすくなることと思います。

一、奥付に記載される年月日は、何を意味しているのか？

それでは、まず、奥付から読み取れる情報と読み取れない情報の整理を行うことにより解明を試みます。この点を理解する上で重要なのが、「刊」と「印」の区別です。

○刊（板・版）…板木の彫刻・校正が終了し完成した時点を基準とする。
（マスター版の完成と出版＝**開版**）

○印（摺・刷）…版本が実際に印刷された時点を基準とする。
（マスター版を使用し、実際に印刷されるごとに「印」を重ねる。）

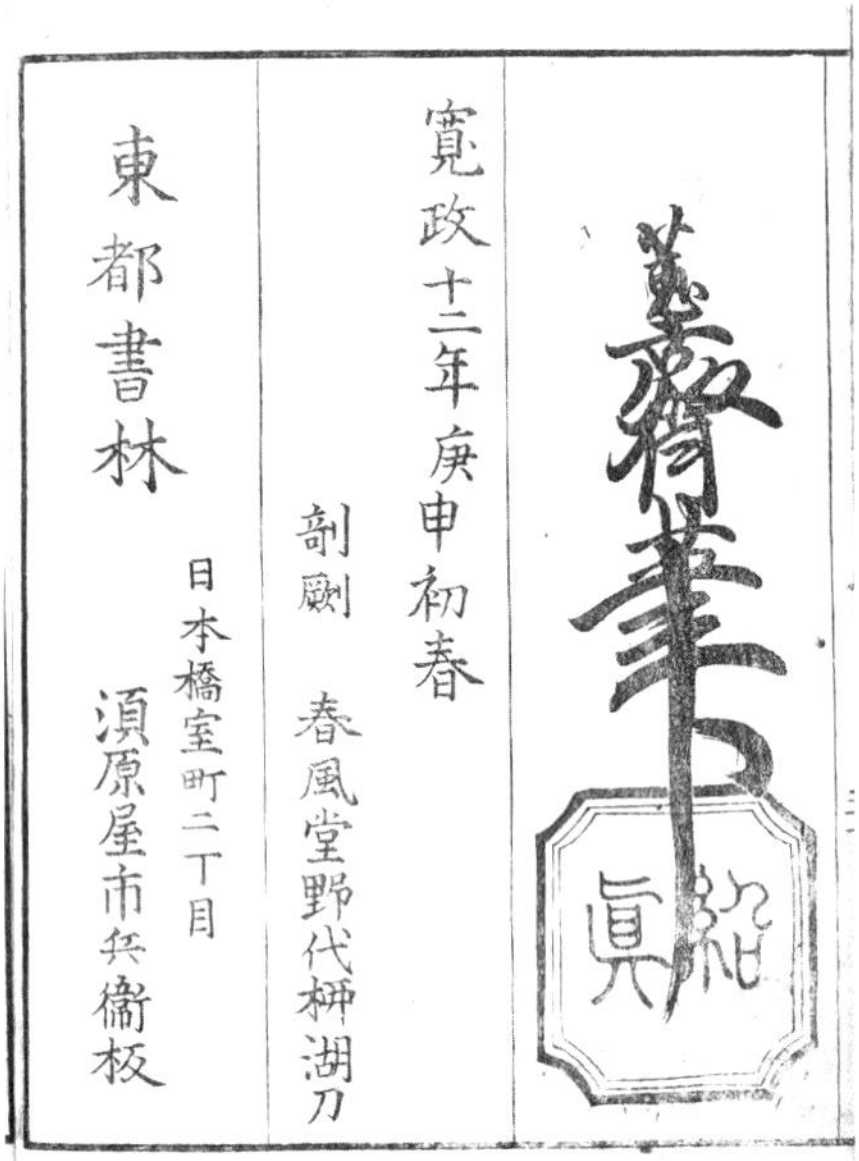

図1　鍬形蕙斎『山水略画式』
（DOI：10.20730/200007688）

端的にいいますと、「刊記」とはその名称のとおり「刊」の情報に過ぎず、そこに「印」の情報は原則記載されません。この点を実際の資料に即して確認していきましょう。

奥付から得られる情報

図1の奥付からは「寛政十二年（一八〇〇）初春」刊、つまりこの年に板木が作られた（開版された）ことは分かるのですが、実際にこの本が印刷された時期、すなわち、何年「印」かまでは分かりません。このように、実際の「印」の時期については厳密には分からないことがほとんどで、版面《はんめん》の状態などから総合的に判断して、「早印」、「後印」などと見極めるしかなく、その意味でかなり相対的なものです。そうしたなかで、付属する広告内の情報の変遷からおおよその印時と印の先後関係を明らかにした研究がありますが（松田泰代「蔵版目録の分析による刷年代識別法――書肆須原屋市兵衛の蔵版目録を事例として」（『書物・出版と社会変容』8、二〇一〇年四月）、この方法の場合もやはり他に残存する複数の本（諸本《しょほん》）と比較することが必須となります。

現代の奥付はどうなっているか

ここで参考までに、現代の本の奥付がどうなっているか、いくつか例を見てみましょう。現代では出版社によって奥付の書式にはかなりのばらつきがあります[3]。**図2**の本には年月日につづき「発行」としか書かれていません。対して**図3**の本は、「初版第一刷」と、版に加え「刷」、すなわち「印」にあたる情報までも記されています。

少なくとも、**図3**のような「刷」（印）の情報は、印刷の回数という客観的な数値ですから、ベストセラーなどにおいては自ずと多くなるわけです（ただし発行部数までは示されません）。翻って江戸時代の本には原則「印」の情報がないわけですから、当時の書籍に数値として刻まれた〈ベストセラーの証し〉は存在しな

江戸《えど》時代《じだい》の図書《としょ》流通《りゅうつう》　佛教大学鷹陵文化叢書 7

2002(平成14)年10月1日　発行

定価：本体2,200円(税別)

著　者　長友千代治
発行者　佛教大学通信教育部長 清水　稔
発行所　佛教大学通信教育部
603-8301 京都市北区紫野北花ノ坊町96
電話 075－491－0239(代表)
制作 発売　株式会社思文閣出版
606-8203 京都市左京区田中関田町2-7
電話 075－751－1781(代表)

印刷 製本　株式会社図書印刷同朋舎

© T. Nagatomo　ISBN4-7842-1119-5 C1324

図2　長友千代治『江戸時代の図書流通』奥付

ブックレット〈書物をひらく〉28
知と奇でめぐる近世地誌
――名所図会と諸国奇談
2023年3月24日　初版第1刷発行

著者　木越俊介
発行者　下中美都
発行所　株式会社平凡社
〒101-0051 東京都千代田区神田神保町3-29
電話 03-3230-6579（編集）
03-3230-6573（営業）
装丁　中山銀士
DTP　中山デザイン事務所（金子暁仁）
印刷　株式会社東京印書館
製本　大口製本印刷株式会社

©KIGOSHI Shunsuke 2023 Printed in Japan
ISBN978-4-582-36468-2

平凡社ホームページ https://www.heibonsha.co.jp/

落丁・乱丁本のお取り替えは直接小社読者サービス係までお送りください（送料は小社で負担します）。

図3　木越俊介『知と奇でめぐる近世地誌』奥付

いわけです。

少し余談になりますが、管見の限りでは、現代における岩波文庫の奥付の記載様式はかなり例外的です。ご存じのように岩波文庫は時代に合わせて読みやすく版面を改める、つまり、「改版」を行います。面白いのは、岩波文庫の場合、「刷」の方が優先的な基準となっており、版を改めても、刷の数は通算の累計を記載するのです【図4】。ここには、たとえ版面は異なれども内容としてはあくまで同一のものを「刷」っている、という内容を第一とする意識が働いているように思われます。

江戸時代の書籍においてはこれとちょうど逆の捉え方をします。つまり、江戸時代における「版」とは、同じ内容の本でも板木そのものを新たにこしらえた時点で一度リセットされ、それに付随して「印」の方は

武《ぶ》 士《し》 道《どう》

1938 年 10 月 15 日　第 1 刷発行
1974 年 11 月 18 日　第 15 刷改版発行
2004 年 10 月 25 日　第 82 刷発行

著　者　新渡戸稲造《にとべいなぞう》
訳　者　矢内原忠雄《やないはらただお》
発行者　山口昭男
発行所　株式会社 岩波書店
〒101-8002 東京都千代田区一ツ橋 2-5-5
電　話　案内 03-5210-4000　販売部 03-5210-4111
文庫編集部 03-5210-4051
http://www.iwanami.co.jp/
印刷・精興社　製本・桂川製本

ISBN 4-00-331181-7　Printed in Japan

武《ぶ》 士《し》 道《どう》

1938 年 10 月 15 日　第 1 刷発行
1974 年 11 月 18 日　第 15 刷改版発行
2007 年 4 月 5 日　第 91 刷改版発行
2008 年 5 月 23 日　第 93 刷発行

著　者　新渡戸稲造《にとべいなぞう》
訳　者　矢内原忠雄《やないはらただお》
発行者　山口昭男
発行所　株式会社 岩波書店
〒101-8002 東京都千代田区一ツ橋 2-5-5
案内 03-5210-4000　販売部 03-5210-4111
文庫編集部 03-5210-4051
http://www.iwanami.co.jp/
印刷・精興社　製本・桂川製本

ISBN 4-00-331181-7　Printed in Japan

図4　新渡戸稲造『武士道』奥付二種

また一から新たに数え直すわけです。

「版」と「印」の違いに注意

この「版」と「印（刷）」の混同は、現代の書籍においてはもちろん、江戸時代の書籍の研究においてもみられますので、まずはこの点をしっかりと区別していただきたいと思います。

とはいえ、「版」や「印」といった語は従来かなり恣意的に用いられてきたのが実状でして、以上のような「版」と「印」の用語規定は、中野三敏『江戸の板本』（岩波書店、一九九五年）や前掲『日本古典籍書誌学辞典』（岩波書店、一九九九年）などにその定義が分かりやすく明文化されたことにより、研究者の間でもようやく用語規定を統一しようとする機運が生まれてきたように見受けられます。

そのような事情もあって、たとえば、岩波書店の『国書総目録』（一九六三～一九七二年、補訂版は除く）に記載される「版」の意味あいは、必ずしも本講義でいうところの「版」と一致しているとは限らず、また、同書店の『日本古典文学大辞典』（一九八三～一九八五年）の各項目における「版」についての記載も、執筆者によってかなり揺れがあるので要注意です。

とはいえ、ここまで本講義で述べてきた「版」はあくまで学問上整理された専門用語なので、江戸時代における「版」や「印」といった語の実際の使用例が、全て現在の用語規定と一致するか否かは、この先も十分に注視していきたいところです（かなり一致するとは思われるのですが、予断を排し、一点一点の具体例に即して見極めていく必要があると思います）。

二、奥付に複数の本屋の名前が記載されるのはなぜか？

それでは次に二つ目の問題に移りますが、答え自体はそれほど複雑ではありません。それは、江戸時代の版本はいわば共同で出版されることが多々あったからです。時代が下るほどこの傾向は顕著になります。対して、現代の本では、「発行元」と「発売元」が異なる場合はあるものの、おおよそ、本はある一つの出版社が出版するのが普通です。

もっとも、江戸時代においては、「共同」が具体的に何を示すのかが少々複雑で、各本屋の出版物への関与の仕方というかレベルには往々にして濃淡がある場合が多いのです。それと同時に、刊記・奥付のみから分かることも限られています。

複数の本屋から主版元を探す

まず、原則として〈左端に記載される書肆が主版元《しゅはんもと》（出資している本屋）〉と見なすのが一応の目安と覚えていただきたいのですが、それも場合によりけりでして、一概には言えません。

そこで、実際の例として、ヒントがある場合をあげてみます。

図5の奥付からは、原則に従いますと左端の書肆＝河内屋《かわちや》太助《たすけ》が主版元と推測されます。本によっては、奥付の本屋名の下に「梓」とか「刻」などの記載があるものもあり、そういう場合はすぐに主版元と確定で

きます。しかし、いまの場合のように奥付に特にそうした記載がない場合には、判断するコツがいくつかありますので、その方法の一つを紹介します。

図6を見ていただきたいのですが、これは同書の第一冊目の表紙の裏側に位置する「見返《みかえ》し」と呼ばれる箇所です。ここには本屋の堂号《どうごう》が書かれていることが多く、「〇〇蔵」などと記載があれば主版元と見なすことができます。では、ここに記される「文金堂」は**図5**のうちのどの本屋に該当するのか。このことを調べるには井上隆明『改訂増補　近世書林板元総覧』（青裳堂書店〈日本書誌学大系七六〉、一九九八年）という本が便利でして、検索すると、やはり河内屋太助の堂号であることが判明します。

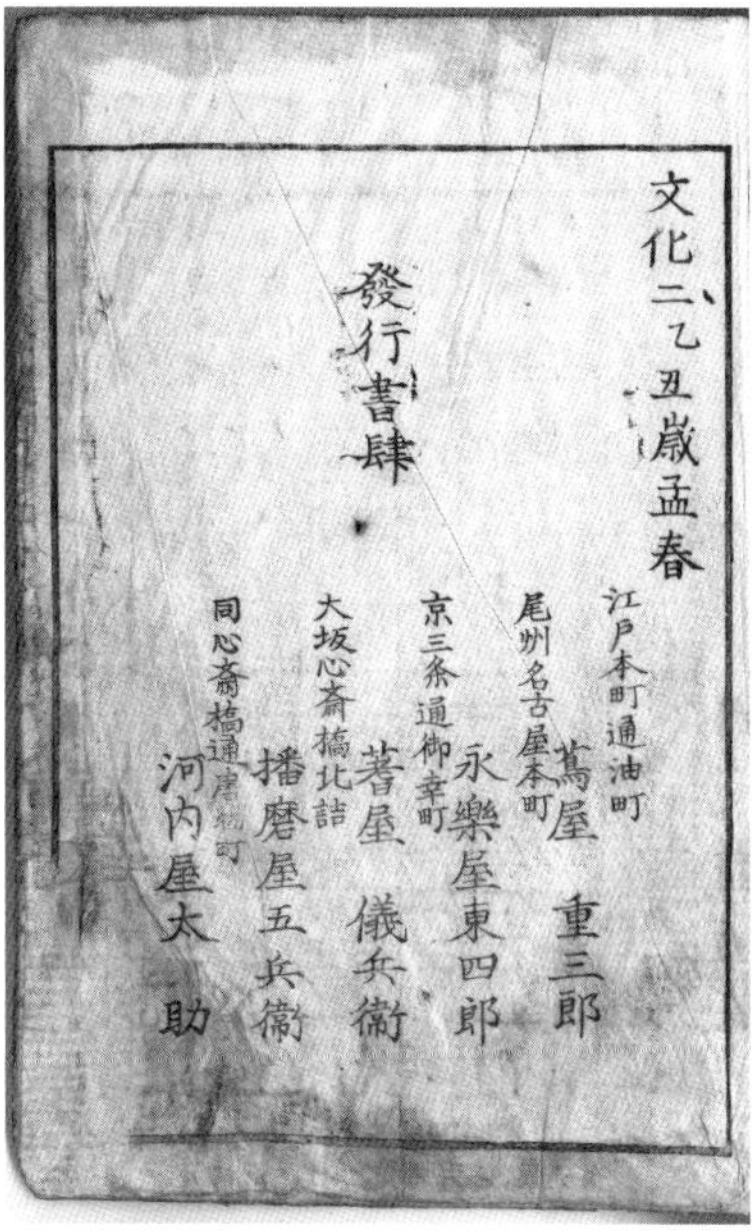

図5　『月氷奇縁』奥付（架蔵）

図6　『月氷奇縁』表紙見返し（架蔵）

「板株」は本屋の最たる財産

つまり、この『月氷奇縁《げっぴょうきえん》』は、河内屋太助が出資して版行された本であり、この本屋が主版元であると同時に「板株《いたかぶ》(4)」を有します。「板株」というのは、いわば出版権（版権）のことで、「板木」というモノを物理的に有するとともに、その本の出版に関してかなり独占的な権利を有します。この「株」という概念は、かなり大切なことですので、よく覚えておいてください。現在の著作権とは異なり、あくまで出版した本屋に帰属するものであることにも注意が必要です。くりかえしになりますが、この株を持っている本屋を主版元と位置づけるわけです。

では、右の残り四書肆はどういう位置づけにあるのでしょう。彼らはおそらく板株は有していないと思われます。これらの本屋の所付《ところづけ》（所在地）は大坂に加え、京都、尾張、江戸、と記されています。ということは、おそらくこれらの地で、大坂で出版された本を売り弘めていた、つまり流通・小売りに関与した本屋と見なせます。

「板株」所有について調べるには

ところで、ある書籍について、どの本屋がどの本の「板株」を有していたのかということを知る手がかりは、むしろ外部資料から判明することが多いのが実状でして、その代表格が「株帳《かぶちょう》」と呼ばれる江戸時代に記された帳面です。幸運なことに、大坂のものは豊富に残されています（京都・江戸にも当然こうした帳面があったはずですが、現時点でまとまったものは確認されていません）。

株帳は各書物の属性によって複数に分類され記載されており（ただし、こんにち我々が考えるジャンル規定とは必ずしも一致しません）、**図7**はそのうち「双紙読本《そうしよみほん》」に分類されるものの一部を掲げたものです。このように株帳は、書名、冊数、そして板株を有する本屋の名前の略称が順に列挙される一覧表となっています。

たしかに、『月氷奇縁』の板株を有するのは「河太」こと河内屋太助であることがここからも分かります。

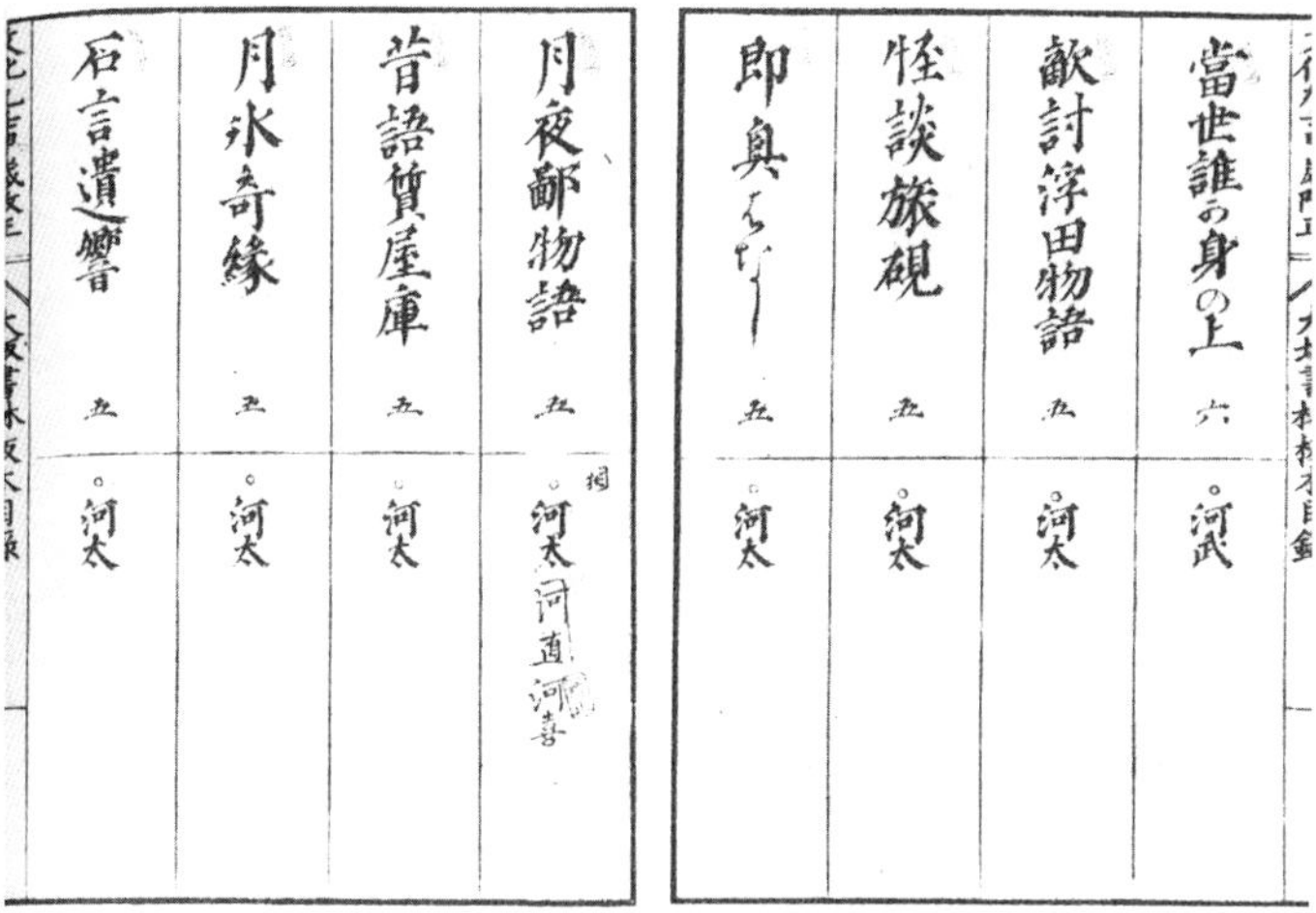

図7　『板木総目録株帳（文化九年改正）』
（大阪府立中之島図書館編『大坂本屋仲間記録』13、清文堂出版、1988年）

三、同じ内容の本なのに、刊記・奥付が異なる場合があるのはなぜか？

ところで、**図7**中央にある『月夜《つきのよい》（霄）鄙物語《ひなものがたり》』という書名の下部に記載される書肆名に注目してみてください。まず、右上の「相」の字は「相版《あいはん》」（「相合版《あいあいばん》」とも）を示しています。この「相版」とは、株を複数で持ち合うことです。さらに、「河直」（河内屋直助《なおすけ》）に合点《がてん》が付され、下に「河喜」（河内屋喜兵衛）と記されています。これは、当初直助が一部所有していた株が、ある時点で喜兵衛に移ったことを示しています。

板株は売買される

この、株を譲渡するというのが、三つ目の問題を解くカギとなります。つまり、板株は売買されるものであり、板木とともに書肆間を移動する＝「求版《きゅうはん》」があるから、というのがその答えとなります。

現代でも、同じ内容の本が他の出版社から刊行されることはあります。たとえば文庫化される場合がそうです。ただし、その大多数は「版」そのものが変わります。

一方、江戸時代は、株、すなわち版権が移動するのは原則板木とセットですから、多くは買い取った本屋が同じ板木を用い、いわば再利用するわけです。だから、刊記・奥付に如実にその変遷が反映されるわけです。実例を見ていきましょう。

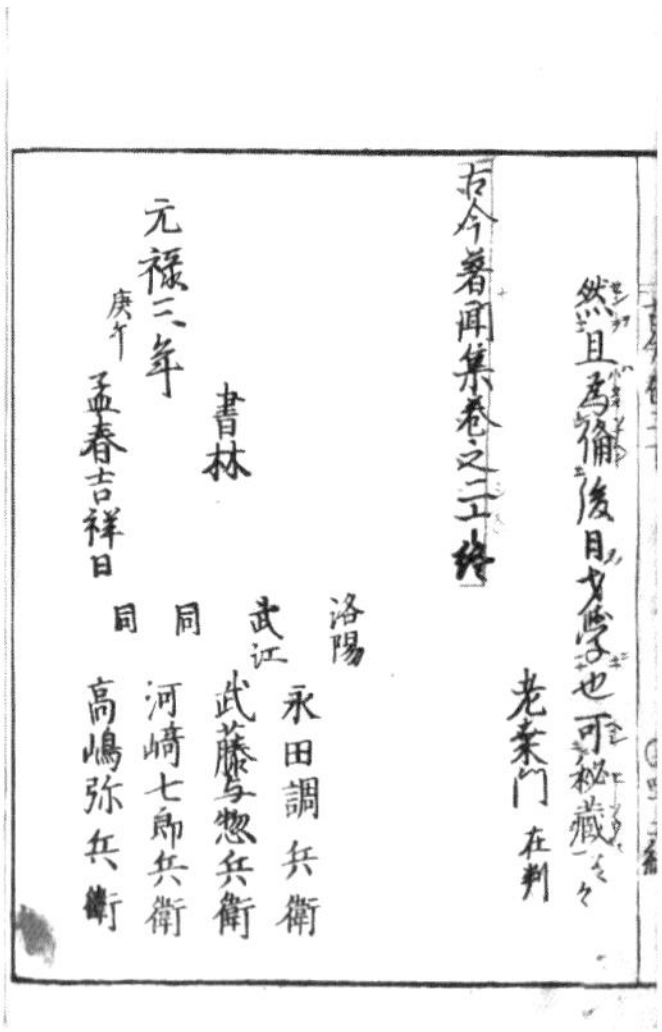

図8a 『古今著聞集』
（DOI：10.20730/200017046）

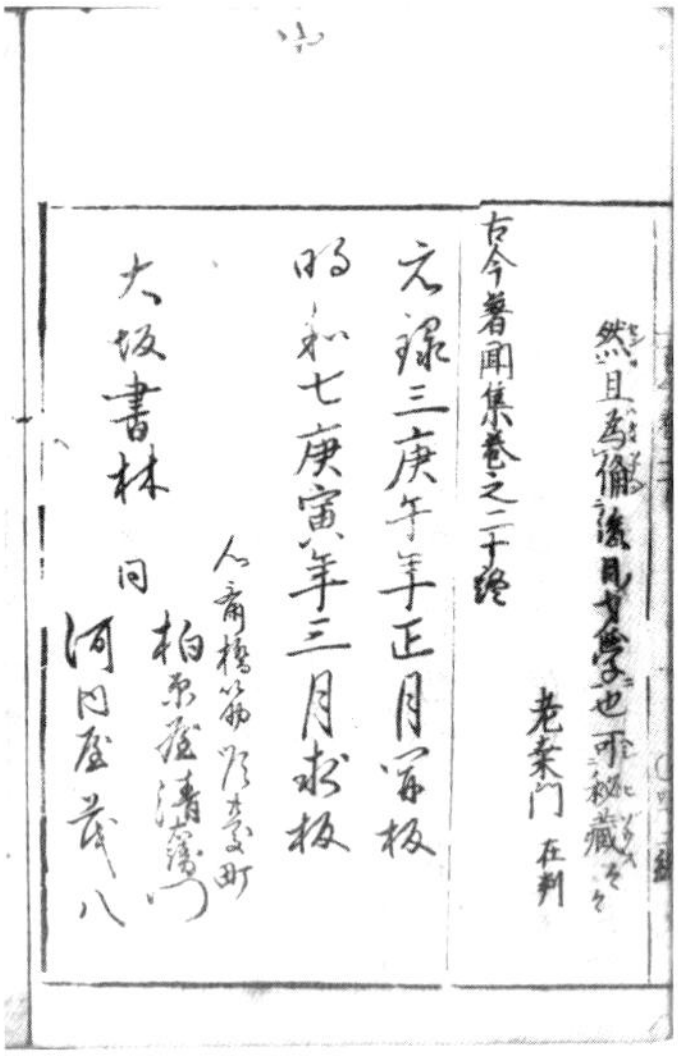

図8b 同（初雁文庫）
（DOI：10.20730/200003576）

図8bは、図8aの「求板」であることが明記されている上に、元版の刊年もそのまま記載されますので履歴が分かり、とても丁寧な記載といえます。

すべてこのように記載してくれたら助かるのですが、当時の法令にこうした求版情報の記載をめぐる体裁上のルールが特に定められていたわけではありませんので、実際はかなり恣意的な例ばかりになります。

求版であることが明示されないケースは多い

板株は売買されるものであり、板木とともに書肆間を移動することは、先に説明しました（求版）。図8bのように、刊記・奥付に求版であることが明記される場合は比較的判断しやすいのですが、求版であることが全く示されない場合、どのような点に留意すればよいのでしょうか。

たとえば次頁の図9a〜cにあげた書は、中川喜雲《きうん》著、菱川師宣《もろのぶ》画の地誌『鎌倉物語』ですが、この場合は、刊記の文字の形が右に数行分見える跋文《ばつぶん》と同じか違うか、つまり連続性があるかどうかを見極めます。

図9aは跋文と刊記の字体に連続性が認められます。これに対し、図9bは刊記の部分のみを彫り替えていることが字体からお分かりいただけるかと思います。つまり、元の板木は図9aと同じなのです。(5)

他にも求版本と判断するには色々なコツがあるのですが、こうしたことは、経験則や外部の情報をもとに一つ一つ比較して見ていくしかありません。いまの例で言うと、図9bのみを目にした場合でも「おや」と思えることが大切です。

デジタル情報の落とし穴

一方、図9cは同じく『鎌倉物語』です。ここには「求板」と銘記されていますが、はたして板木は同じでしょうか。

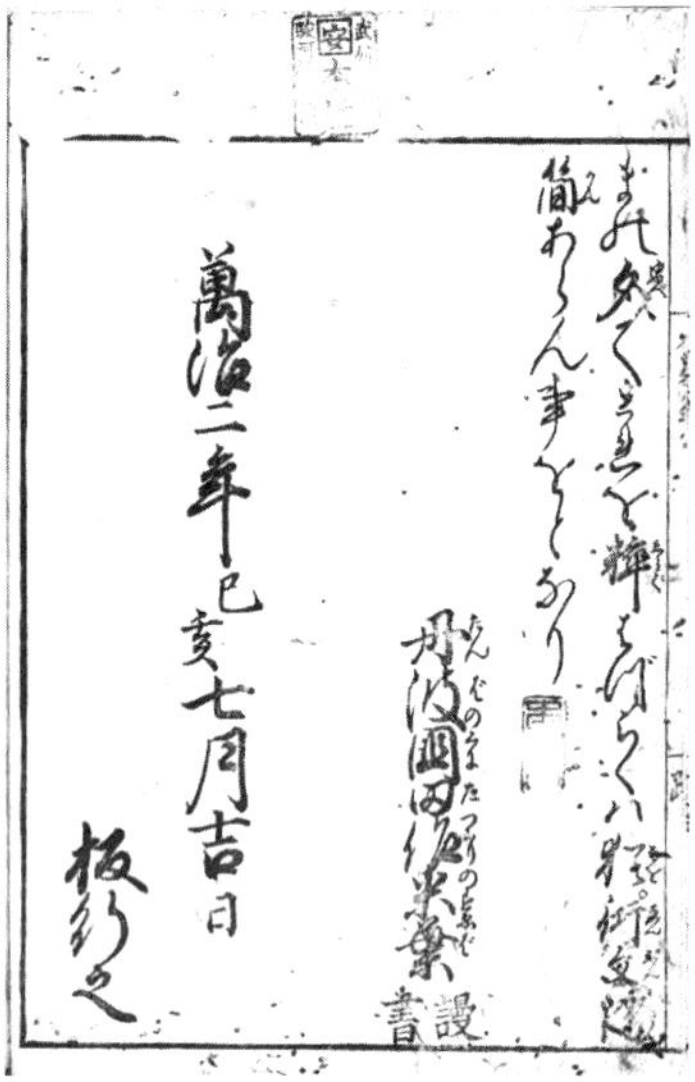

図9a　『鎌倉物語』（ヤ6-305-1～5）
（DOI：10.20730/200017180）

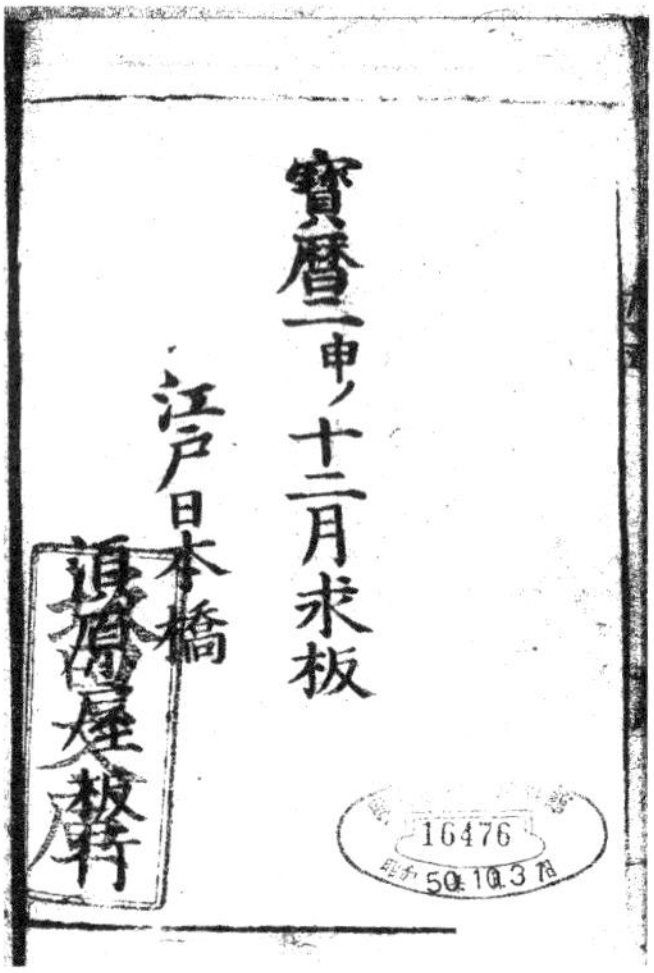

図9c　『鎌倉物語』（鎌倉江之嶋名所記、ヤ6-91）
（DOI：10.20730/200005316）

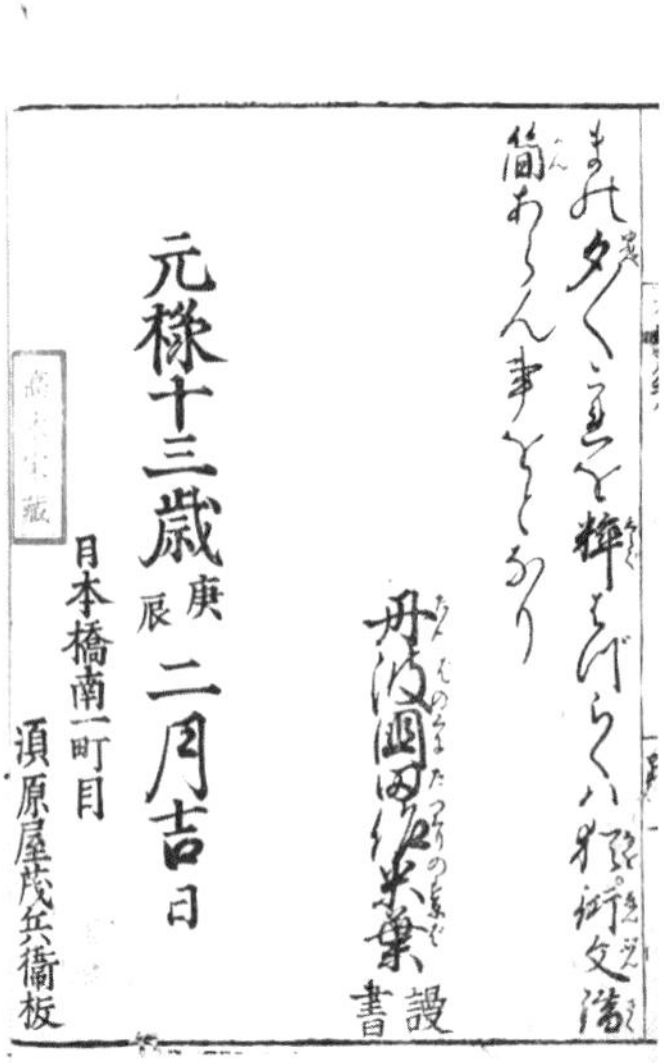

図9b　『鎌倉物語』（ヤ6-306）
（DOI：10.20730/200017179）

この場合は、書籍そのものを見れば一目瞭然で、**図9a～c**の本を実際に右から順に並べてみたのが次頁の写真です**【図10】**。唯一、**図9c**のサイズのみ異なることが分かります。つまり、**図9c**は求版本であると同時に、板木を改めている「再版《さいはん》」でもある点に注意が必要です（正確には、bとcの間に享保二十年の万屋清兵衛《よろずやせいべえ》による再版があり、cはそのさらなる求版にあたります）。

『国書総目録』記載の「版」の注意点

ところで、『国書総目録』には**図9a**と**図9b**をそれぞれ「万治二版」、「元禄一三版」として記載されています。しかしながら厳密に言えば、元禄十三年のものは、万治二年の求版後印本という位置づけとなりま

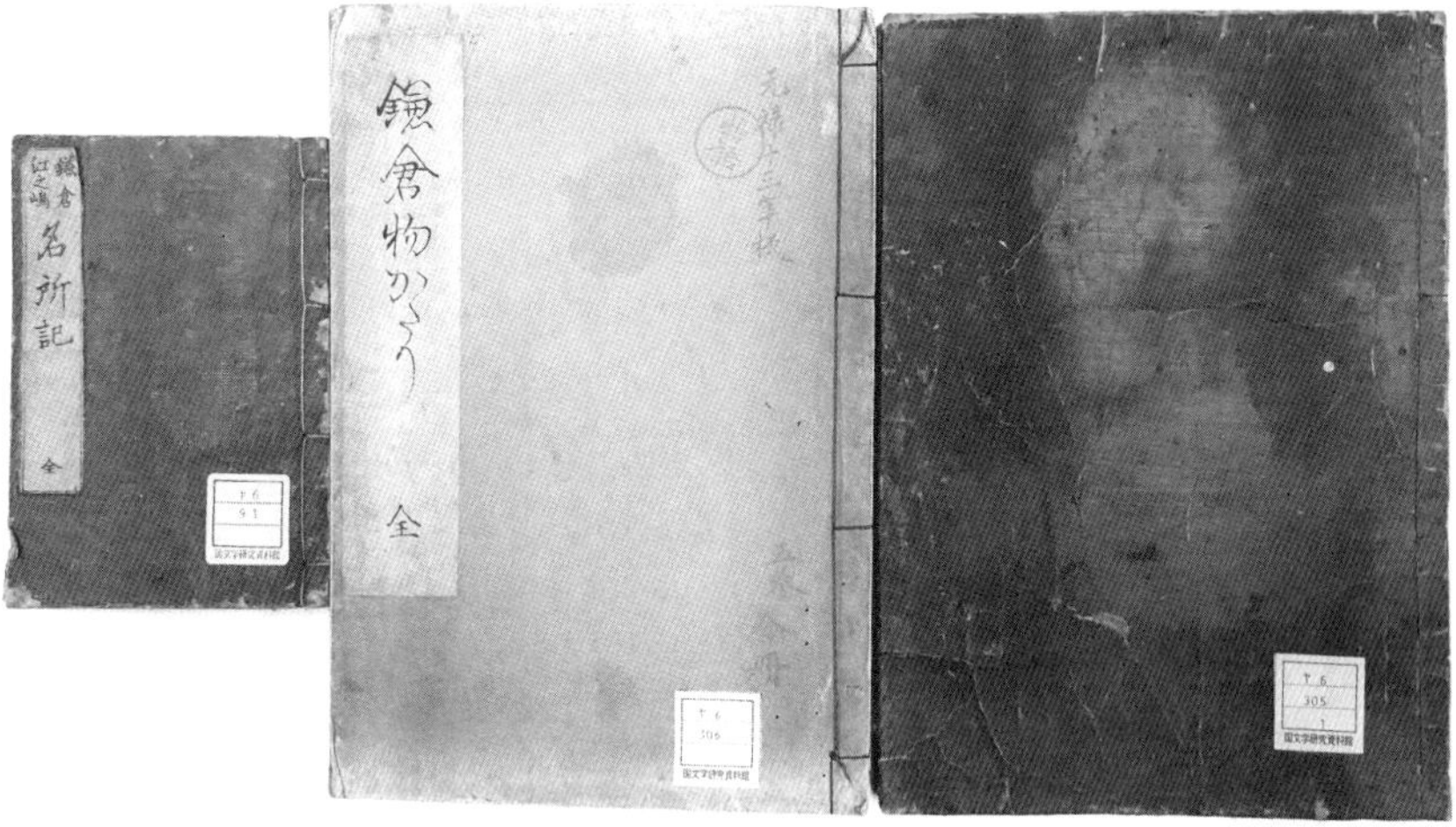

図10

すので、「版」そのものは変わっていません。一方、その次に記載される「享保二〇版」は版を改めていましたので、純粋な意味で「享保二十年版」といえます。これが先に述べた、『国書総目録』における「版」の記載の注意点です。

実践的には、まずは奥付を含め、版面に目をこらし違和感を見逃さないことが大切です。それは同時に、何が普通であるかを知っておくということでもあります。その上で、データベースなどを積極的に利用して、ある程度の目安をつけることが必要となります。

四、「再版」と「重版」の区別

それでは最後にもう一点、現代の用語との間に混乱をきたす例として、江戸時代における「再版」と「重版《じゅうはん》」の区別をしておきます。現代では、この二語はほぼ同義に用いられますが、江戸時代では全く意味合いが異なります。

たとえば、ある本と同内容の本を、板木を新たに彫って作るケースを考えてみます。

このことを株を有する同一の書肆が行う場合は、自らの板株の範囲内で行っているので何ら問題はなく、単なる「再版」となります。次に、書肆が異なる場合でも、板株の譲渡が行われた上で行えば、「求版」の上の「再版」になり、これも全く問題はありません。

これらに対し、株を有しない書肆が無許可・無断で同じ内容の板木を作成すると、これはただちに「重版」となり、かなり重い罪となるのです。

くりかえしますが、ことほどさように、江戸時代の「再版」と「重版」は全く意味するところが異なる、という点はぜひ覚えておいてください。

おわりに

以上、刊記・奥付というものを見ていくと、当時の本の世界の文化的な奥行きや広がりが見えてきます。本講義はその入り口に過ぎませんが、今後もたくさんの奥付を観察して、版本の奥深さに触れていただけたらうれしく思います。

注

（1）江戸時代の書籍の場合、時代が下るにつれ刊記やそれに類する情報が巻末に別丁として独立し、後ろ表紙の見返しなどに記載されることが一般化します。そのため、江戸時代の版本においては、そうした独立した丁を「奥付」と呼ぶのが一般的です。この用語については、他の時代の研究者からは違和感が表明されることもあるのですが、以下、慣例的に定着したものと判断した上で使用することとします。なお、江戸時代には享保期の出版法の整備の折に、書物の奥（末尾）に作者・版元の実名を記すことが公的に定められました。

（2）一枚の板に文字や絵図を彫刻し、墨を塗り用紙に印刷した本のこと。江戸時代は初期の活字本（古活字版）など一部の例外を除けば、この整版本が版本の大多数を占めていました。

（3）現代の日本ではこうした奥付の記載は必ずしも義務ではないようで、江戸時代中期以降の習慣に基づくようです。それとともに、奥付の様式上のルールなども法律などで厳密に定められているわけではないので、結構揺れがあるのが実状です。少し歴史的経緯をおさえておきますと、注1に記したとおり、江戸時代、奥付記載の義務が定められたのは享保の改革の折で、これが明治新政府の出版条例（一八六九年）に受け継がれたものの、記載位置や形式についての指示はなかったようです。つづく出版法（一八九三年）の段階になって「文書図画ノ末尾」と定められ、記載の形式もしだいに整えられたようですが、「出版法は一九四九年（昭和二四）五月に廃止され、現在は奥付についての法的規制はなくなった。しかし、書誌的事項を表す重要な箇所になっていることから、そのまま踏襲されている」（『日本大百科全書（ニッポニカ）』小学館、一九八四～一九九四年、矢作勝美「奥付」の項）とのことです。

（4）ある書物を正式な手続きを経て出版すると、それを出版した本屋に権利（株）が生じ、その権利は板木を売り払わない限り、原則その本屋に属します。これが板株（はんかぶ、とも）です。板木が摩滅したり、火災などで焼《や》け株《かぶ》したりして使い物にならない、さらに実物が消失しても、板株を売り払わない限りは保有される権利でした。質入まででき、書肆にとっては商売上、最も重要な財産でした。今日の出版権に似ていますが、有効期間に限りがなく、重版（本講義本文末尾を参照）はもとより、同種類の書物全体を排除することができるので、出版権よりはるかに重みがありました（以上、『日本古典籍書誌学辞典』多治比郁夫「板株」の項を適宜編集、抜粋）。

（5）実際には、江戸時代にはある版本を元に、ほぼそっくりに新たに板木を複製する技術（かぶせ彫《ぼ》り）があったので、見た目の類似で判断するにも相当の慎重さが必要です。具体例については、コラム『彩画職人部類』「再刻」を検証する」を参照してください。

主要参考文献

近世文学書誌研究会編『鎌倉物語　順礼鎌倉記（近世文学資料類従　古板地誌編一二）』（勉誠社、一九七五年）

『板木総目録株帳（文化九年改正）』（大阪府立中之島図書館編『大坂本屋仲間記録』一三、清文堂出版、一九八八年）

飯倉洋一・市古夏生・石川了・鈴木淳「シンポジウム――刊記をめぐる諸問題」（『調査研究報告』一六、一九九五年三月）

林望「奥附は何を語るか」「刊・印・修ということ」『書誌学の回廊』（日本経済新聞社、一九九五→（改題）『リンボウ先生の書物探偵帖』講談社文庫、二〇〇〇年）

中野三敏『書誌学談義　江戸の板本』（岩波書店、一九九五→岩波現代文庫、二〇一五年）

井上隆明『改訂増補　近世書林板元総覧』（青裳堂書店〈日本書誌学大系七六〉、一九九八年）

『日本古典籍書誌学辞典』（岩波書店、一九九九年）

橋口侯之介『和本入門』（平凡社、二〇〇五→平凡社ライブラリー、二〇一一年）

橋口侯之介『続 和本入門』（平凡社、二〇〇七→（改題）『江戸の本屋と本づくり』平凡社ライブラリー、二〇一一年）

松田泰代「蔵版目録の分析による刷年代識別法――書肆須原屋市兵衛の蔵版目録を事例として」（『書物・出版と社会変容』8、二〇一〇年四月）

神作研一「刊記　歌書の刊・印・修」『古典籍研究ガイダンス』（笠間書院、二〇一二年）

伊藤洪二『図書館のための和漢古書目録法入門』（樹村房、二〇一九年）

column

国書データベースで複数の画像を比較するには——木越俊介

国書データベースは、IIIF（トリプルアイエフ）[1]という国際規格に基づき、古典籍のデジタル画像の閲覧サービスを行っています。やや詳しく記しますと、データベース上に搭載されているIIIF対応ビューワはMiradorというソフトで、多彩な機能を有しています。ただ、ここでそれら全てを紹介することはできませんので、このコラムでは、古典籍を閲覧する際に必要性が高いと思われる、複数の画像を比較するために同時に表示させる手順について説明していきます。可能なら、パソコンやタブレットなどのそばで、以下の記述を実際に試しながら読んでいただきたいと思います。

ここでは、秋里籬島《りとう》『都名所図会《みやこめいしょずえ》』という書を例にしますが、この本は安永九年（一七八〇）の刊行以来大いに売れ、板木が摩耗したため天明六年（一七八六）に新たに板木を彫り直した（再版）ことが知られています。同じタイトルでありながら板木が異なる二書を画面上で比較するための準備をする、というのがここでのミッションです。以下、実際の画面を見ながら、その方法を伝授します。

まず、データベースで「都名所図会」と検索して、安永九年刊の国文研蔵本（請求記号ヤ6-40-1〜6）を選択すると①のような画面になります（ここまでのプロセスは省略します）。

次に左上の＋《プラス》マークにカーソルを重ねると、「資料の追加」という文字が表示されます（②）。そのままこの＋《プラス》マークをクリックしてください。なお便宜上、②の画面ではサムネイルを右表示に切り替えています。

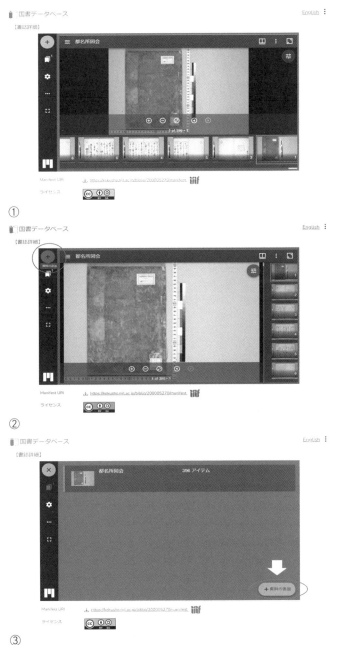

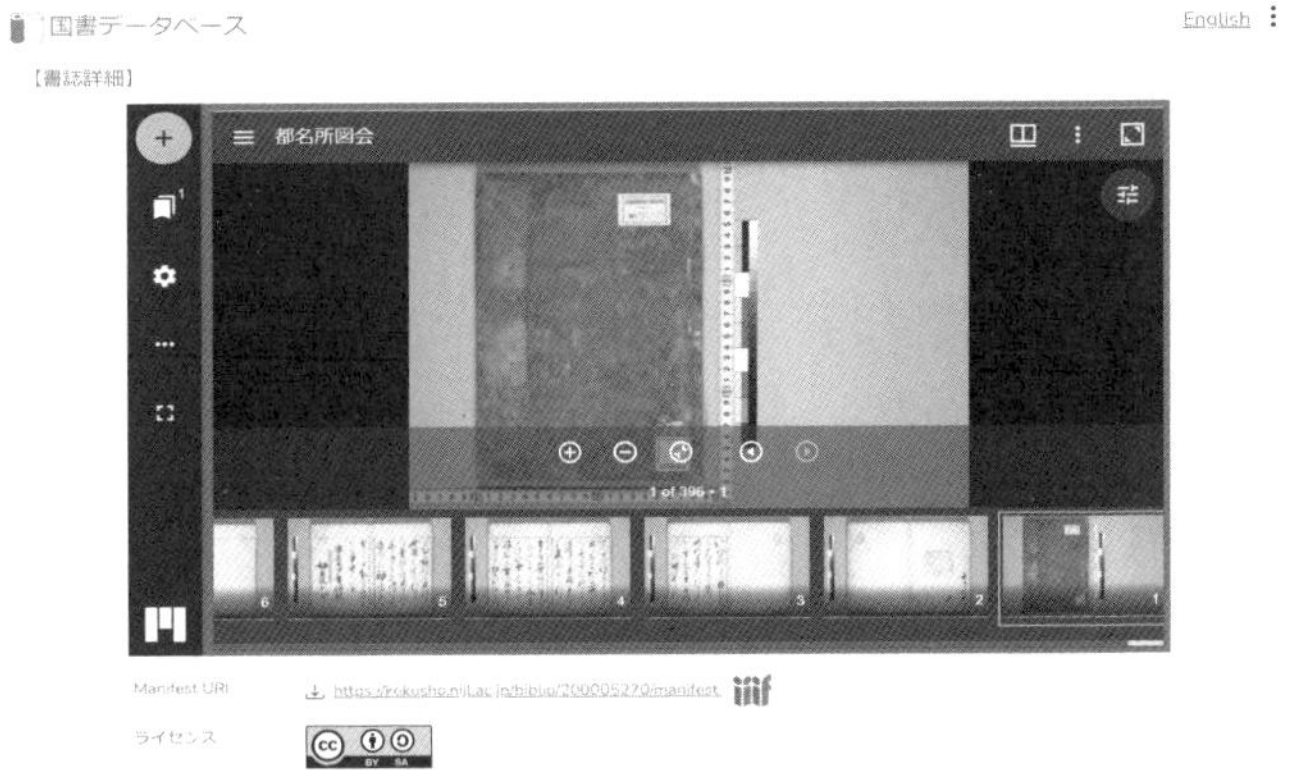

①

②

③

すると③のような画面に切り替わります。

その画面の右下に、矢印で記したように「＋資料の追加」というボタンが用意されています。ここをクリックしますと、④のような画面となり、矢印で示したようにボックスにＵＲＬの入力を要求されます。

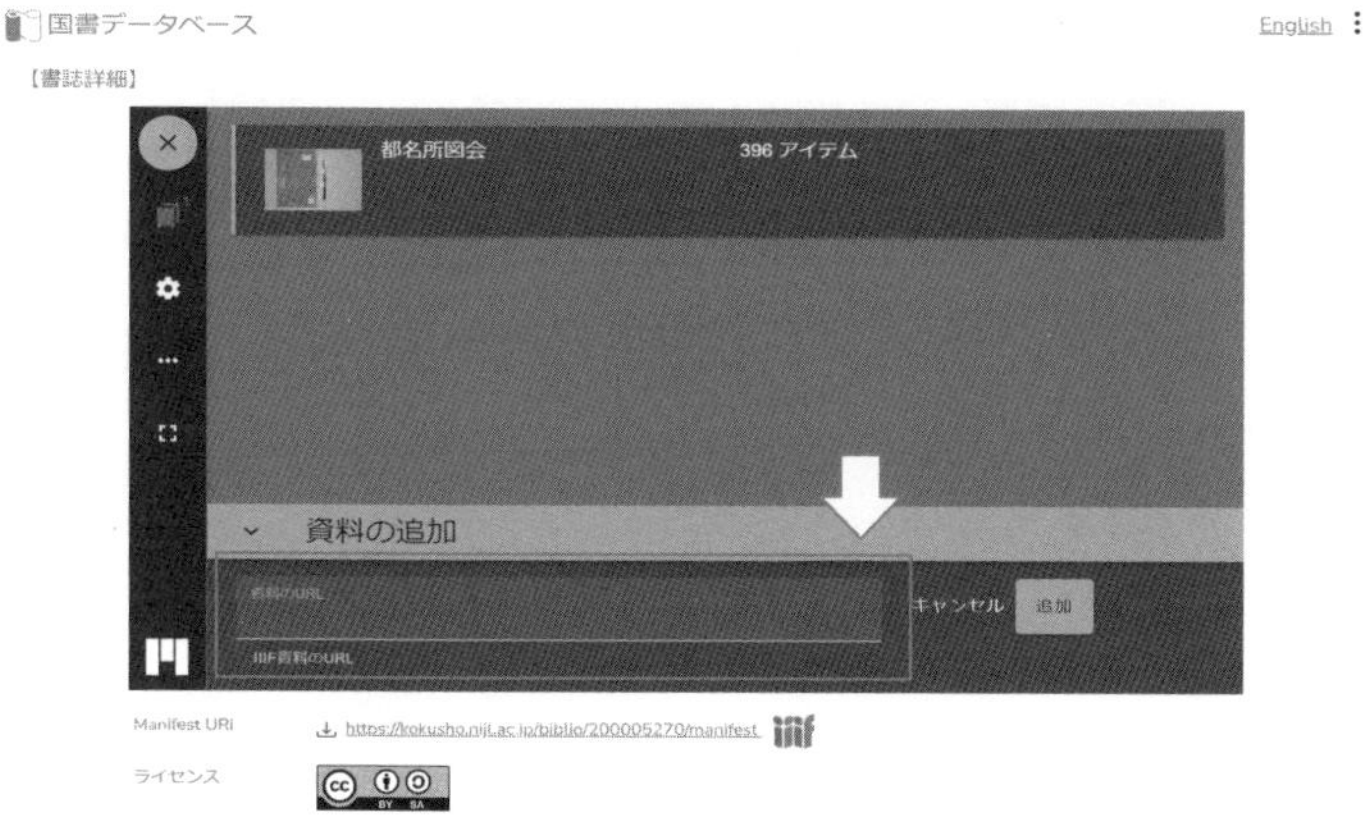

④

ここで注意が必要なのですが、このボックスに入力すべきＵＲＬは、IIIFのマニュフェストＵＲＬであり、これは国書データベースで公開されている多くの資料に付されているものです。①〜④の各画面下部のIIIFマーク（上部参照）の左に記されるＵＲＬが、これまで見てきた安永九年版『都名所図会』国文研蔵本のマニュフェストＵＲＬです。この点を誤解して、使用しているウェブブラウザのＵＲＬをそのまま入力しがちですが、それではうまくいきません。

そしてここからの作業に一手間準備が必要なのですが、比較したい資料のマニュフェストＵＲＬをあらかじめコピーしておくか、別のタブなどで開いておいて、そこからコピーする必要があります。

⑤の画面は、天明六年再版の国文研長谷文庫蔵本（93-77-1〜6）のマニュフェストＵＲＬを入力したところです。そして、右の「追加」ボタンをクリックしてください。

すると⑥のような画面になり、資料が追加されます。さらに、両書いずれかをクリックすると、⑦のように二画面として表示されます。左に元の資料が、右に新しい資料が追加されています。

ここまでたどり着ければ、あとはそれぞれの資料の閲覧したい箇所を選び、適宜拡大などすれば容易に比較することができます。
お手元でうまくいきましたか？

⑤

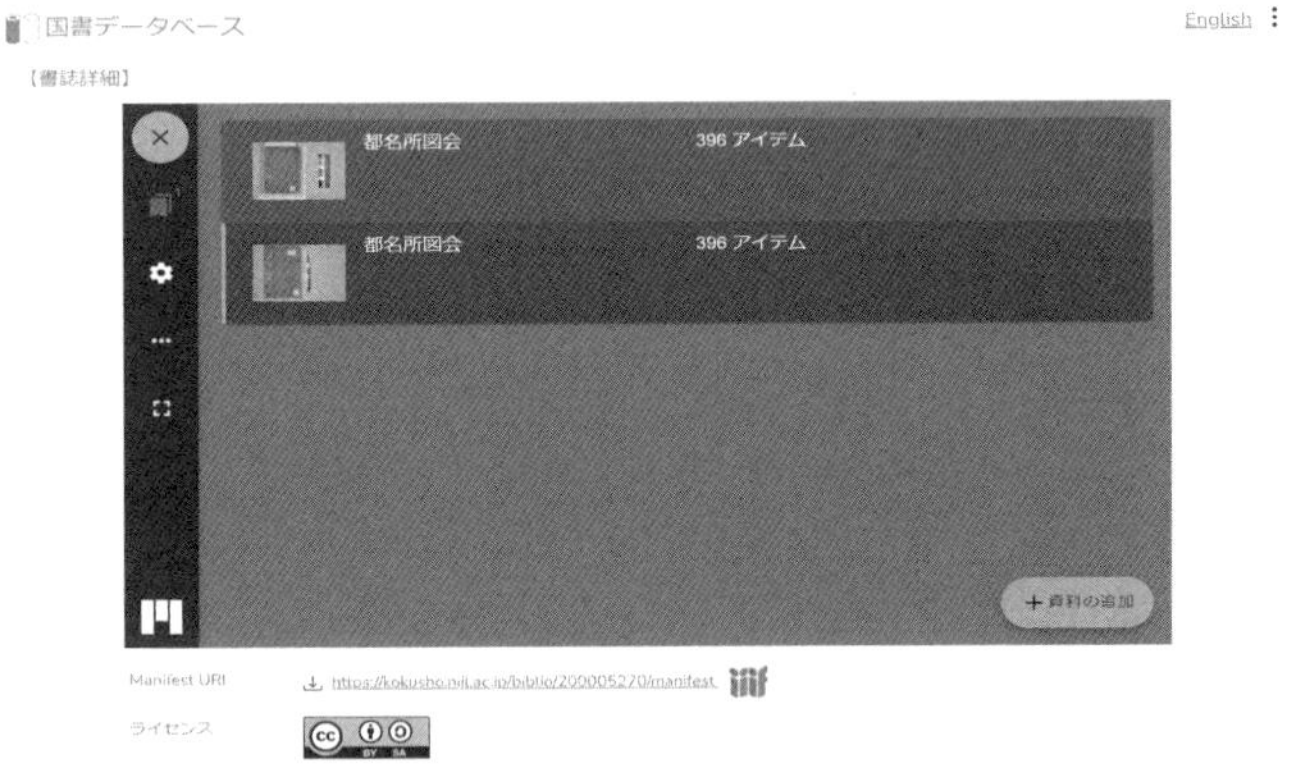

⑥

⑦

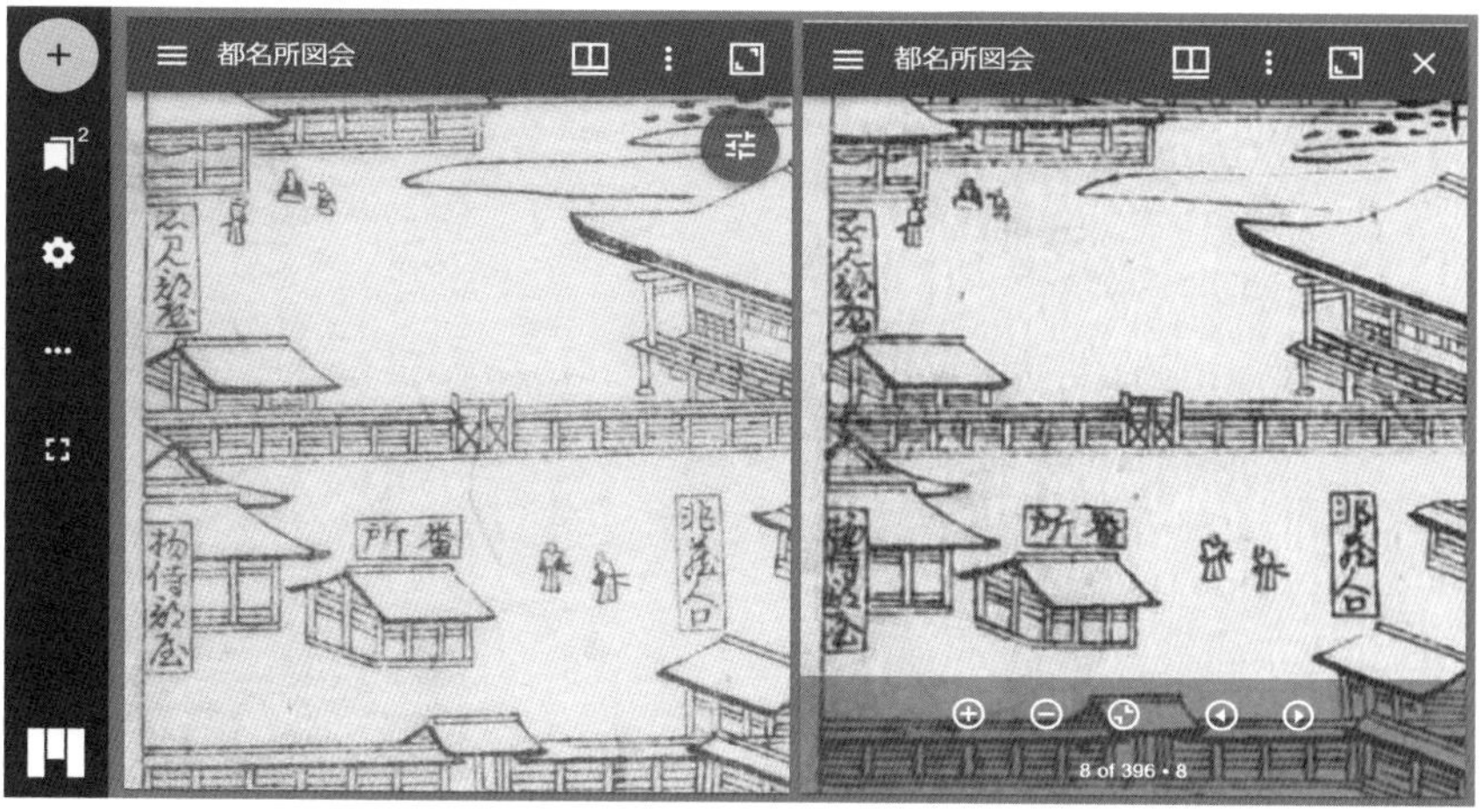

⑧

それでは、しばらく間違い探しの要領で二つの版を比較して、異なる箇所を探して見てください。

大部分がかぶせ彫《ぼ》り（覆刻《ふっこく》、コラム『彩画職人部類』「再刻」を検証する」参照）による再版なので、かなりそっくりですが、それでもところどころに微細な違いがあります。⑧の画面でいうと、各文字ならびにその枠内における配置に違いが顕著です。逆にいえば、その他の部分はここまで並べて見ても、ほとんど同じに見えるのですから驚きです。

この複数画面表示機能を活用して、新たな発見が生まれることを願っています。

注

（1）IIIF（トリプルアイエフ／International Image Interoperability Framework）とは、インターネット上の画像を効率的に相互運用するための国際的な規格です。画像データやそれに対する注釈情報等を自在にコンピュータに読み込み、画像を画面上で並べて比較したり、自身で注釈をつけたりすることも可能になりました。IIIFは国文研や国立国会図書館はもとより国内大学等や国立文化財機構（国宝・重要文化財の高精細画像「e国宝」）、公立図書館等、海外では大英図書館やフランス国立図書館、各大学図書館等に採用されています。

column

『彩《さい》画《が》職《しょく》人《にん》部《ぶ》類《るい》』「再刻」を検証する

木越俊介

江戸時代には魅力的な絵本が多く出版されていますが、橘岷江《みんごう》画『彩画職人部類』は、やや美化された職人の営みが大本《おおほん》の画面いっぱいに鮮やかに描き出され、個人的にも特に好きな本の一つです。

ところで、この本には現在のところ、二種類の奥付《おくづけ》が確認されています。

一つ目は、①「明和七庚寅歳臘月／東都書舗／本石町三町目　植村藤三郎／銕〔鉄〕炮町　澤〔沢〕伊助」。

二つ目は、②「天明四年甲辰正月日　再刻／東都書肆／下谷池之端仲町　植村善六／高津伊助」。

後者の②には「再刻《さいこく》」とありますが、【講義4】でいえばこれは「再版《さいはん》」と同義でして、字義通りに解するなら、②天明四年（一七八四）の本は、十四年前にあたる①明和七年（一七七〇）の板木《はんぎ》を改めたものということになります。しかしながら、両書はぱっと見では書型・匡郭《きょうかく》のサイズ、版面《はんめん》ともに同じように映ります。

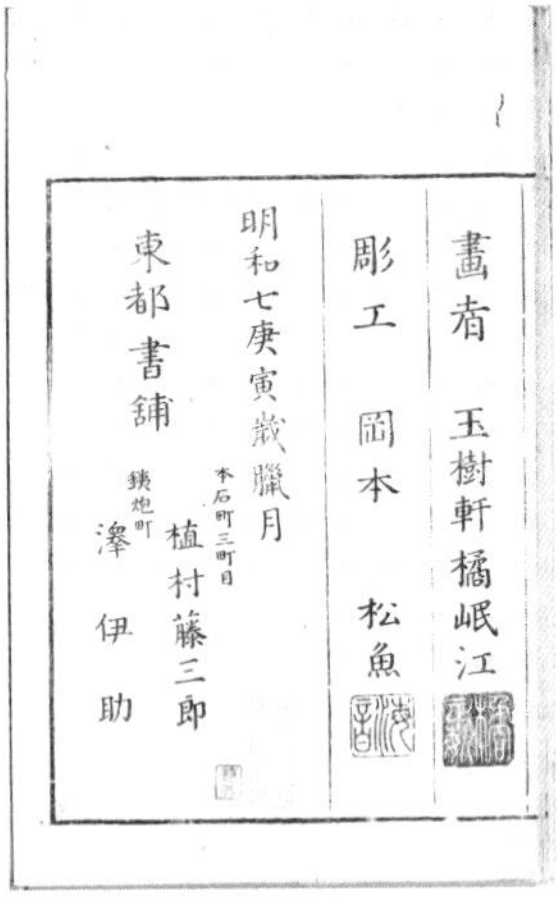
畫者　玉樹軒橘岷江
彫工　岡本　松魚
明和七庚寅歳臘月
東都書舗　本石町三町目　植村藤三郎
銕炮町　澤伊助

①

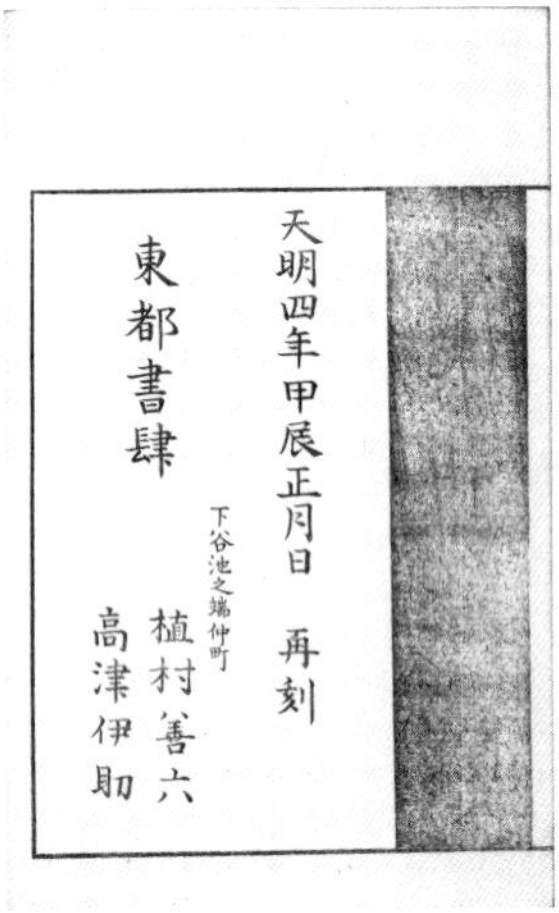
天明四年甲辰正月日　再刻
東都書肆　下谷池之端仲町　植村善六
高津伊助

②

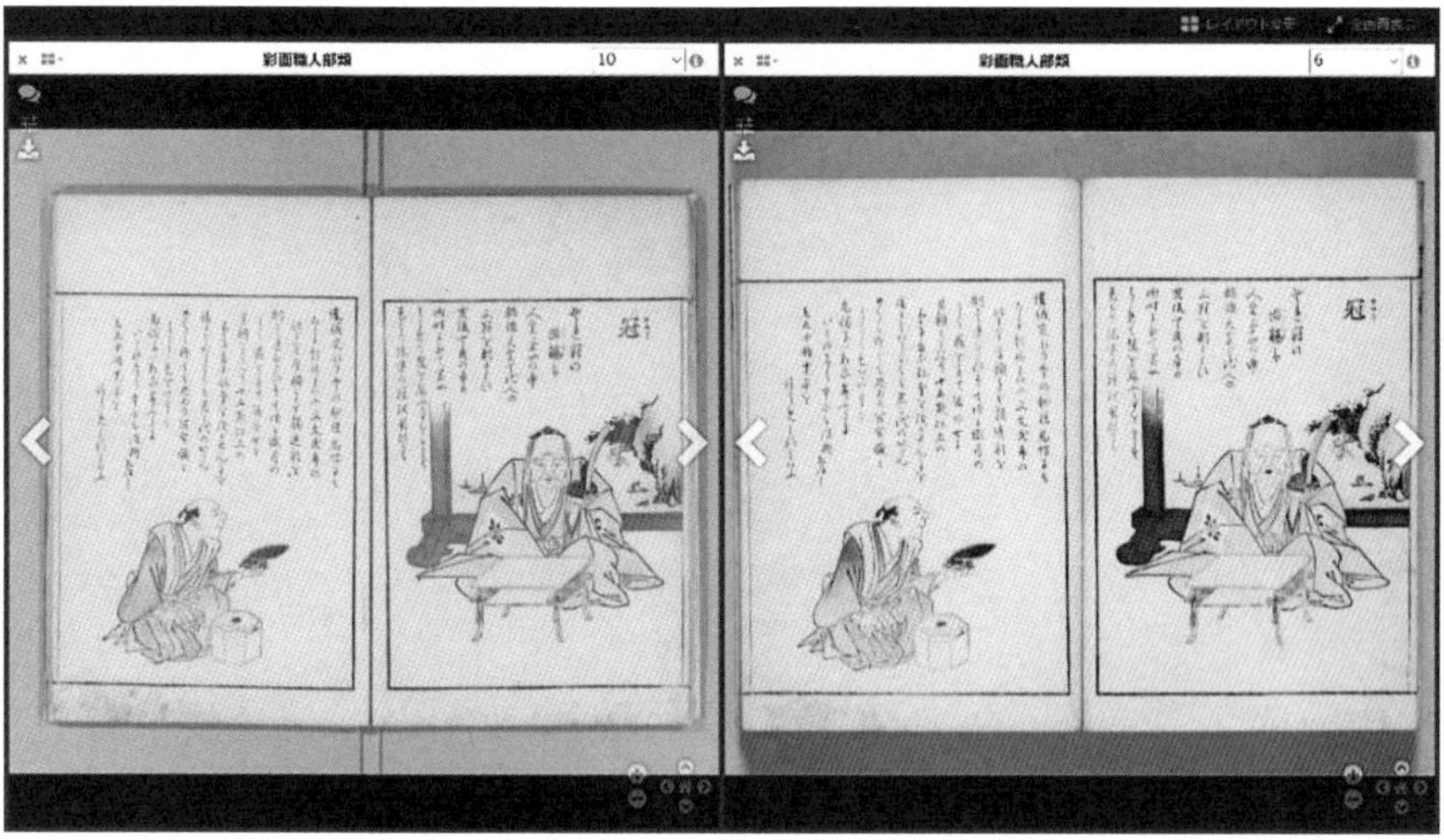

③

さいわい国文研には両書ともに所蔵されているので、実際に二つの本を並べてめくりながら比較することができるのですが、いまやみなさんの手元でもパソコンやタブレット上でいつでもどこでも見比べることができます。

そこで、演習というわけではありませんが、ぜひ③のようにお手元のデジタル環境で二画面《デュアル》表示にしていただき（コラム「国書データベースで複数の画像を比較するには」参照）、ためつすがめつ見比べてみてください。なお、その際、②の本では表紙の見返しと二つ目の序文は差し替えられているので、そこは比較対象からは除外し、目次からスタートしてください（末尾の跋文も同様に除外）。さらに彩色《さいしき》についての違いは無視し、墨《すみ》の線のみを比べましょう。ちなみに少し専門的なお話になりますが、本書の彩色方法には「合羽摺《かっぱずり》」という、いわゆるステンシルの技法が採用されています。

さあ、はたして墨の線は同じでしょうか？ 次頁に答えがありますが、いまはぐっとこらえて、ご自分の目でたしかめてから正解へとお進みください。

④

【正解編】

板木は全て同一だ、と答えた方、うり二つですよね。

いや、板木には違うところがあるぞ、と発見された方、お目が高い！　でももう少し意地の悪い質問をしますと、一体何カ所、板木の違いが分かりましたか？

ズバリ正解は、上巻の「鞠《まり》」の見開《みひら》きでいうと左の画面、それに加えて、つづく「硝子《びいどろ》」の見開き全部、つまり版本《はんぽん》としての数え方でいうと一丁半分、全て板木が異なります(1)。

まず「鞠」の方を見ていきますが、せっかくのデジタル画像なので両書とも、④のようにアップにしてみてください。特に違いが分かりやすいのが、眉毛、指先の爪、そしてだんだんと目が研ぎ澄まされてくると、着物の衣紋線《えもんせん》も明らかに異なっているのが分かります。この違いは、板木が摩耗《まもう》したとか欠けたとかいうレベルで説明できるものではありません。

次に「硝子」の方にいきましょう(⑤)。ここでは右の男性が吹いているガラスの先端部分と背後の坩堝《るつぼ》、さらには箱に置かれたポッピンのような透明のガラスの表現に注目してくださ

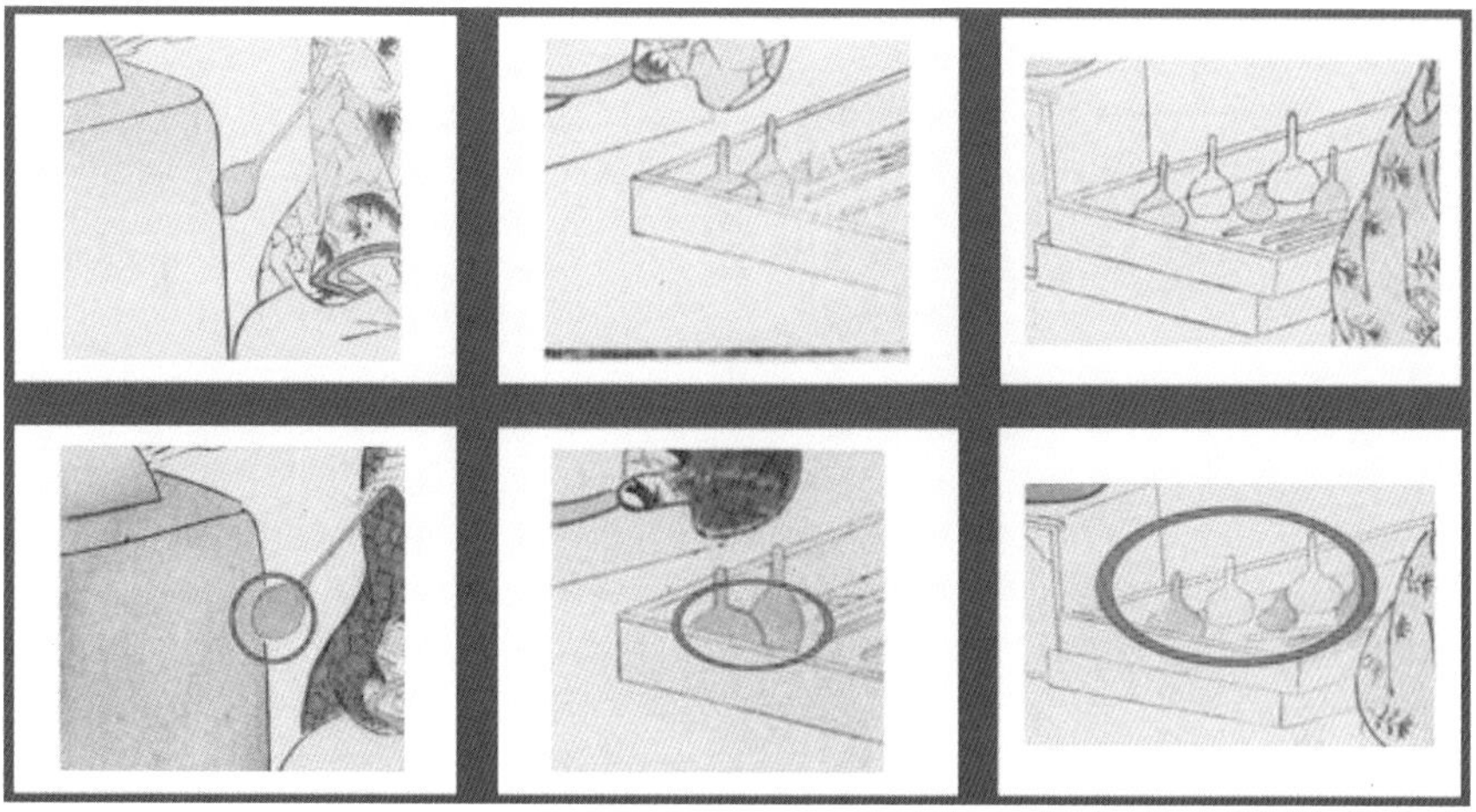

⑤

い。よく見ると、後の天明四年の本はガラスが透明であることをあらわす背後の線が全て消されています（丸で囲った箇所）。この線が両者の違いを一番はっきりと映し出していますが、他にもよく見ると、皺・衣紋線をはじめ色々な違いがありますので、いま一度、とくと見比べてみてください。

この一丁半分はたしかに異なる板木で刷られていますが、それにしてもそっくりですよね。これは「かぶせ彫《ぼ》り（覆刻《ふっこく》）」と呼ばれる技法でして、既に刊行された本の版面を裏返して板木に貼り付け彫り直すなどすることにより、元の版とほぼそっくりなものをこしらえることができたのです。当時の職人の技量たるや、おそるべしです。

ということで、天明四年の「再刻」の表示は、一部のみですがたしかに版を改めていることに対応していたことが判明したわけです。ただし、これをそのまま現代の学術用語としての「再版」と位置づけるかどうかは微妙なところでして、あくまで一部のみを改めているわけですから、「版」「印」に加えて、【講義4】では触れることのできなかったもう一つの重要な用語である「修《しゅう》」、つまり板木に何らかの修訂《しゅうてい》がなされている、と捉えるのが適切といえます。

では、なぜ一部の板木のみを改めたのかという問題は、依然として未解決のままです。明和七年の当該箇所の絵には特に問題は見あたらないようです。

以下、あくまで私なりの推理をしてみることにしましょう。

私が注目するのは、絵の内容ではなく、連続した箇所の板木を改めているという点です。この本は袋綴《ふくろと》じですから、板木としては「鞠」の左画面と「硝子」の右画面は同じ一枚の板木に彫られ、それを山折りにして綴じているわけです。ちなみに、「硝子」は上巻の最後の項目なので、この左画面の裏側にあたる半丁は匡郭《きょうかく》（本文の周囲にある枠線のこと）以外、特に何も描かれていません。

大胆に推測するなら、この部分の板木は何らかの理由で欠損、あるいは消失してしまったのではないでしょうか。当時の板木は表裏両面に彫られることが多かったので、「再刻」箇所は一枚の板であった可能性が高いのです。分かりやすくいえば、いまでいう四ページ分が板木一枚分という一つの単位となるわけです。そこで目次の丁を起点に板木の表裏を使用して彫られたと仮定して数えていくと、この「鞠」の左ページから「硝子」は、ちょうど一つの単位を形成し、ここまでの推理と矛盾しません。すなわち、この部分の板木に物理的なトラブルがあったため補足的に当該部分を「再刻」した、というのが一応の説明です。

もちろん、このことを証するに足る材料はこれ以上ありません。あるいは、板木一面を二丁分として表裏に彫る「四丁張り」であったと仮定すると、そう単純には捉えられませんので、右はあくまで仮説にとどま

column

るものとご理解ください。むしろここで強調したいのは、本コラムの後半に述べたことは、全てモノとして認識することによって理解が深まる話だという点です。モノに還元して考え、イメージする習慣をつけておくと、デジタル画像に対し人の頭の中で情報を補完することができます。それがあってこそ、デジタル環境のポテンシャルを十二分に引き出せると思うのです。たとえば今回試みた比較も、サイズが同じであることを前提にしてはじめて可能になるのであって、デジタル画像では、大きさ、重さといった物理的な側面がつい見落としがちになるので、注意が必要です。

最後にもう一点、今後、江戸時代の本に「再版」「再刻」などの表示を見つけた時には、実際に板木が異なるのかどうか、ぜひそうした表示のない本と比較してみてください。そうしたケーススタディを重ねれば重ねるほど、わたしたちが規定して使用している「再版」という学術用語が、当時の使用例の実態にどこまで合致しているか、またどのぐらい乖離《かいり》があるのかが把握できるようになるからです。

注

（1）近世日本風俗絵本集成『彩画職人部類』（臨川書店、一九八〇年）鈴木重三「解説」は、天明四年の本の表紙・題簽・見返しの板木全てが一新されていることを指摘する一方、「序文及び本文は初版と同版木」とした上で、本コラムでも後述する「硝子」部の器内を通る「線だけすべて削去」したものと判断していますが、本コラムでは一部異版と見なします。

講義5

装訂と料紙

本の「かたち」から何を読みとるか

落合博志

はじめに

日本の古典籍において、装訂と料紙は、書誌、特に書物の形態に関する書誌の最も基本的な事項に属します。装訂や料紙によって、本の製作年代や、製作の環境・目的などが推定できる場合もあり、本の性質を知る上で不可欠の要素と言えます。

装訂・料紙とも少し込み入った話になるので、あまり古典籍に触れた経験がないとすぐには飲み込めないかも知れませんが、慣れればそれほど難しいことではありません。本講義の記述が、古典籍の装訂と料紙についての認識をさらに深めるきっかけとなれば幸いです。

一、日本の古典籍の装訂について

日本古典籍の装訂とは

現在の書物では、「装訂」という言葉は本のデザイン（狭くは表紙や扉など目につきやすい部分、広くは造本全体）の意味で使われることが多いようですが、日本の古典籍においては、「装訂」は基本的に、紙をどのように使って一つの本を作るかを指します。

冊子本《さっしぼん》においては、綴じ方（糸や紙縒《こより》などの通し方）にいくつかの種類があります。綴じ方も広い意味での装訂の一部ですが、装訂の分類基準は紙の使い方が第一で、綴じ方の違いはその下に位置します。

日本古典籍の装訂の特色

世界の書物の中での日本古典籍の装訂の大きな特色として、以下の三点が挙げられます。

(1)装訂の種類が多様であること：巻子本・折本・冊子本に大別され、さらに冊子本に多くの種類があります。

(2)古い時代の装訂が長く継承されたこと：新しい装訂方法が考案されても、そのために古い装訂が滅ぶことはなく、さまざまな装訂が並存していました。

(3)写本に特有で版本には見られない装訂、版本にもあるが分野が限られる装訂があること：日本の古典籍は写本が基本で、版本はその応用として作られたことと関係すると考えられます。中国やヨーロッパでは、版本（印刷本）が出現すると書物の主流が版本に移りましたが、日本では後々まで写本が重視されました。(1)〜(3)について、具体的にはこの後の記述を参照してください。

日本古典籍の装訂の三分類

日本古典籍の装訂は、大きく巻子本の類・折本の類・冊子本の類に分けることができます。巻子本の類には巻子本《かんすぼん》・継紙《つぎがみ》があり、折本の類には折本《おりほん》・折帖《おりじょう》・旋風葉《せんぷうよう》があり、冊子本の類には袋綴《ふくろとじ》・粘葉装《でっちょうそう》・列帖装《れっちょうそう》などがあります。

以下それぞれについて説明しますが、写本に特有の装訂は装訂名の下に◎、版本にもあるが一般的でない装訂は装訂名の下に○を付けてあります。従って、◎や○の付いていない装訂は写本・版本ともに一般的に用いられる装訂となります。

巻子本の類

巻子本《かんすぼん》○

紙を横に貼り継ぎ、左端に付けた軸を中心に丸く巻いたものです。右端に表紙を付けて全体をくるみます。表紙の端に細い竹や木が巻き込んであり（八双《はっそう》と言う）、そこに巻紐を付けます。なお、表紙がなくても軸があれば巻子本と呼んで差し支えありません。

紙面を必要なだけ広げることができるのが特色です。ただし、任意の箇所をすぐに開けることができないため、例えば巻末部分を見るには最後まで開かなければなりません。なお、裏面（紙背）に注釈・補記などを書き込むことができるのは特長と言えます。

歴史的に見ると、現存する日本最古の書物である『法華《ほっけ》義疏《ぎしょ》』（七世紀初め）が巻子本であり、日本古典籍の最も古い装訂と考えられます。奈良時代以前に折本や冊子本が存在したことを示す遺品はなく、奈良時代までの本は、全て巻子本（あるいは継紙）であったと推測されます。

巻子本

紙を横に貼り継ぎ、左端に付けた軸を中心に丸く巻いたもの。右端に表紙を付けて全体をくるむ。

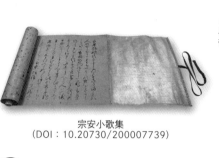

宗安小歌集
（DOI：10.20730/200007739）

巻子本は、絵巻をはじめ絵図の比重が大きい本や宗教・芸道の伝授書などに、後代まで用いられました。後者は、簡単に中が読めないことが秘伝書に向いていたためとも思われます。巻子本は写本が多く、版本は経典や写本の模刻本、絵図が主体の本など分野が限られています。

なお、冊子本（袋綴本や列帖装本）を解体して巻子本に直したものがしばしばあるので注意が必要です。その場合の装訂は、「巻子本（袋綴改装）」などのように表記するとよいでしょう。ただし袋綴本を直した場合は、通常各紙の中央に折り目の跡が残るので、判別が比較的容易です。袋綴本の折り目を切って繋げた場合や列帖装本を直した場合も、紙の幅が不自然に短いので、推測が可能です。

継紙《つぎがみ》○

巻子本と同じく紙を横に貼り継いだものですが、表紙と軸がなく、紙を繋げただけの形態のものを言います。紙面を必要なだけ広げることができる、裏面（紙背）に注釈を書き込むことができるなど巻子本に準ずる性質を持ちますが、表紙と軸がない点で簡略な形式と言えます。

巻子本のように巻いてある場合は、「未装巻子本《みそうかんすぼん》」あるいは「巻紙《まきがみ》」と言うこともあります。ただし軸がないために、不定形に折り畳まれるなど丸く巻いていないものもあるので、一般的な名称としては「継紙」が適切です。

折本

紙を横に貼り継ぎ、等間隔で山折りと谷折りを交互に作って折り畳んだもの。

立川普済寺版　大方広仏華厳経
(DOI：10.20730/200022419)

折本の類

折本《おりほん》

紙を横に貼り継ぎ、等間隔で山折りと谷折りを交互に作って折り畳んだものです。紙面を必要なだけ広げることができます。紙の継ぎ方は巻子本と同じですが、冊子本のように任意の箇所をすぐに開くことができます。また巻子本と異なり、表裏両面が同じように使えるのが特長です。

歴史的には、東大寺蔵『新修浄土往生伝《しんしゅうじょうどおうじょうでん》』（保元三年〔一一五八〕弁昭写）など、平安時代末期（十二世紀）以降の遺品が確認できます。

用法としては、さまざまなジャンルに亙って用いられますが、特に折本を主とするジャンルは見当たりません。経典の写本・版本に多いのは、中国の版経が折本装であることの影響とも考えられます。

なお本来の折本のほか、巻子本を改装した折本がしばしばあるので注意が必要です。その場合の装訂は、「折本（巻子本改装）」のように表記します。

巻子本は原則として折本に改装可能ですが、厚手の料紙を使った折本など、巻子本に仕立てるのに向かない折本があり、折本は必ずしも巻子本に改装できません。

折帖《おりじょう》◎

一定の大きさの厚紙を横に繋げ、継ぎ目部分で折って畳んだものです。折本と同様、紙面を必要なだけ広げることが可能で、任意の箇所をすぐに開くことができ、表裏両面が使えます。形態上は折本と似ていますが、折本では料紙の継ぎ目と折り目が原則的に無関係であり、一部の継ぎ目と折り目が一致する場合でも全ての折り目が継ぎ目ではない点で区別されます。

手鑑や短冊帖など、読むためではなく書画を鑑賞するアルバム的な本に見られる装訂です。手鑑は室町時代末期には製作されていたらしいので、折帖もその頃には存在していたかと思われます。版本の例は未見です。

旋風葉《せんぷうよう》

折本に、全体をくるむ形の表紙を付けたものです。折本と違って、横に長く広げるのには向きません。また折本と異なり、裏面が使えません。紙の使い方は折本と同じですが、折本の特徴をあまり持たないことから、

袋綴

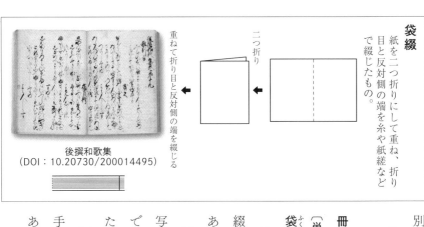

紙を二つ折りにして重ね、折り目と反対側の端を糸や紙縒などで綴じたもの。

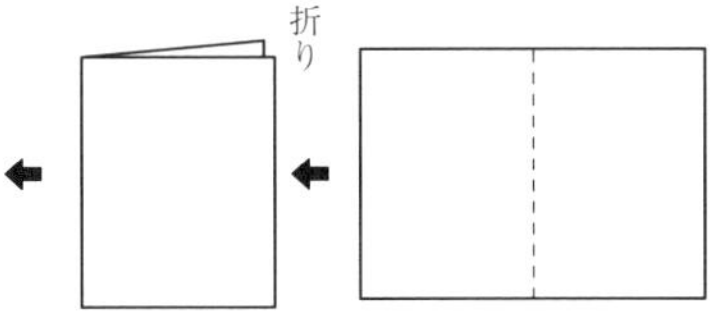

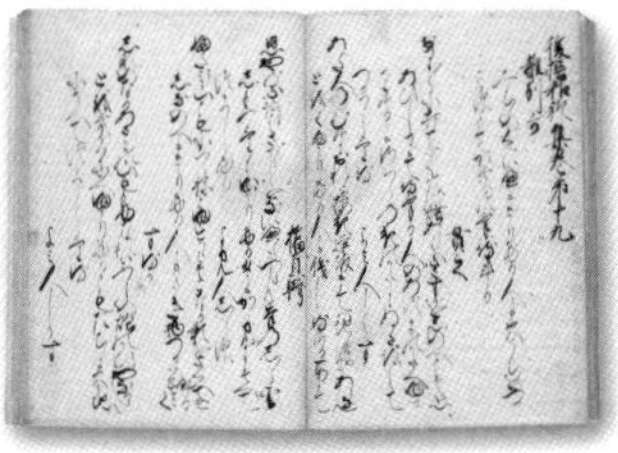

後撰和歌集
(DOI：10.20730/200014495)

別の装訂と考えます。ただし、折本の特殊な形と見ることも可能です。

実例は多くなく、ほぼ経典など仏書に限られるかと思われます。

冊子本の類

〔単葉系〕

袋綴《ふくろとじ》

紙を二つ折りにしたものを重ね、折り目と反対側の端を糸や紙縒《こより》などで綴じたものです。綴じる際、紙縒で下綴じした後、さらに糸で縢《かが》ることもあります。

歴史的には、青蓮院旧蔵『諸仏《しょぶつ》菩《ぼ》薩《さつ》釈《しゃく》義《ぎ》』嘉保（一〇九四～一〇九五）頃写、ほか青蓮院所蔵本など、平安時代後期（十一世紀）以降の遺品が確認できます。綴じ方は、古くは紙縒で結び綴じにしたものが多く、糸で綴じたものが現れるのは鎌倉時代中期以降かと思われます。

写本・版本を通じ、日本古典籍の装訂として最も一般的なものです。薄手の料紙を用いるものが多いですが、厚手の紙を袋綴にしたものも珍しくありません。

折紙綴

折紙（横長の紙を折り目が下になるように二つ折りにしたもの）またはその半截を重ね、右端を糸などで綴じたもの。

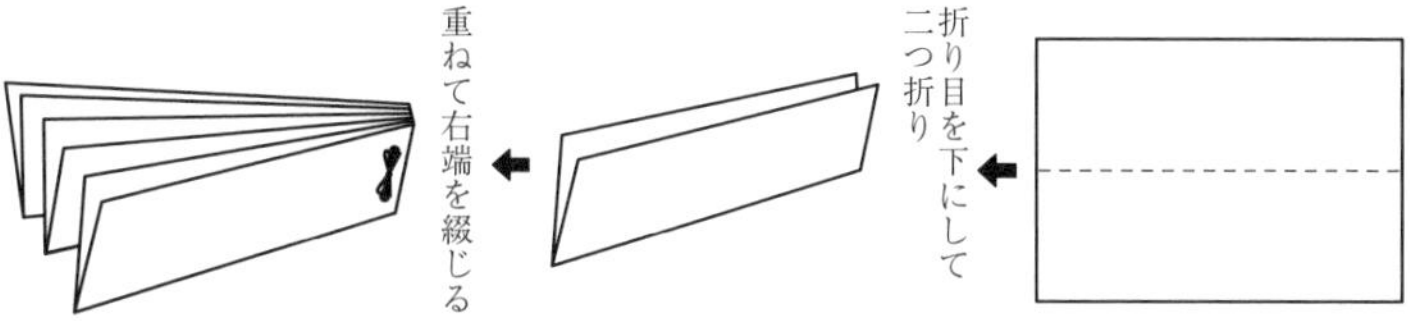

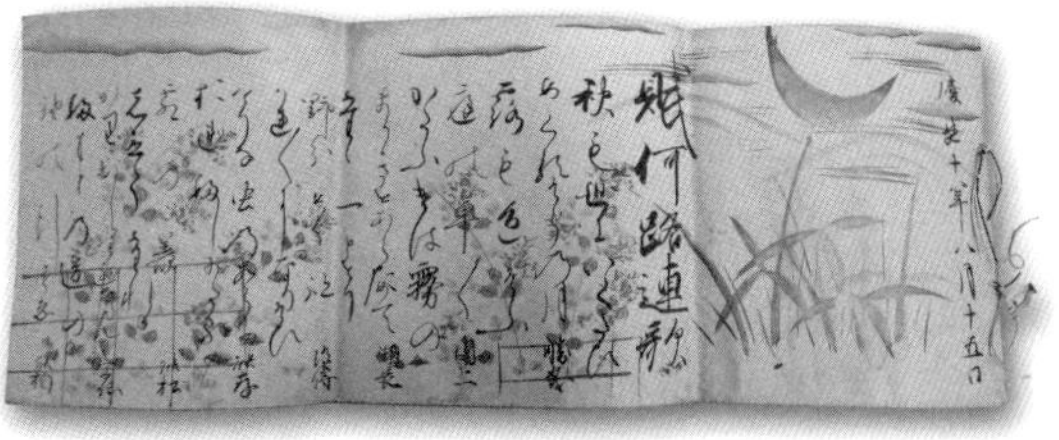

慶長十八年八月十五日賦何路連歌
（DOI：10.20730/200006606）

折紙綴《おりがみとじ》○

横長に置いた紙を、折り目が下になるように二つ折りにしたものが折紙です。折紙またはそれを長辺で半分に截断したもの（半《はん》截《せつ》）を重ね、右端を糸や紙縒などで綴じたものを折紙綴と言います。横長に置いた紙はほぼ縦が二、横が三の比率なので、通常の折紙綴は縦横の比率が約一対三の細長い形状になります（半截の場合は約二対三）。称名寺蔵連歌懐紙ほか、鎌倉時代末期（十四世紀初め）以降の遺品が確認できます。

写本の例が大半で、記録や帳簿にしばしば用いられます。連歌や俳諧の懐紙もこの装訂です。版本にもありますが、八文字屋本の浮世草子や記録など、種目が限られます。

薄手の料紙を用いるものが多いですが、連歌・俳諧の懐紙は、鳥《とり》の子紙《こがみ》など厚手の紙を使うこともあります。なお帳簿類については「長帳綴《ながちょうとじ》」あるいは「横帳綴《よこちょうとじ》」と呼ぶこともありますが、一般的な古典籍の装訂名称としては「折紙綴」が適当です。

単葉装《たんようそう》○

一枚の紙を折らずに重ね、端を糸や紙縒などで綴じたもので

粘葉装
紙を二つに折り、外側の、折り目の脇を糊代として貼り重ねたもの。

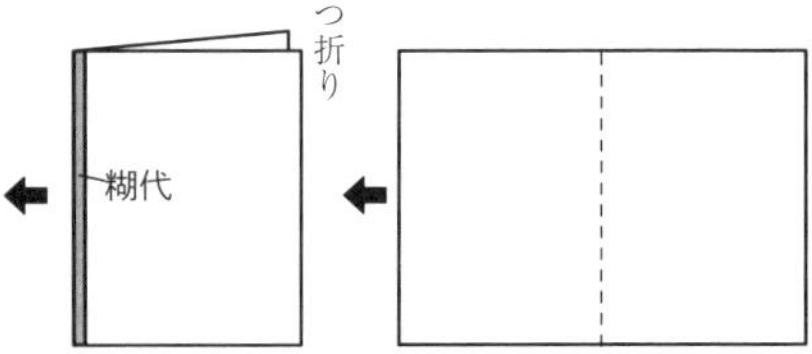

外側の、折り目の脇に糊を付けて貼り合わせる

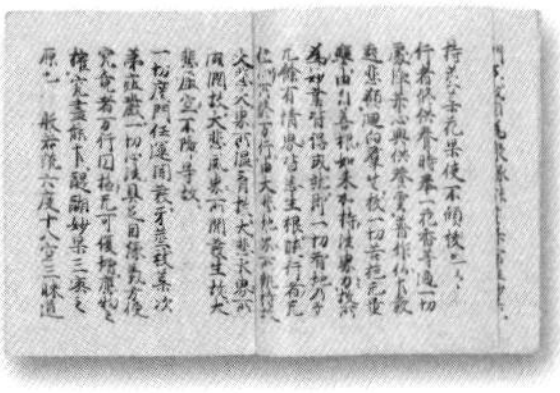
疏解文（疏抄一）
(DOI：10.20730/200014575)

す。ジャンルに関わりなく見られます。

紙の両面に書写するため、墨が裏映りしにくい料紙を用いるのが普通です。

〔双葉系〕

粘葉装《でっちょうそう》○

紙を二つ折りにし、外側の、折り目の脇を糊代として貼り重ねたものです。右半葉と左半葉が同じ紙で背の際まで開く見開きと、右半葉と左半葉が別の紙で糊代の際まで開く見開きが交互に現れます。

歴史的には、石山寺蔵『息災《そくさい》護摩《ごま》私《し》記《き》』承平七年（九三七）写本ほか、平安時代中期（十世紀）以降の遺品が確認できます。古くは仏書・歌書などに広く用いられ、歌書類の粘葉装本は鎌倉時代を過ぎると稀になりますが、ある種の仏書（真言宗の諸尊法《しょそんぼう》の枡形本《ますがたぼん》）では、明治以降までこの装訂を用いていました。版本の例は、高野山で出版された高野版《こうやばん》や主に浄土宗寺院で出版された浄土教版《じょうどきょうばん》など、仏書に限られます。

紙の両面に書写・印刷するため、墨が裏映りしにくい料紙を用い

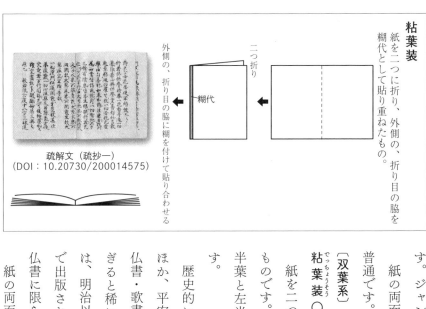

るのが普通です。

双葉装《そうようそう》◎

紙を二つ折りにしたものを重ね、折り目の方を糸や紙縒などで綴じたものです。紙の使い方は粘葉装と同じですが、糊を使わずに綴じる点で異なります。また、粘葉装のように背の際まで開く見開きはありません（後述する背穴綴じを用いたものは除く）。

冷泉家時雨亭文庫蔵『素性集《そせいしゅう》（唐紙本《からかみぼん》）』『花山僧正集《かざんそうじょうしゅう》』など、平安時代末期（十二世紀）以降の遺品が確認できます。天台宗や浄土真宗など、仏書の例が多く見られます。版本の例は未見です。

なお糊離れのした粘葉装の本を糸で縢って補修したものがあり、本来の双葉装と区別する必要があります。

折紙双葉装《おりがみそうようそう》○

折紙を使って双葉装としたものです。折紙を折り目と直角に二つ折りにするので、縦横の比率が約二対三の横本の形となります。称名寺聖教などの例から、鎌倉時代には存在していたことが知られます。用法としては、さまざまなジャンルの写本に用いられます。また古活字版『七帖要文《しちじょうようもん》』『六帖要文《ろくじょうようもん》』など、ごく稀に版本の例があります。薄い料紙を用いるのが普通です。

〔**複式双葉系**〕

列帖装《れっちょうそう》○

紙を複数枚（五〜十枚程度）重ねて二つ折りにしたもの（一括《ひとくく》り、または一折《ひとおり》と言う）を二つ以上並べ、糸など

列帖装

紙を複数枚重ねて二つ折りにしたものを二つ以上並べ、糸などで綴じたもの。

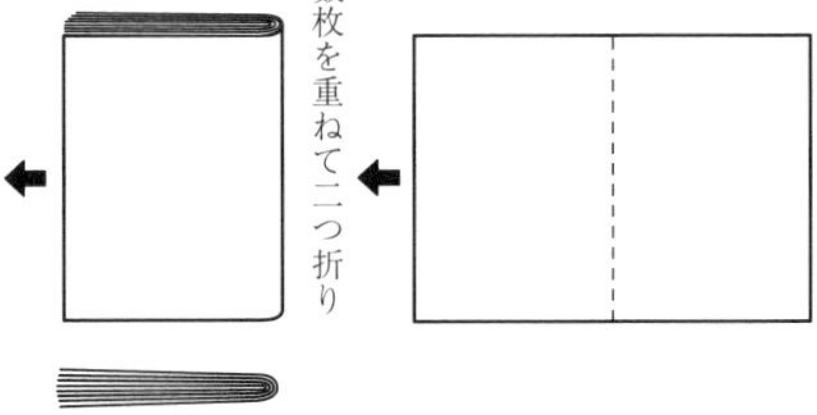

右を二つ以上並べ、折り目の穴に糸などを通して綴じる

源氏小鏡
(DOI：10.20730/200003049)

で綴じたものです。括りを付け足すことによって丁を増やすことができますが、大福帳など帳簿類以外には実際に丁を増やした例はほとんど見かけません。

歴史的には、石山寺蔵『金剛薬叉儀軌《こんごうやくしゃぎき》』『一字儀軌《いちじぎき》』など平安時代中期（十世紀）の仏書、勧修寺蔵『敦造紙《あつぞうし》』・関戸本『古今和歌集《こきんわかしゅう》』など平安時代後期（十一世紀）の仏書・歌書の遺品が確認できます。なお版本の例は、一部の謡本や真言宗の声明《しょうみょう》本・浄土真宗の和讃《わさん》本、嵯峨本『方丈記』『百人一首』などに限られます。

紙の両面に書写・印刷するため、鳥の子紙や厚い楮紙《ちょし》など、厚手の料紙を用いるのが普通です。各括りの折り目の部分に上下二つずつ、計四箇所の穴を開け、上の二つと下の二つにそれぞれ糸を順次通して行く綴じ方が一般的ですが、古くは折り目の近くに表紙から裏表紙まで通して穴を開け、紙縒などで結び綴じにした例もあります。「綴葉装」という呼び方もありますが、「葉」を「綴じる」のは粘葉装・画帖装以外の冊子本に共通の製本法で、特定の装訂の名称としてはふさわしくありません。

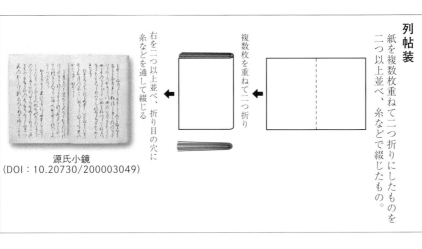

折紙列帖装《おりがみれっちょうそう》◎

折り目が下になるように二つ折りにした紙を使って列帖装としたものです。横長に置いた紙を折る通常の折紙と異なり、折紙列帖装の場合は縦長に置いた紙を二つ折りにするのが普通ですが、古典籍においてはそれも（また折紙綴で述べたように通常の折紙の半截も）含めて折紙と呼ぶこととします。

この装訂について、「双葉列帖装」という名称が用いられることがあります。薄い料紙を用いるのが一般的です。一括りの枚数は列帖装と同様五〜十枚程度で、冊子本においては本を構成する一ひらを「一丁」または「一葉」と言い、各丁が一重の紙か二重の紙かは問題ではありません。二重の紙であることから「双葉」と呼ぶのは、冊子本における「葉」の概念に混乱をもたらすもので、名称として不適切です。なお、版本の例は未見です。各丁が二重の紙から成っているので「双葉」と言ったものですが、

単帖装《たんじょうそう》◎

列帖装の一括りだけの形のものです。

冷泉家時雨亭文庫蔵『藤六集《とうろくしゅう》』『敏行朝臣集《としゆきあそんしゅう》』など、鎌倉時代初中期（十三世紀）以降の遺品が確認できます。書物の構造としては、単帖装の方が単純であり、単帖装から列帖装が考案されたようにも思われますが、現存の遺品で見る限り列帖装が数百年早く、列帖装より後に発生したと見るべきでしょうか。

用法としては、仏書・歌書・謡本など、さまざまなジャンルの写本に見られます。版本の例は未見です。

列帖装と異なり、折り目の部分の綴じ穴が二箇所だけのものもあります。

画帖装

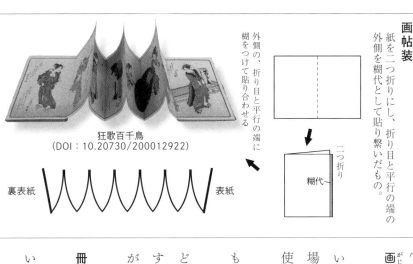

紙を二つ折りにし、折り目と平行の端の外側を糊代として貼り繋いだもの。

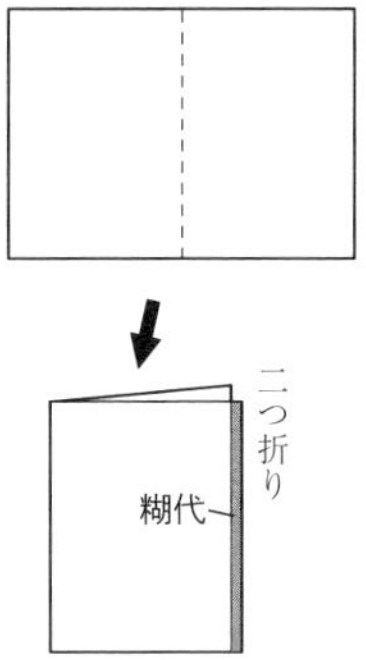

外側の、折り目と平行の端に糊をつけて貼り合わせる

狂歌百千鳥
(DOI：10.20730/200012922)

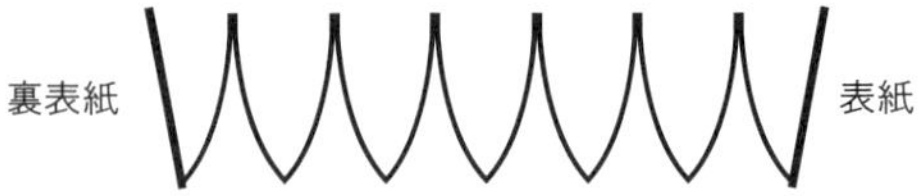

〔その他〕

画帖装《がじょうそう》

紙を二つ折りにし、折り目と平行の端の外側を糊代として貼り繋いだものです。さらに粘葉装のように、折り目の両脇も糊付けする場合があります。見かけは折本や折帖に似た所もありますが、紙の使い方が別であり、また裏面が使用できない点でも異なります。

歴史的には、江戸時代後期（十八世紀）以降の遺品が確認できるもので、比較的新しい装訂です。

用法としては、一枚で完結する絵や図を集めて冊子にする場合などに用いられました。版本の例が多く、写本は比較的少ないようです。日本の古典籍には珍しく、版本で最初に発生した装訂の可能性があります。

冊子本の装訂の体系分類案

巻子本類・折本類に比べて複雑な日本古典籍の冊子本の装訂について、分類の試案を示します。

◇紙の用い方による分類

〔単葉系〕袋綴・折紙綴・単葉装

一枚の紙が一単位で、それが一丁（一葉）になるものです。袋綴・折紙綴・単葉装は、一枚が一葉になることから、単葉系としてまとめることができます。

〔双葉系〕粘葉装・双葉装

一枚の紙を二つ折りにしたものが一単位で、それが二丁（二葉）になるものです。粘葉装・双葉装は、一枚が二葉になることから、双葉系としてまとめることができます。

〔複式双葉系〕列帖装・単帖装

複数の紙を重ねて二つ折りにしたものが一単位で、それぞれの紙が二丁（二葉）になるものです。一枚が二葉になる点は双葉系と同じですが、双葉系では折り目を挟んだ二葉が常に連続しているのに対し、複式双葉系では括りの一番内側の紙以外は、折り目を挟んだ二葉が離れていることから、双葉系とは区別されます。

〔その他〕画帖装

一枚の紙を二つ折りにしたものが一単位で、紙の並べ方は粘葉装や双葉装と同じですが、裏面の手前の端を糊付けしてあるためそれぞれの紙が二丁（二葉）にならない点は決定的な違いです。折った紙の内側だけに絵図や文字があって、通常一枚の紙ごとに内容が完結しており、「丁（葉）」を以ては数えにくいものです。「紙数幾枚」と数えるのが妥当と思います。

◇綴じ方による分類（＊は仮称）

結び綴じ＝右端に開けた穴に紐や紙縒を通し、結んで綴じるものです。上方と下方に二箇所ずつ穴を開け、それぞれに紐などを通して結ぶ例が多く見られます。ほかに数箇所に穴を開け、それぞれの穴ごとに紙縒を通し背を回して結ぶもの、上方と下方に四箇所ずつ穴を開け、それぞれX状に紐を通して結ぶものなどもあります。

縢《かが》り綴じ＊＝右端に複数の穴を開け、糸を通して縢るものです。穴を四箇所開ける四つ目綴じが多く、五箇所開ける五つ目綴じ、四つ目や五つ目の上下の端の穴と本の角の間に穴を開ける康熙《こうき》綴じ（江戸時代中期以降に見られる）などもあります。

紙釘装《していそう》＝右端に複数（三〜五箇所程度）の穴を開け、それぞれに太めの紙縒を通して切り、はみ出した部分を木槌などで潰して広げ、抜けないようにして綴じるものです。

背穴綴じ＊＝背の折り目に穴を開け、糸や紙縒を通して綴じるものです。上方と下方に二箇所ずつ穴を開け、それぞれに糸を通す例が多く見られます。

いずれにしても装訂の分類基準は紙の用い方を第一にすべきで、綴じ方の違いはその下のレベルになります。冊子本では当該の書物について袋綴・折紙綴等々の装訂を示した上で、結び綴じであるか、縢り綴じであるか（その場合四つ目綴じか五つ目綴じか等）、などを記述します。

冊子本の紙の用い方と綴じ方の組み合わせ

冊子本について、紙の用い方と綴じ方の組み合わせを表にしておきます（糊を用いる粘葉装・画帖装は除く）。

	袋綴	折紙綴	単葉装	双葉装	列帖装	単帖装
結び綴じ	◎	◎	○	○	○	○
縢り綴じ	◎	◎	◎	◎	（△）	（△）
紙釘装	○	△	○	○	（△）	（△）
背穴綴じ	／	／	／	○	◎	◎

◎○は実例あり。◎はその装訂において多く見られるもの。
△はあるかも知れないが実例未確認。（△）はやや考えにくいもの。
／はあり得ない組み合わせ。

日本古典籍の装訂研究の課題

最後に、日本古典籍の装訂研究の課題について述べておきます。

まず、装訂の分類と各装訂の定義において、合理的整合的な体系を作ることです。この解説では、稿者の現在の考えに基づく分類と定義を示しましたが、これで十分とは考えていません。例えば未装巻子本と継紙の境目はやや曖昧であり、旋風葉を折本の特殊な形と見てその中に含めるか、独立の装訂と考えるか、ここでは後者の立場を採りましたが、前者の立場もあり得ると思います。また列帖装と単帖装は区別しなくてよいのではという意見もあり、それも一理あると思いますが、発生の年代等の違いから別に立てることにしました。いずれにしても、議論が必要なところです（もし一つの装訂にまとめるとすれば、「綴帖装《てつじょうそう》」の名称がよいかと考えています）。

付随して述べれば、装訂名として「仮綴《かりとじ》」が使われることがありますが、ここでは採用しませんでした（国文学研究資料館で二〇一八年度に制定した「日本古典籍調査要領」でも、「仮綴」は廃止しています）。一般に「仮綴」は紙縒で綴じた冊子本を指し、多くは袋綴本と思われますが、折紙綴や単葉装・双葉装などにも紙縒で綴じたものがしばしばあります。従って「仮綴」ではどの装訂か分かりませんし、そもそも紙縒で綴じてある本という「仮綴」が、紙の使い方によって定義された袋綴や折紙綴などと並ぶ装訂の一種になることはあり得ません。また、紙縒で綴じた本の全てが「仮に」綴じられた本とは限らず、名称としても不適切です。冊子本で紙縒で綴じられていることを特に記したい場合は、そのように書けばよいでしょう。

装訂の名称においても、同じく合理的整合的な体系化が必要です。ここでは巻子本・折本・袋綴・粘葉装など従来用いられてきた名称のほかに、単葉装・双葉装・折紙双葉装・単帖装など、これまで注意されていなかった装訂については新しく考案した名称を付けましたが、その際意を用いたのは、「名が体を表す」＝装訂の名称が形態を端的に表すようにすることでした。従来の巻子本・折本・袋綴・粘葉装・列帖装などの名称は概ねそうなっていると思いますので、それに合わせるのが適切と考えたわけです。列帖装について「綴葉装」という名称を批判したのも、「綴葉」では列帖装本の形態に特定的に結び付かないことが理由です。

それに関して問題なのは、「画帖装」という名称です。画帖にしばしば用いられる装訂ということでこの名称が付けられていますが、使用される対象に基づく名称であり、「名が体を表す」原則に反しています。ただし適切な名称が考え付かないため、ここでもそれを用いましたが、やはりほかの装訂に合わせて原則に沿った名称にすることが望ましいと思います。二つ折りにした紙を糊付けして繋げる点で粘葉装と共通していること、粘葉装が紙の外側の折り目の脇を糊付けするのに対し外側の端の前小口に近い部分を糊付けすること、外側の端に加えて粘葉装のように折り目の脇も糊付けするものがあることなど、粘葉装との共通性を持ちつつ小口に近い部分を糊付けするのが第一の特色であることから、「小口粘葉装《こぐちでっちょうそう》」という名称を考えてみましたが、粘葉装の一種と受け取られる恐れもあり、必ずしも適切でない感があります。

また、ここでは日本古典籍の装訂の形態による分類案を示しましたが、各種の装訂の歴史的関係、それぞれの装訂がどのように発生したかという経緯の考察にはほとんど及びませんでした。一般に、書物の歴史においては巻子本から折本が作られ、折本から冊子本が作られたという説明がなされているようですが、空海が唐で製作させた粘葉装の『三十帖策子《さんじゅうじょうさくし》』が日本にもたらされたことで日本でも粘葉装の冊子本が作られるようになったと推定されているように、全ての装訂が日本内部で発生したとは限らず、中国の書物の影響なども考慮する必要があるため、それぞれの装訂の発生の経緯を歴史的に跡付けることは容易ではありません。さらに資料を探索して、解明することを心がけたいと思います。

二、日本の古典籍の料紙について

日本古典籍の料紙とは

料紙は、本を製作するのに用いられた紙を指します。ただし本文とその前後にある序跋・目録などに用いられた紙を言い、表紙については含めません。なお表紙に本文と同じ紙が用いられている場合は、「本文共紙表紙《ほんぶんともがみびょうし》（共紙表紙）」と言います。

日本古典籍の料紙は、楮《こうぞ》の樹皮を原料とする楮紙《ちょし》、雁皮《がんぴ》の樹皮を原料とする斐紙《ひし》が主要なもので、三椏《みつまた》の樹皮を原料とする三椏紙《みつまたがみ》も使われました。雁皮と楮を交ぜて漉いた斐楮交《ひちょま》ぜ漉《す》き紙、斐紙に泥土の粒子を混ぜて漉いた間合紙《まにあいがみ》（泥間合紙《どろまにあいがみ》）などもあります。

斐紙は繊維が詰まっていて表面が滑らかという特徴がありますが、雁皮は栽培が難しいため供給量が少なく、高級品でした。従って、斐紙を用いた本は、概して格の高い書物と言えます。

日本古典籍の料紙について

以下、日本古典籍の料紙のさまざまについて説明します。

麻紙《まし》　大麻《たいま》・苧麻《ちょま》などの樹皮を原料とする紙です。主に奈良時代に用いられました。打紙《うちがみ》加工を施されたものが多いとされます。

斐紙《ひし》　雁皮《がんぴ》の樹皮を原料とする紙で、雁皮紙《がんぴし》とも言います。厚く漉いた鳥《とり》の子紙《こがみ》（厚様斐紙《あつようひし》）と、薄く漉いた薄様斐紙《うすようひし》があります。繊維が短く詰まっており、楮紙に比べ表面が滑らかで、また薄様斐紙には透明感があります。

楮紙《ちょし》　楮《こうぞ》の樹皮を原料とする紙です。日本古典籍の料紙として広く用いられました。産地により、美濃《みの》紙《がみ》・杉原紙《すぎはらがみ》（播磨）・高野紙《こうやがみ》（高野山）などの名称もあります。楮紙は斐紙に比べ繊維が粗く、墨が滲みやすくまた筆を運びにくいため、木槌や石などで打って繊維を詰まらせ、表面を平滑にする加工がしばしば行われました。これを楮紙打紙《ちょしうちがみ》（打紙）と言います。

斐楮交ぜ漉き紙《ひちょますがみ》　雁皮と楮を交ぜて漉いた紙です。供給量の少ない雁皮から多くの紙を造る場合や、通常の楮紙より上等の紙を造る場合に交ぜ漉きが行われました。

三椏紙《みつまたがみ》　三椏の樹皮を原料とする紙です。三椏は紙の原料として古くから雁皮や楮と交ぜて用いられていましたが、特に江戸時代中期頃から薄様斐紙の代用として古典籍に用いられることが多くなりました。

間合紙《まにあいがみ》（泥間合紙《どろまにあいがみ》）　襖障子《ふすましょうじ》の幅（約一メートル）に合わせて漉いた斐紙が間合紙で、その内泥土の細かい粒子を混ぜて漉いたものを泥間合紙と言い、横型の奈良絵本など古典籍にも用いられました。古典籍の料紙としては、単に「間合紙」と呼ぶことが多いです。

宿紙《しゅくし》（漉《す》き返《かえ》し紙《がみ》）　一度書写または印刷に用いられた紙を漉き返して造った再生紙です。元の紙に含まれる墨や新たに加えた墨の成分により、薄墨色を呈します。

以下では、加工紙と、その一種である装飾紙について解説します。

［加工紙］

紙を漉く際、または漉いた後に、何らかの人為を加えた紙です。次のようなものがあります。

紺紙《こんし》＝藍を染料として紺色に染めた紙。主に写経（金字経・金銀字経）の料紙に用いられました。

黄蘗染め紙《きはだぞめがみ》＝防虫の目的から、黄蘗の樹皮を煎じた汁で黄色に染めた紙。写経・版経の例が多く見られます。

礬水引き紙《どうさびがみ》＝礬水（膠《にかわ》を溶かした水に明礬《みょうばん》を加えたもの）を塗った紙。墨の滲みを防ぎ、発色が良くなる効果があります。

雲母引き紙《きらびがみ》＝雲母《うんも》の細かい粉末を礬水や布海苔《ふのり》に混ぜて塗った紙。

胡粉引き紙《ごふんびがみ》＝胡粉（板甫牡蠣《いたぼがき》などの殻から作る白い顔料）を膠水で溶いたものを塗った紙。具引き紙《ぐびがみ》とも言います。

打紙《うちがみ》→麻紙、楮紙を参照

泥間合紙《どろまにあいがみ》→別記参照

［装飾紙］

加工紙の一種ですが、特に装飾を目的とする加工が施された紙です。次のようなものがあります。

打曇紙《うちぐもりがみ》　**飛雲紙《とびくもがみ》**　…漉く時に加工

墨流し紙《すみながしがみ》　**から紙（蠟箋《ろうせん》・雲母摺り紙《きらずりがみ》など）**　**金泥下絵入り紙《きんでいしたえいりがみ》**　…漉いた後に加工

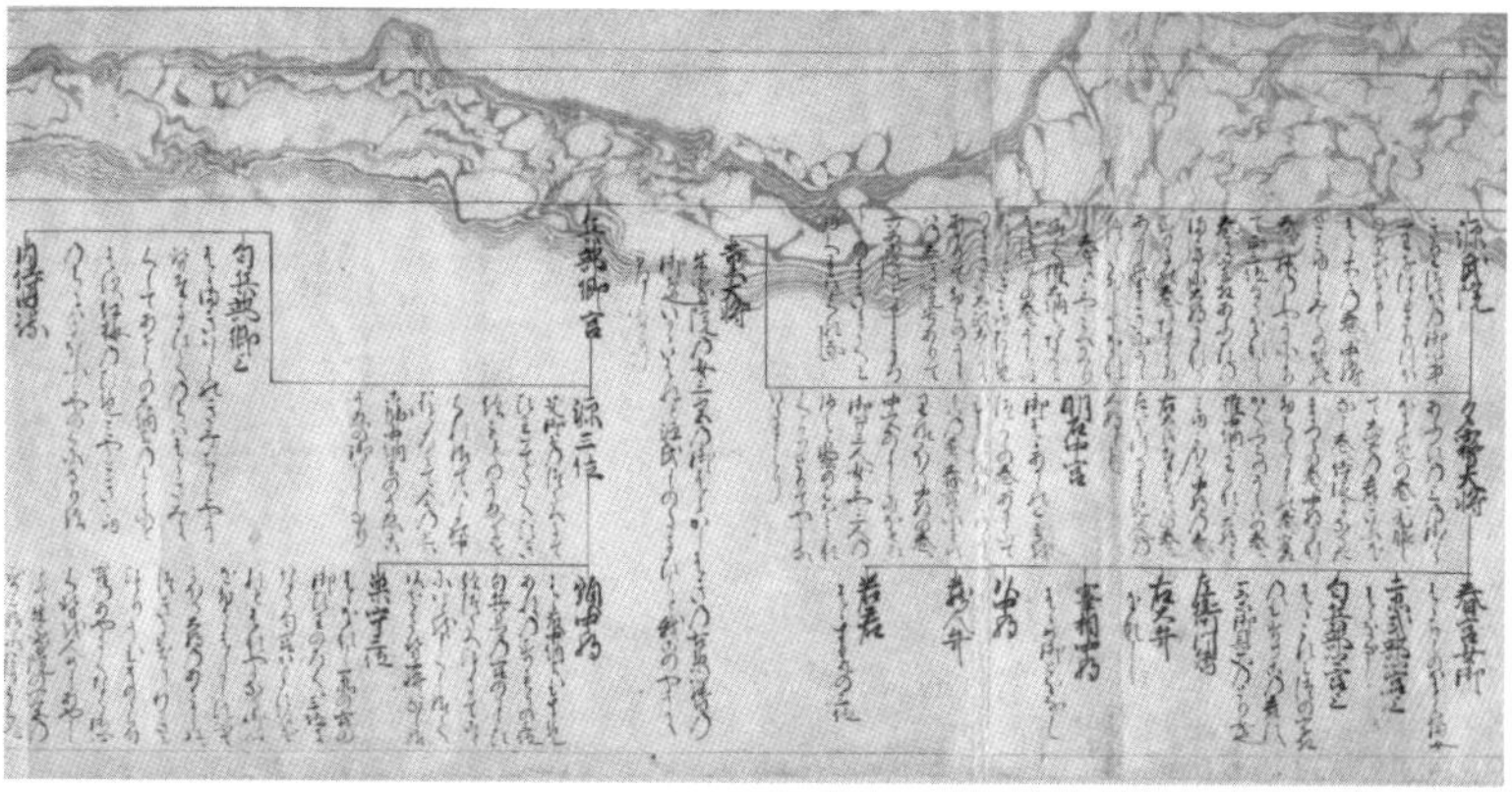
墨流し紙（光源氏系図）（DOI：10.20730/200014741）

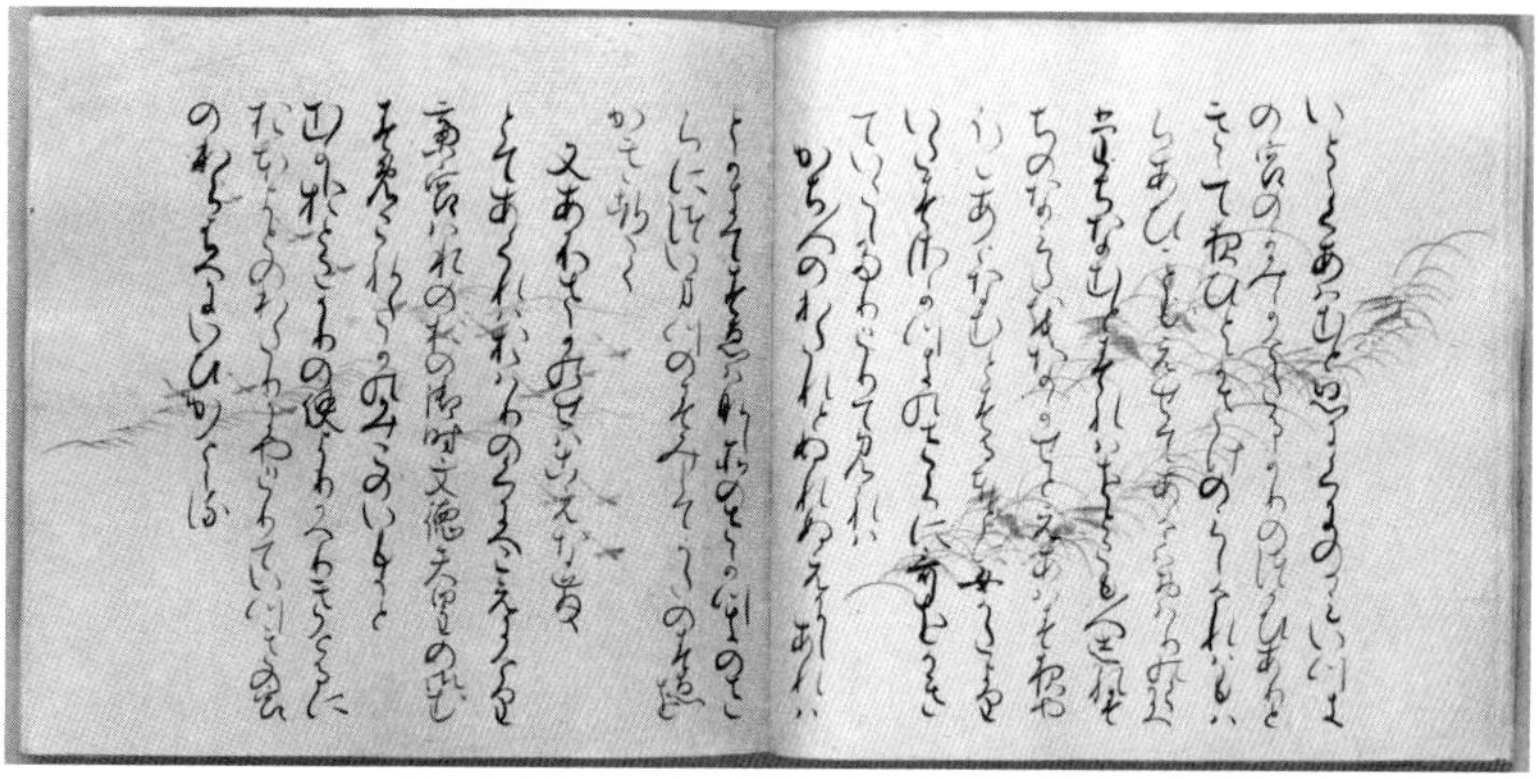
金泥下絵入り紙（伊勢物語）（DOI：10.20730/200024371１）

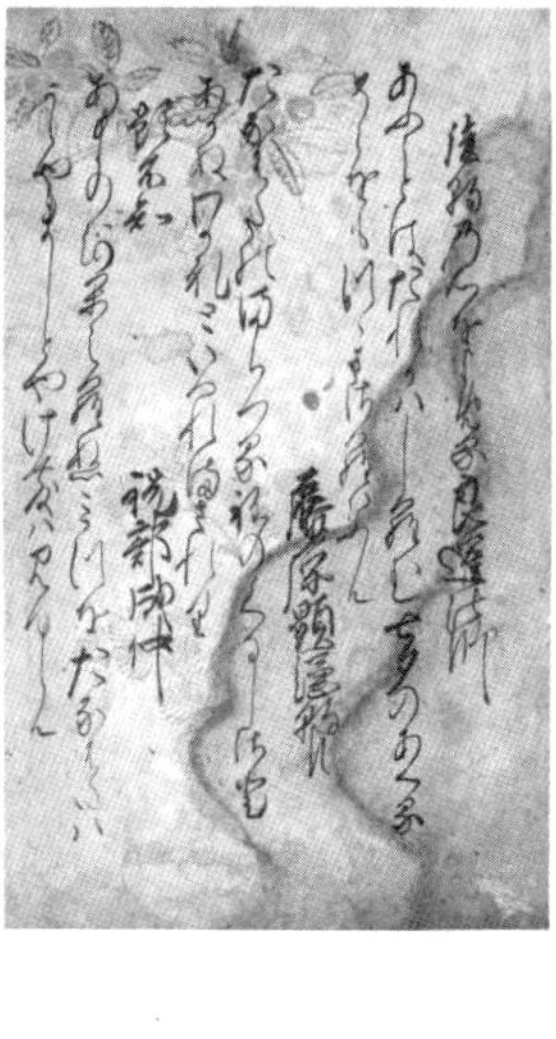
打曇紙（詞花和歌集断簡）（DOI：10.20730/200014786）

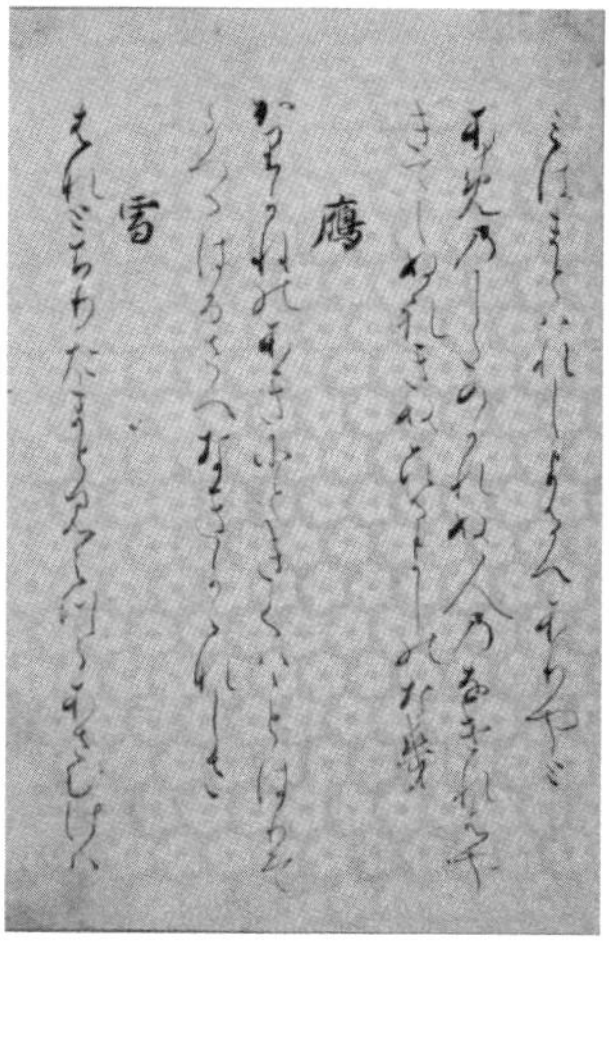
雲母摺り紙（菅原道真集断簡）（DOI：10.20730/200011967）

日本古典籍の料紙調査の問題

日本古典籍の書誌調査において、料紙はどこまで「正確に」記述するか（すべきか）、という問題があります。紙の分析機器が発達してきたため、従来の目視や手触り、せいぜい拡大鏡を使った繊維の観察に比べて、遙かに詳しい分析ができるようになっています。もっとも、現在のところそれらの機器を備えた機関は少数であり、資料をそこに持ち込まなければ分析ができませんが、将来的に古典籍調査の現場に持ち運べるような機器が開発される可能性もあり、その暁には料紙に関して格段に詳しい分析ができるようになるかも知れません。

一方で、料紙の種類は製作者・享受者が認識していた程度に区別すればよく、それ以上に細かく区別するのは古典籍調査においては意味がない、という考え方もあり得るでしょう。産業史としての製紙業史の研究ならば、紙の成分はできるだけ詳しく分析することが望ましく、それによって例えば楮紙の年代や地域による性質の違いを明らかにすることが期待されるでしょうが、一般的に言えば、目視や手触りでは区別されず分析機器を使わなければ分からないような違いは、昔の人は認識していなかったと考えてもさほど間違いではないと思います。

機器を用いた料紙の分析とは別に、日本古文書学の料紙研究と日本古典籍書誌学の料紙研究の共通点・相違点にも触れておく必要があります。日本古文書学の料紙研究において最新のまとまった成果である湯山賢一編『古文書料紙論叢』（勉誠出版、二〇一七年）所収の湯山氏「我が国に於ける料紙の歴史について――「料紙の変遷表」覚書」では、古文書に用いられた料紙を、

苦参紙／檀紙／強杉原／高檀紙／引合／杉原、奉書／美濃紙／斐紙、厚様・薄様／鳥ノ子／三椏／楮斐混合紙／〈再生紙〉杉原／漉返紙／色紙・染色／宿紙

のように分けて解説しています。右に挙げた古典籍の料紙と重なるものもありますが、概してこちらの方が細かく分けられています。古典籍の料紙に関して古文書ほど細かく分類されないのは、差出者と受取者の関係や文書の内容によって料紙が選択される古文書と、特定の他者との関係において製作されることが比較的少ない古典籍の違いの反映と考えられます。古文書においては、製作や享受に関わる人々がこれらを区別し、場面等によって使い分けていたためにこのような分類が必要なのであり、「料紙の種類は製作者・享受者が認識していた程度に区別する」という考え方に基づくものと思われます。

古典籍の製作者がどこまで細かく紙の違いを認識し、それを踏まえて使い分けを行っていたかは必ずしも十分明らかになっていません。また古典籍において、料紙の選択に製作者の意識の反映があるかについても、全ての古典籍に関してその有無を判断するのは難しいと思います。古典籍の料紙については、解決すべき問題をなお多く残していると言えるようです。

＊装訂の説明の図版は、稿者が編集制作した『和書のさまざま』から引用しました（画帖装の図版は新たに付加）。

参考文献

◆装訂に関して

『和書のさまざま』（国文学研究資料館、二〇一八年）※国文学研究資料館ウェブサイトの「国文研の活動」→「調査収集」→「文献調査（地域資料専門部会委員の方へ）」→PDFファイル「日本古典籍調査要領」の二七―四二頁にあり

石山寺文化財綜合調査団編『石山寺の研究　校倉聖教・古文書篇』（法藏館、一九八一年）

吉水蔵聖教調査団編『青蓮院吉水蔵聖教目録』（汲古書院、一九九九年）

久曾神昇『平安時代仮名書状の研究』（風間書房、初版一九六八年、増補改訂版一九九二年）

山本信吉『古典籍が語る　書物の文化史』（八木書店、二〇〇四年）

落合博志「仏書から見る日本の古典籍」（国文学研究資料館調査収集事業部『調査研究報告』第三十四号、二〇一三年）

◆料紙に関して

関義城『古紙之鑑』（木耳社、一九七七年）

反町茂雄『歴代古紙聚芳』（文車の会、一九八二年）

湯山賢一編『古文書料紙論叢』（勉誠出版、二〇一七年）

写本を模倣する古活字版 —— 落合博志

冊子本の装訂の一種として挙げた折紙双葉装《おりがみそうようそう》に関して、ごく稀にある版本の例として、古活字版『七帖要文《しちじょうようもん》』『六帖要文《ろくじょうようもん》』に言及しました。いずれも天台宗の学僧（前者は真海《しんかい》、後者は尊海《そんかい》か）の著作で、『七帖要文』は寛永元年（一六二四）の刊記、『六帖要文』は寛永九年（一六三二）に延暦寺宝幢院で刊行した刊記があり、ともにいわゆる叡山版《えいざんばん》の古活字版です。

古活字版『六帖要文』六冊の内、仏部一冊の零本が国文学研究資料館にありますが、版本には珍しい装訂のため、旧蔵者が綴じ糸を解いて一枚ずつ広げられる状態で保管していました。国文学研究資料館でも、あえて綴じ直さずに元のまま保管しています。

図1はその内の一枚（二丁分）を広げたものですが、左上↓左下↓右下↓右上と本文が続き、活字は常に紙の端から中央の折り目に向かって植えられています。『六帖要文』は大本（美濃紙の四分の一の大きさの本）を長辺で半分に切った形の横中本で、大本用の植字盤を使ってこのように活字を植えたものと思われます。写本ならば紙を折ってから写すので問題はありませんが、古活字版は印刷してから紙を折るため、折って折紙双葉の一枚の形にした時に本文が正しく読めるように植字する必要があります。横本の古活字版でも袋綴のものも多く、その方が植字が単純なはずですが、なぜこのような面倒な組み方を要する折紙双葉装にしたのでしょうか。

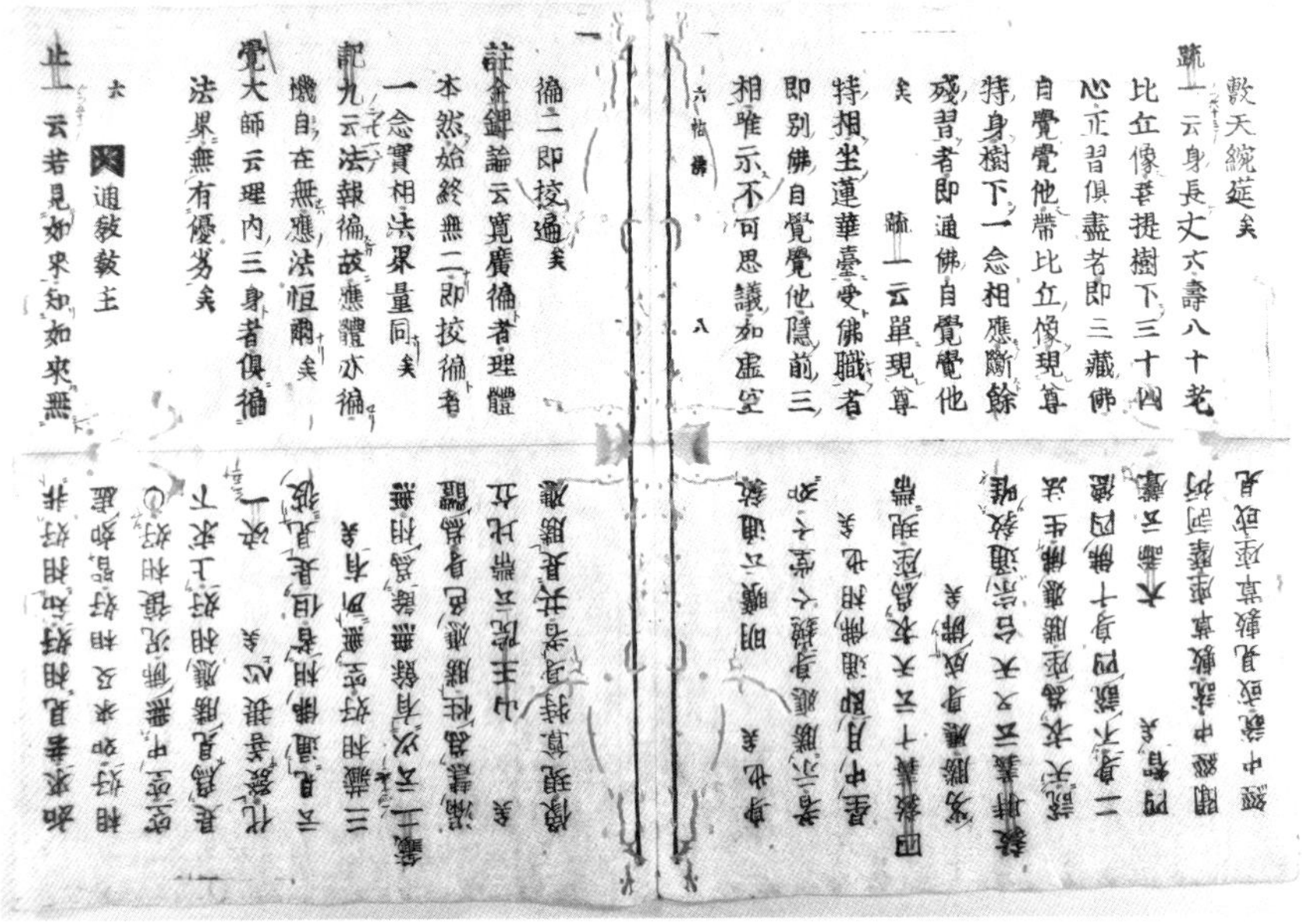

図1　古活字版『六帖要文』の1枚

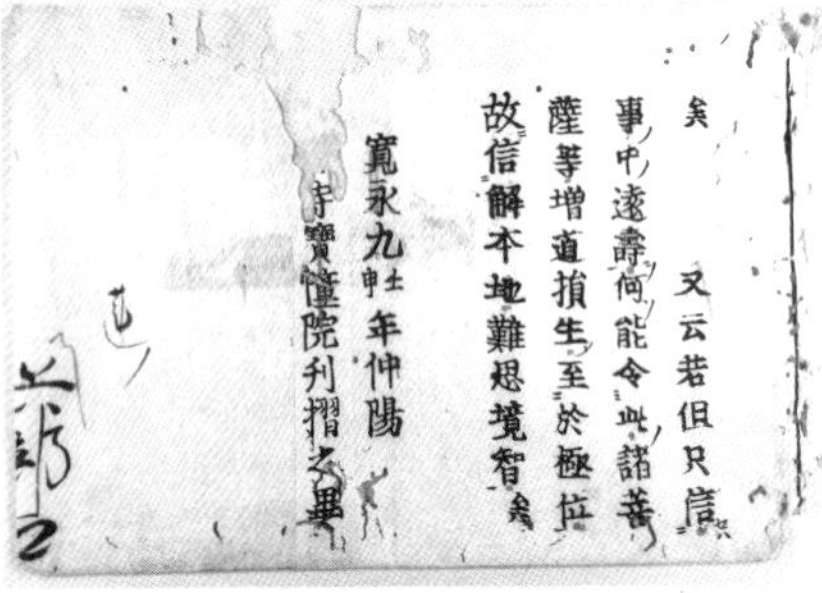

図3　古活字版『六帖要文』刊記

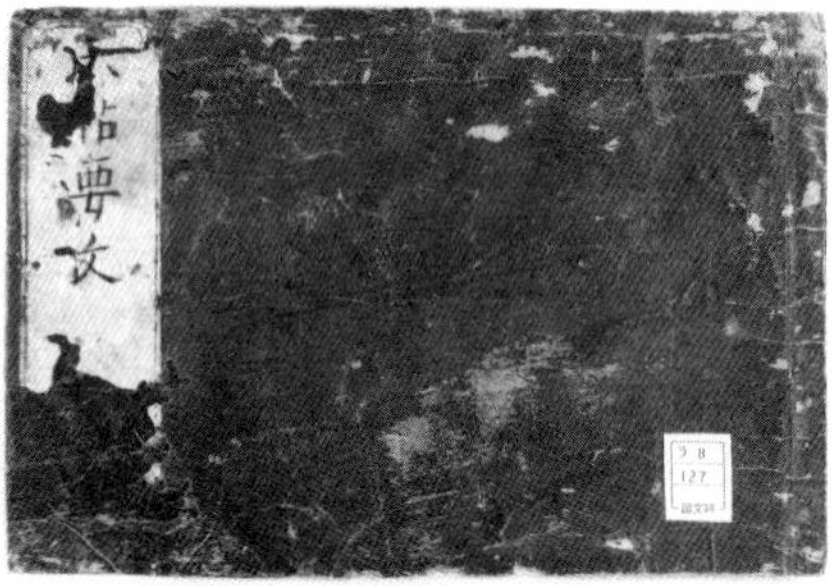

図2　古活字版『六帖要文』表紙

同じ折紙双葉装の古活字版である『七帖要文』には、次のような刊記があります。

右七帖要文者、柏原成菩提院第十代住持真海法印類聚也。然而世間流布本広略在之。併末学添削歟。今所写者、真海法印嫡弟真祐法印以直筆之本校之、令刊摺者也。

于時寛永元年中夏十日

即ち、世間流布の本が末学の添削によって内容に広略の異同を生じているため、撰者真海の嫡弟真祐《しんゆう》直筆の本によって刊行したと言うのですが、実はこの古活字版の底本になった真祐筆の『七帖要文』（天文十九年〔一五五〇〕写）が叡山文庫真如蔵にあり、その装訂は折紙双葉装なのです。

つまり、古活字版『七帖要文』は本文のみならず本の形態も底本に忠実に倣おうとしたために折紙双葉装を採ったと考えられます。『六帖要文』についても、同じ事情を推測してよいでしょう。古活字版が写本を模倣するとはしばしば言われることですが、折紙双葉装という版本には稀有な装訂が採用されたのも、その一例であったことになります。

因みに『七帖要文』『六帖要文』とも後に整版本が刊行されますが、それは袋綴の横本でした。

column

表記は装訂です　付、新出化粧綴じ二種 ―― 神作研一

長澤規矩也《ながさわきくや》、川瀬一馬《かわせかずま》、阿部隆一《あべりゅういち》、藤井隆《ふじいたかし》、中野三敏《なかのみつとし》、林望《はやしのぞむ》、堀川貴司《ほりかわたかし》ほかの各氏ならびに国文学研究資料館では「装訂」と表記していますし[1]、私もそのひとりですが、実際には研究論文等などで今も「装訂」以外の表記が散見されますので、ここにおさらいします。

「装訂」というのは、書物の仕立て方や製本の仕方のことです。

例えば『日本国語大辞典』（第二版）には「装丁・装釘・装訂・装幀」と四種の表記を列挙しています。語義説明（語釈）は省略して、近年の研究成果を反映して第二版で新設された「語誌欄」を示してみましょう（全文）。

（1）明治末期、装本の美術工芸的要素が強まるにつれ、「製本」にかわって装い釘《てい》じる意の中国風の熟字「装釘」が使われたのがはじまり（新村出「装釘か装幀か」）。

（2）「装幀」は書画を掛け物や額に仕立てること。「幀」は本来「とう（たう）」であるが、慣用によって当てる。

（3）「装丁」という表記は、昭和三一年（一九五六）の国語審議会報告「同音の漢字による書きかえについて」で決められたもの。

『日本古典籍書誌学辞典』（岩波書店、一九九九年）は「装訂」の表記で立項、説明は次の通りです（長文なので冒頭のみを引きます）。

書物の仕立て方。製本の仕方。料紙を一軸・一帖・一冊などの単位にまとめる方法。装幀・装釘・装丁などの字が用いられることがあるが、装幀は誤用、装釘は同音による宛字で、装訂を用いるべしとする長澤規矩也説がある。漢籍では装褫《そうち》、装背《そうはい》ともいう。

装訂は、紙を折り、糊で貼ったり継いだりし、紙捻《こより》・糸・紐で綴じ形を揃えて裁ち、本紙と共紙または染めたり描いた紙や布などの表紙を付ける作業が、書物の性質、料紙、大きくは文化、狭くは個人の好みといろいろの条件の下に行われる。（後略）　〈長谷川強執筆〉

「…とする長澤規矩也説がある」と紹介するだけに留まっていますが、「装訂」の表記を使用していますので、長澤説に賛同していることが窺われます。

その長澤は、数次にわたって「装訂」を用いるべきだとの自説を展開しています。ここに、それらを年次順に示してみましょう（＊以下は神作のコメント）。

○「志那の装訂と紙」（『書誌学』十六巻一号、一九四一年一月。のち『長澤規矩也著作集』第七巻所収、汲古書院、一九八七年）

＊「装訂」の語が孫従添《そんじゆうてん》の『蔵書紀要《ぞうしょきよう》』中に見えることを指摘。

○「国語辞書中の書誌学用語の批評」（『書誌学』復刊新七号、一九六七年二月。のち同著作集第八巻所収、一九八四年）

＊大槻文彦の『言海』（一九〇四年刊）以下、『三省堂新国語中辞典』（一九六七年刊）に至る十一種の国語

辞典に出る書誌学用語（「装訂」など十語）を取り上げて、その適否を断じる。

◯「装訂の話」（『古書のはなし』所収、冨山房、一九七六年。新装版一九九四年）

＊唐本《とうほん》中の用例の多寡を根拠に「装訂」を推し、「「訂」なら、定める・正しくする・きちんとするで、意味が通ずる」と明記。

◯『図解　書誌学入門』（汲古書院、一九七六年）

＊次掲『図書学辞典』と同種の記述内容。

さらに長澤編著『図書学辞典』（三省堂、汲古書院発売、一九七九年）の「装訂」を引きます。

そうてい　装訂　図書のとじ方。製本のしかた。「訂」はきちんとまとめる意。

正誤　装釘と書くのは、明治の製本工の同音を誤った用字法で、「釘」は製本とは全く無関係。漢籍中の用法でも、私が知っている限りでは、清人黄丕烈の士礼居蔵書題跋記巻五のみである。これを「洋つづりの製本に、針金や釘などの類を用いる所から出た新しい熟語」というのは根も葉もない全くの誤り。装幀とはしゃれたつもりの誤用。幀は音トウで、テイとは漢字の旁《つくり》の音で読んだ百姓読み。装幀は、書画を掛け物や額に仕立てることである。釘や幀を使うくらいなら、今日では、装丁と書く方がよろしい。

如上、長澤は繰り返し「装訂」の表記を推奨しています。

いま参考までに、『佩文韻府《はいぶんいんぷ》』ほか諸辞典類を確認しておきます（用例は書名のみ掲出）。

○『佩文韻府』（索引本一九三七年）

装釘……＊元史百官志。

○『漢語大詞典』（一九九二年）

装訂……亦作「装釘」。把零散书页或纸张加工成本子、一般包括折页、订本、包封和裁切等过程。＊上梅伯言先生书（清龙启瑞）ほか。

装釘……见「装訂」。

装幀……指书刊的封面、插图等美术设计和版式、装订形式等技术设计。＊书信集（魯迅）ほか。

○『大漢和辞典』（修訂第二版一九八九年）

装訂……製本する。本に作上げる。装釘の②に同じ。

装釘……①よそほひ釘うつ。飾り綴ぢる。

②書物を綴ぢて表紙を附けること。製本する。又、其の表装と綴ぢ方。装幀。装訂。

＊福恵全書、銭穀部、催徴、三連串票。

装幀……装釘の②に同じ。

○『角川大字源』（一九九二年）

装丁……国語　装釘に同じ。

装釘　装訂…製本する。書物をとじて表紙をつける。また、その体裁。装丁。装幀。＊福恵全書・催徴。

装幀……装釘に同じ。

○『日葡辞書』…未立項。

○『明治のことば辞典』（一九八六年）

装釘……………＊新訳和英辞典（明42）。＊辞林（明44）。＊模範英和辞典（明44）。＊新訳和英辞典（明45）。＊大辞典（明45）。＊新式大辞典（大1）。

装幀…………＊机上宝典誤用便覧（明44）。＊正続誤りたる読方（大3）。

▽表記　装釘と装幀とがある。「幀」は漢音トウ（タウ）、呉音チョウ（チャウ）、慣用音テイ。装釘は中国の『福恵全書』（一六七〇自序）巻之六に「装釘要二牢固不一レ散。」とみえる。内田魯庵の『社会百面相』（明治35）破調・中には「違棚には美くしい装釘の和洋の書が四五冊、」とある。

○『明治文学全集別巻　総索引』（一九八九年）…未立項。

『佩文韻府』は出典の考証が厳密ではありませんし、『漢語大詞典』は白話《はくわ》（俗語）や近現代の用例収集に特色があるなど、それぞれの書物に特徴が認められますが、『大漢和辞典』をはじめとしてかれこれ総合的に勘案した上で私もまた長澤説に与《くみ》し、「装訂」の表記を支持します。「訂」には「正す」「定める」「結ぶ」の意がある（『角川新字源』）ことを、私も重く見たいからです。因みに、二〇二二年にリニューアルされた「国立国会図書館デジタルコレクション」で「装訂」を検索してみると、実に八〇〇〇件近い用例が出現します。

除外すべきものが非常に多く含まれている一方で、それらの中には明治時代の用例が散見されることも添記しておきます。

なお、現代日本語としては「装丁」の表記が定着していますが（前引『日国大』語誌欄（3））、古典籍を対象とする場合には、やはり「装訂」の表記を使用するのが適切だと考えます。

注

（1）国文学研究資料館通常展示リーフレット『和書のさまざま』（二〇一八年）には「装訂」の表記に関する言及は見出されませんが、かつて戸越時代に折々に旧館二階の展示室で開催されていた通常展示「和書のさまざま――書誌学入門」の冊子リーフレット（A5判四二頁、二〇〇七年改訂）の「第一部　本を形づくるもの」「A装訂」欄には、「なお、「装丁」「装幀」と書かれることもありますが、「まとめる」「きちんとする」という意の「訂」を用い、「装訂」と表記するのが妥当とされています」との記述が見出されます。

付、新出化粧綴じ二種

中野三敏『書誌学談義 江戸の板本』(岩波現代文庫、二〇一五年。原刊一九九五年)第四章「装訂」中に、「袋綴《ふくろと》じ」(線装本《せんそうぼん》)の変種として「変《かわ》り綴《と》じ」の事例が紹介されています。

> …その他、著者や板元の好みに応じて、変った綴じ方が試みられているようだが、たとえば寛政三年に『県居歌集』と共に刊行された宇万伎の『しづ屋のうた集』一冊は、やや大ぶりな本の右端綴じ代に、天・地・中央と三か所にわけて、それぞれに並行して四つずつ、全部で十二の綴じ穴があり、天と地は四つ穴にたすきがけに糸がかかり、中央は平行にかかる。これは裏側の方はちょうど逆で、天・地が平行で中央がたすきがけとなる。このような綴じ方を何とよぶのかはわからない。十二針眼訂法ではさっぱり実状が目に浮かばないので、結局化粧綴じといっておくほかはなかろう。

氏が図版として掲出した加藤宇万伎《うまき》家集『しづ屋《のや》のうた集《しゅう》』(寛政三年刊・大本一冊)は、現在、九州大学附属図書館雅俗《がぞく》文庫に現蔵されています(雅俗文庫は中野三敏旧蔵の古典籍コレクションおよそ五八〇〇点一六〇〇〇冊)【図1】。『しづ屋のうた集』は上田秋成の撰にかかり、賀茂真淵の家集『あがた居《い》の歌集《うたしゅう》』とともに二巻二冊で寛政三年(一七九一)に刊行されました(大坂増田源兵衛等六肆《し》版)。三十本以上の版本が現存するいわばごく普通の版本ですが、この特殊な装訂を持つのは原刊初印本《げんかんしょいんぼん》に限られています(他は通常の袋綴じ本)。

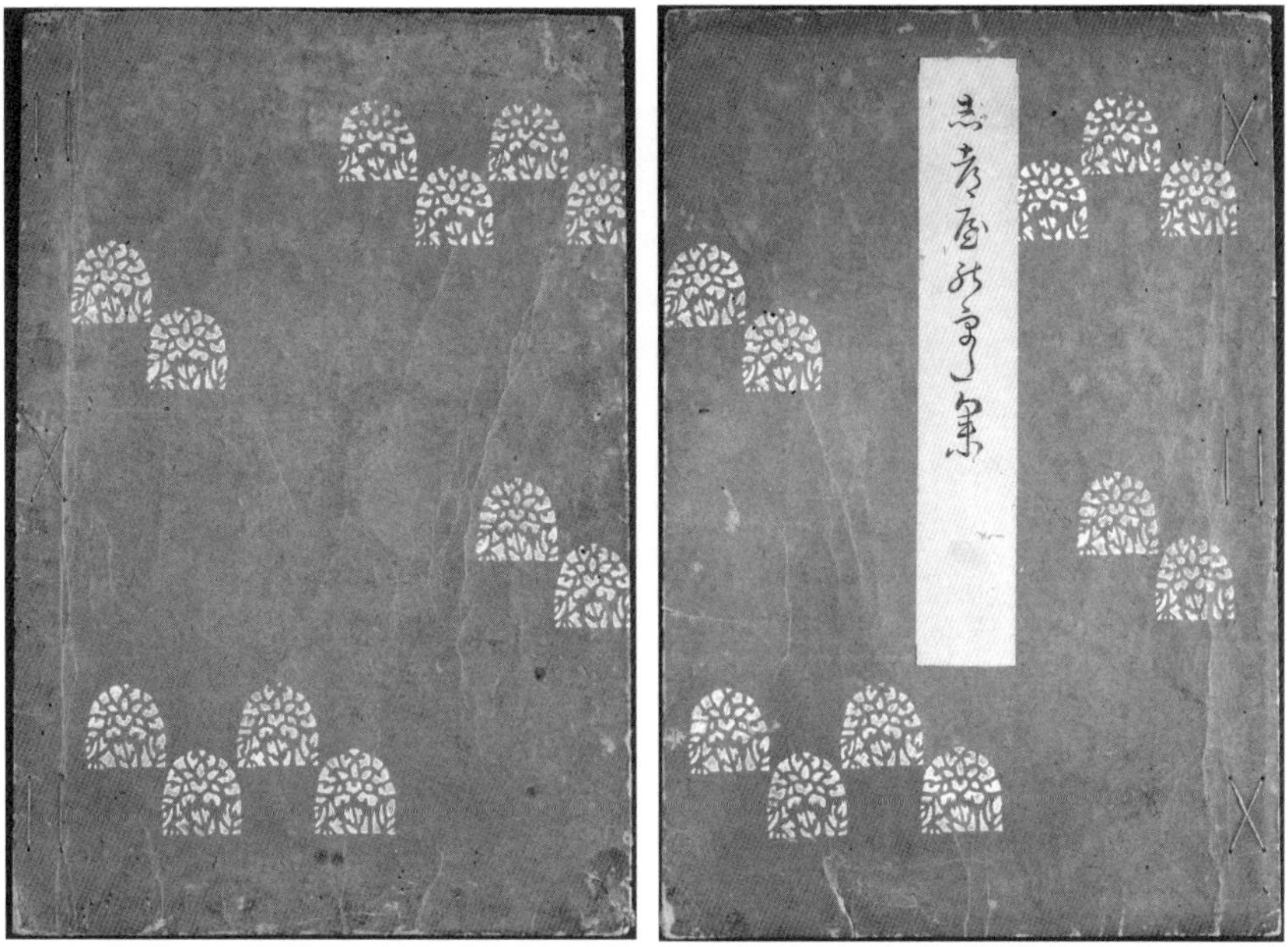

図1　しづ屋のうた集（寛政3年刊・大本1冊）（九州大学附属図書館雅俗文庫蔵）

中野は呼称が分からないとしてひとまず「化《け》粧《しょう》綴《と》じ」と呼んでいますが、こんな装訂は趣味以外の何ものでもありませんから、むしろ適切かつ素敵なネーミングなのではないかと感じます（むしろどの順で綴じていくのか、そちらにも惹かれます）。

さて、この「化粧綴じ」の装訂を持つ書物を、新たに二点紹介します。

一点めは『袖《そで》の香《か》』【図2】。「国書データベース」に拠れば、大阪公立大学杉本図書館森文庫蔵本の一本のみが知られ、その画像によって化粧綴じであることが確認できますが、ここには個人蔵本を掲出します。

本書は、伊予吉田《いよよしだ》藩主伊達村芳《だてむらよし》の妻である伊達満喜子《まきこ》が古稀を迎えるにあたり、師の本間《ほんま》游清《ゆうせい》に勧められて自詠を自撰した私家集です。「元日試筆」題の巻頭歌は「む月立《つきたつ》けふより筆を

図2　袖の香（弘化5年序刊・大本1冊）（個人蔵）

取初《とりそめ》て今年も花に月に遊ばむ」。謹直な詠みぶりが微笑ましいですね。都合七十首を四季・雑（恋部なし）に分類した小品（薄冊十一丁）で、游清の序と広瀬文炳（伝未詳）の跋を具備しています。満喜子は、四十一歳で夫村芳に死別したあと学問に励み、五十二歳の時には、その満喜子に和歌を教授するために伊予吉田藩に召し抱えられた游清に就学して和歌を学びました（本書は満喜子唯一の著作）。御覧のように、その表紙には橘花が版彩（空《から》摺《ず》り）であしらわれており、まことに瀟洒な逸品です。無刊記本なので、算賀《さんが》の配《くば》り本《ぼん》だったのでしょう。だからこそ、このような特殊な綴じ方を施したのだと思います。

二点めは『栄花物語系図』【図3】。著者の檜山《ひやま》義慎《よしちか》（坦斎《たんさい》）は、『花押譜《かおうふ》』（文化十三年〈一八一五〉序刊）の編纂で知られる江戸後期の和学者・鑑定家。二十点余りの著作があります。本書は、明暦二

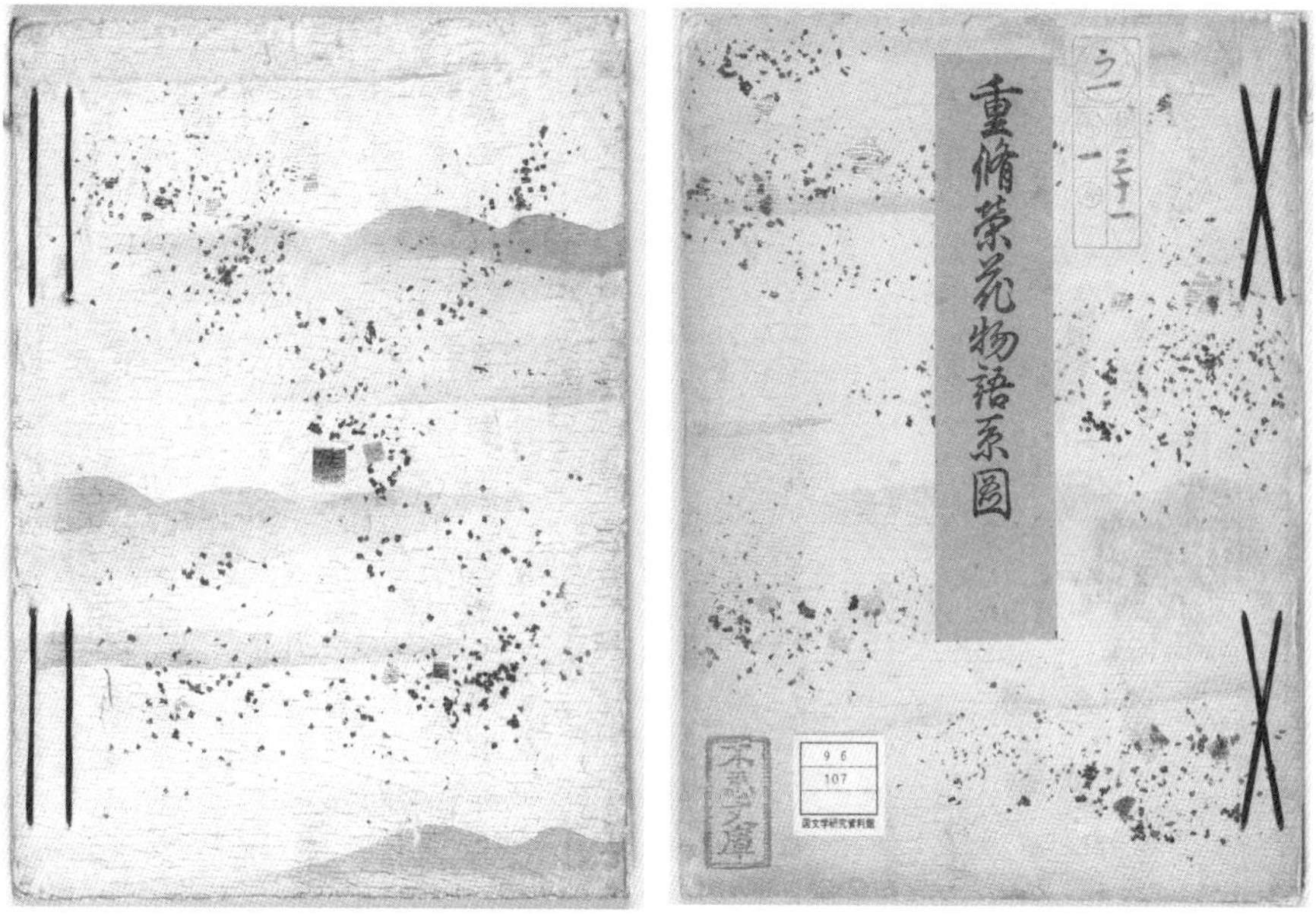

図3 栄花物語系図（天保3年序刊・大本1冊）（国文学研究資料館鵜飼文庫蔵）＊阿波国文庫・不忍文庫旧蔵（DOI：10.20730/200019152）

年（一六五六）刊本（中本二十一冊）に所載された「系図」の不備を正すべく編まれたもので、原題簽に「重脩栄花物語系図」と謳うのもそれゆえと見られます。天保三年（一八三二）の成島良譲《よしまさ》（幕府奥儒者成島司直《もとなお》の養子）の序を持つ無刊記本です。三十本ほど伝わる刊本の装訂はみな大和《やまと》綴《と》じ（なぜ通常の袋綴じではないのか、その理由は不明）ですが、そのうち原刊初印と思しい国文学研究資料館鵜飼《うかい》文庫蔵本や富山市立図書館山田孝雄《よしお》文庫蔵本は、御覧のように「化粧綴じ」なのでした（なぜこれらがこの特殊な綴じ方を持つのか、その理由はやはり全く分かりません）。

付記 『栄花物語系図』刊本にこの特殊な装訂を持つものがあることは、日本書房の西秋ユキヲ氏に教えられました。ここに記して、その学恩に感謝します。

講義6

表紙文様

本を彩る意匠の世界

齋藤真麻理

はじめに

日本古典籍の表紙を飾る文様は、唐草文様のように遙かシルクロードを越えて伝わったものもあれば、平安朝の美意識に磨かれた有職文様や、時代の流行に即した意匠も含まれるなど、長い歴史と文化を内包しています。現代においてなお受け継がれている文様も少なくありません。さまざまな文様は正倉院の御物《ぎょぶつ》にも見られるように服飾や調度品などの裂《きれ》から発達し、やがて古典籍の表紙のデザインへ取り込まれました。書物の表紙に、これほど多種多様な意匠と歴史を持つ文化は東アジアでも稀です。ですから、表紙文様は日本の古典籍文化の重要な一角を占めるものであると同時に、貴重な文化遺産でもあるのです。

表紙の文様や色に関する情報は、図書館の蔵書目録やデータベースの必須項目ではないため、必ずしもそこに詳細な情報が載っているとは限りませんが、その書物の制作された時代や作品のジャンル、内容そのものと関わっている場合があり、疎かにはできません。今は別々のコレクションに分蔵されている場合でも、同じ表紙を持っていることが分かれば、それらがツレであるといった見当をつけることもできます。いわば表紙文様はその書物の「顔」であり、それを知ることによって、より豊かな古典籍の世界を知ることができるでしょう。急速にデジタル画像の公開が進む一方、その本がどのような「顔」をしているのか、表紙の情報が共有されていない状況は大きな課題を残しているともいえ、データの活用が望まれます。

そこで本講義では代表的な表紙文様を取り上げて、名称や由来など、基礎的な知識について述べるとともに、それが日本の書物文化にとってどのような意義を有するのか、考えてみたいと思います。

一、表紙を「読む」

はじめに、「表紙」の定義を確認しておきましょう。

表紙　裱紙・褾紙と表記されることもある。書物の本文が記された部分を保護するために外側に添えられたもの。漢籍では裱《ひょう》・書皮《しょひ》と称される。

（『日本古典籍書誌学事典』「表紙」）

古典籍の表紙は単に書物の本体を保護するだけではなく、現代の出版物と同じように装飾性も企図されていますので、実にさまざまな意匠が凝らされています。そこで、表紙文様の面白さを端的に伝えている例を二つ挙げてみます。

家紋をあしらう──『平家物語図会』

まず、文政十二年（一八二九・前編）・嘉永二年（一八四九・後編）に出版された『平家物語図会』【図1】を紹介しましょう。源平の合戦のさまを描写した作品で、表紙には植物と蝶の文様がプレスされています。これらはそれぞれ、「笹竜胆《ささりんどう》」「浮線蝶《ふせんちょう》」と呼ばれる文様です。表紙全体にこの文様が散らされているので、名称としては「笹竜胆に浮線蝶散らし」などと呼ばれます。

この二種類の文様は、源氏と平家の家紋として広く知られていました。笹竜胆が源氏の家紋として親しまれていたことは、江戸時代の川柳からもよく分かります。

いのししに笹りんどうのゑふを立て　（『柳多留』一二一・一七七七年）

この句は、源頼朝が催した富士の巻狩において、家臣の新田四郎が手負いの猛猪に逆さまに乗って仕留めた、という有名な武勇伝を踏まえています（『曾我物語』巻八）。「ゑふ」（絵符・会符）とは、江戸時代に公家や武家の荷物を陸路で輸送する際、その持ち主を表示した荷札のことです。句の意味は「射られた猪に、源氏の家紋である笹竜胆の荷札が立ててあるよ」、笹竜胆という一語が源氏を連想させるのに十分な役割を果たしています。

一方の蝶紋は平家の家紋として知られています。実際には平清盛がそのような家紋を使った記録はありませんが、室町幕府第八代将軍、足利義政の頃の将軍家以下の家紋を集録した日本最古の紋帳『見聞諸家紋』

（DOI：10.20730/200020359）には、蝶紋の図に「伊勢平氏の紋である」という説明があります。つまり、『平家物語図会』は、書物の内容を象徴するような文様を表紙のデザインに選んでいるわけです。

笹竜胆は、歌舞伎の『勧進帳《かんじんちょう》』でも源氏を象徴する文様として使われますし、頼朝が幕府を開いた鎌倉市の市章は笹竜胆です。古典籍を彩った文様はさまざまな文芸と結びながら、現代まで脈々と受け継がれてきたことになります。

神紋をあしらう――『月詣和歌集』

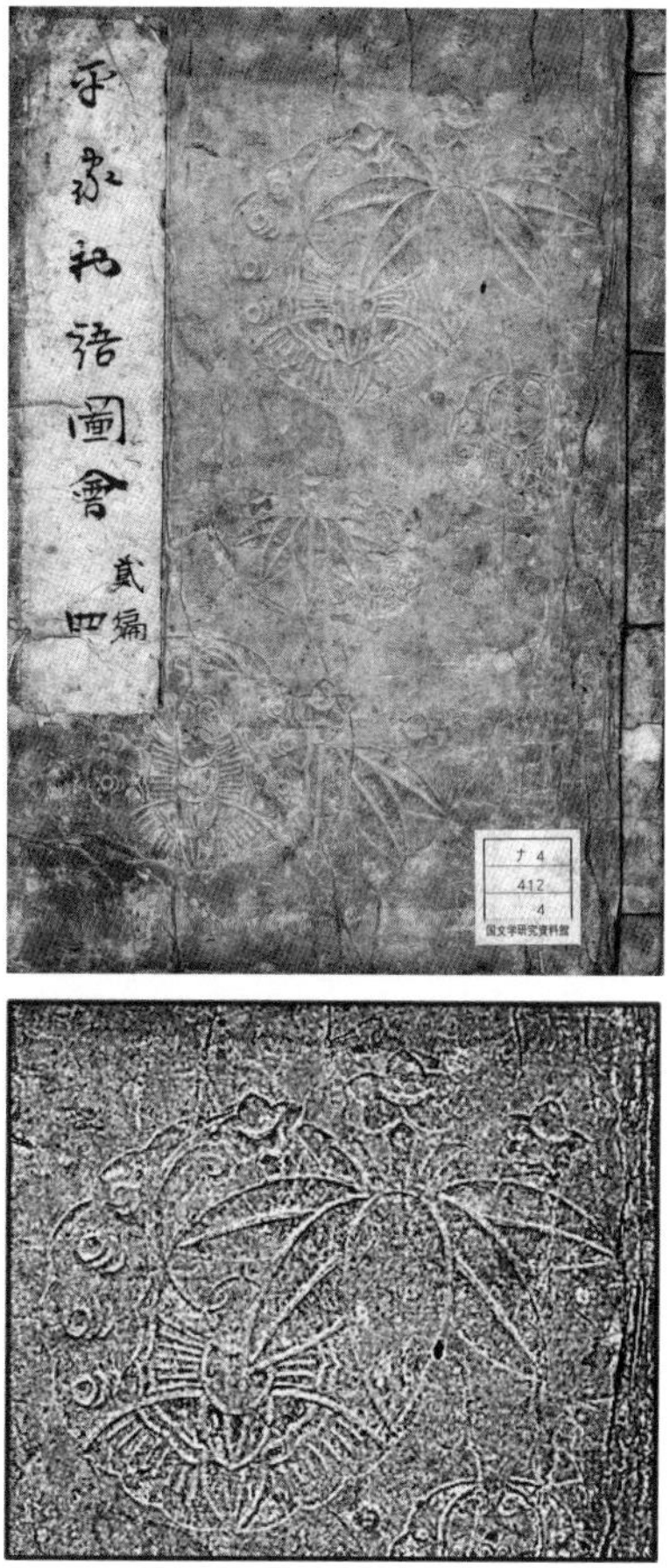
図1　嘉永2年（1849）刊『平家物語図会』（DOI：10.20730/200007493）下は拡大図。

続いて、平安時代に成立した『月詣和歌集』を挙げておきます。賀茂別雷《かものわけいかづち》社の神職、賀茂重保によって編纂された歌集で、書名は同社に参詣する人々の和歌を集めた歌集であるところから命名されました。**図2**はその版本の表紙で、「二葉《ふたば》葵《あおい》」と呼ばれる文様があしらわれています。二葉葵は賀茂社の神紋ですから、やはり作品にふさわしいデザインが選ばれています。

このように表紙文様に

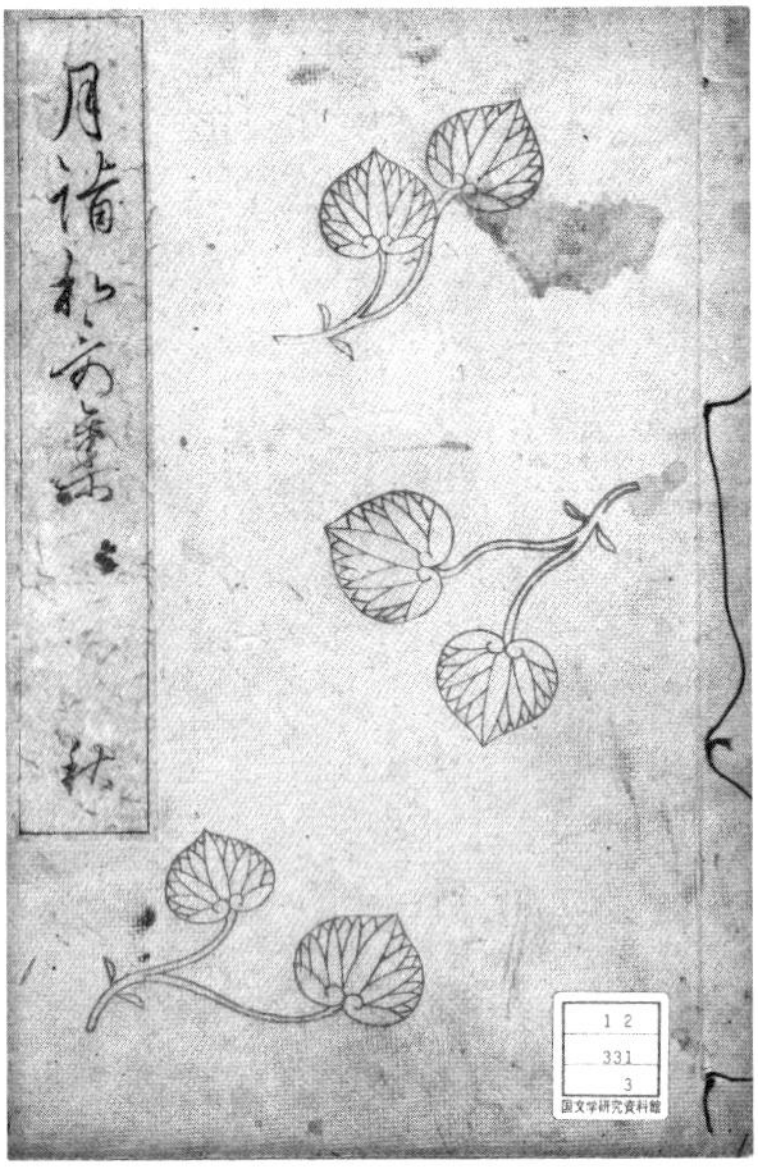

図2　初雁文庫蔵『月詣和歌集』文化５年（1808）刊（DOI：10.20730/200000291）

はそれ自体の美しさや楽しさがあって書物の魅力を高めていますが、文様が作品の内容やジャンル、時代性、伝来などにまで関わる情報を伝えている場合があります。

「表紙屋」の活動

江戸時代には古典籍の表紙を扱う「表紙屋」がありました。元禄三年（一六九〇）刊『人倫訓蒙図彙』巻六には「表紙屋」の項目が立てられ、「書本《かきほん》、板本《はんほん》、白紙《はくし》、品ぐ《しな》を本屋よりうけとり、かけるなり、むかしは一枚紙にてあり、中頃《なかころ》、うらうちいたし、表紙といふなり」と記されています。

また、近年、京都の「表紙屋」の活動を伝える資料が早稲田大学蔵『源氏物語』の表紙の内側から発見されました。それは表紙の補強材として使われていた反故で、彼らが製本を手がけるだけではなく、料紙を売ったり、奈良絵本の制作にも携わったりしていたことが分かりました。奈良絵本は美しい絵入り本として知られますが、制作実態はいまだ不明な点が多いので、その意味でも興味深い資料といえます（新美哲彦「近世前期の写本制作――伝三条西実枝筆『源氏物語』表紙裏反故から」『国語国文』72―7、二〇〇三年七月）。表紙裏反故は、表紙と見返しがきちんと貼り合わされている場合にはその有無さえ確認できませんが、もし一部の糊付けが剝がれていたら、そっと覗いてみると思いがけない発見があるかも知れません。書物文化を深く知るためには、表紙のオモテだけではなく、ウラの顔も重要なのです。

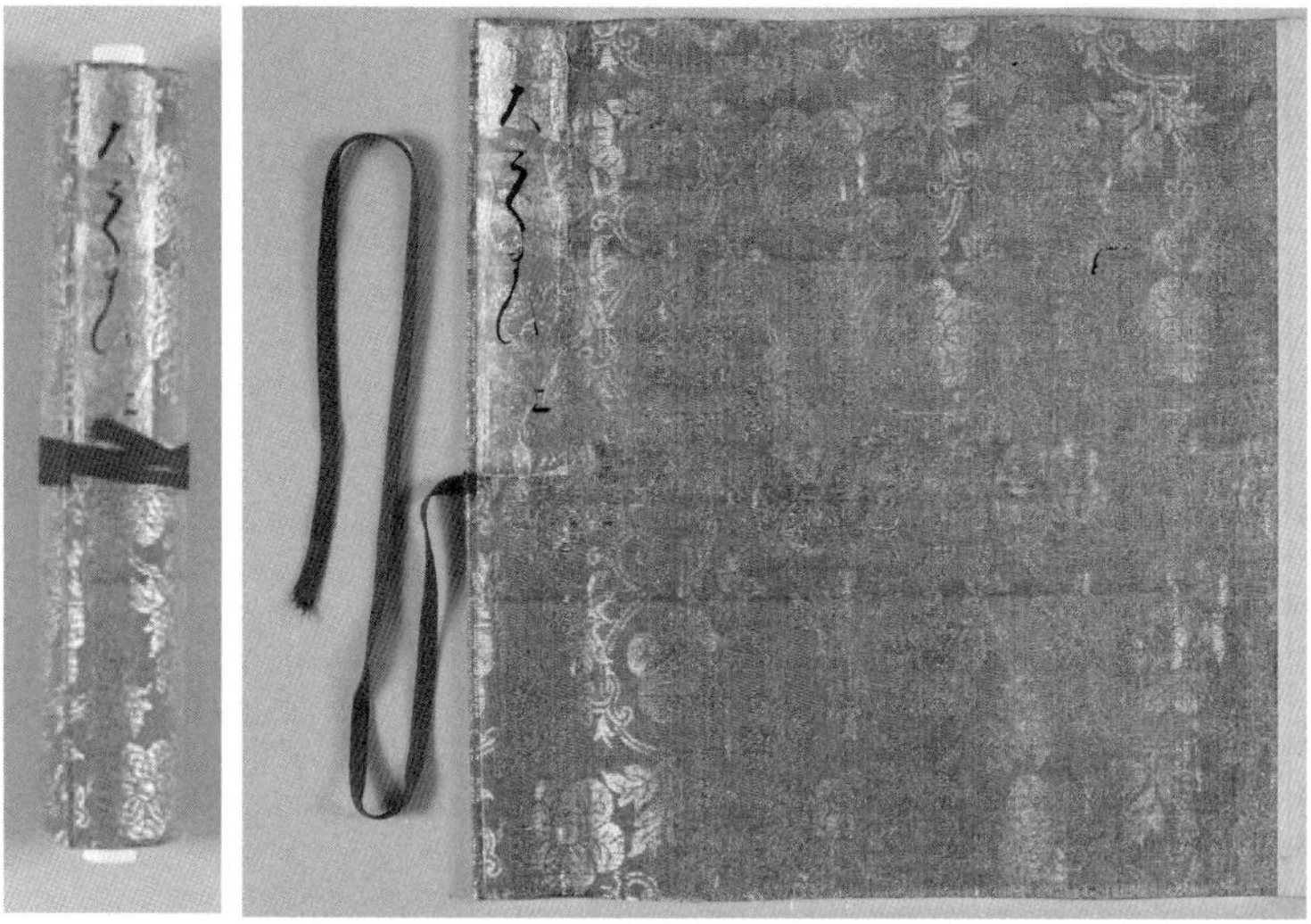

図3　『大黒舞』より表紙・巻姿　江戸時代前期写
布表紙　縹色地に唐草文様金襴表紙　(DOI: 10.20730/200006198)

二、表紙の種類

それでは、表紙の種類について整理してみましょう。

表紙の枚数で分けると二種類あり、一枚ものと二枚ものに大別されます。一枚ものは巻子装《かんすそう》の場合です。つまり、**図3**の『大黒舞』のように、巻子装の表紙は軸を中心に巻かれた本体を一周する形状なので、一枚で足ります。冊子装の場合は、前表紙と後ろ表紙の計二枚が必要です。

次に、素材から考えるとこれも概ね二種類、布表紙と紙表紙に分けられます。布表紙は「裂《きれ》表紙」とも呼ばれます。ほかに板表紙などもありますが、ここでは代表的な二種類について述べます。

布表紙の場合、素材は麻、錦、緞子などが用いられます。傷みやすい素材ですから、実用よりも装飾性が重視された表紙といえるでしょう。室町時代以降の棚飾りのための冊子や、婚礼道具として作られた嫁入り本、江戸時代前期に流行した奈良絵本と称される豪華絵入り本などにはしばしば美しい金襴緞子が使われています。版本では献上目的や嫁入り本などの上製本以外、布表紙の例はきわめて少ないようです。

最もよく目にするのは紙表紙です。代表的な例をいくつか挙げておきましょう。

素紙表紙　その本の本文が書かれている紙と同じ素材を使った表紙で、共紙《ともがみ》表紙とも呼ばれます【図4】。

図4　『阿仏のふみ』 江戸時代前期頃写　共紙表紙
（DOI:10.20730/200009653）

香表紙　丁字《ちょうじ》という染料で染めたもので、一例として「麗花集断簡　香紙切」を文化財オンラインで見られます。丁字はスパイスのクローブのことで、独特の芳香があります。平安時代に日本へもたらされ、高級品として珍重されました。また、類似した薄茶色の表紙を香色表紙と呼びます。

渋引き表紙　柿の渋を塗った栗色の表紙で、栗皮表紙とも呼ばれます。何度も渋を塗ったものは艶が出て、風情があります。この表紙は比較的虫に強いと言われ、古活字版や仏教書、漢籍などに多く見られます。

紺紙金泥《こんしきんでい》表紙　藍で染めた紺色の紙に、金銀の泥で草花や風景などの下絵を描いた美しい表紙です。古くは経巻に使われ、後には物語や歌書などに多用されるようになりました。奈良絵本にもこの表紙を持つ作例は多く、表紙のデザインによって書物のジャンルがゆるやかに括られている場合があります【図5】。

図5　『花鳥風月』江戸時代前期写
奈良絵本　紺紙金泥表紙
(DOI:10.20730/200015549)

図6　『伊曽保物語』　丹表紙
(DOI:10.20730/200021086)
下は表紙ウラ

丹表紙　赤橙色の表紙ですが、水銀が含まれているために酸化し、鉄色や銀色に変色しやすい性質があります。本の内側や見返しなど、経年変化の少ない部分を探して確認することが大切です。幕末明治期の本に多い鮮やかな朱色表紙は、丹表紙とは呼びません。**図6**はオモテから見ても文様が視認できませんが、剥がれている見返しから覗くと、文様の凹凸が見えます。この文様については後述しますが、江戸時代の早い時期に集中して見られることが指摘されています。

刷つけ表紙　合巻《ごうかん》など、表紙全体に錦絵を印刷した華やかな表紙です【図7】。

図7 『児雷也豪傑譚』 合巻（DOI：10.20730/200004250）

三、表紙文様の技法——艶出しと空押し

書物の表紙は経年劣化により文様が擦れて、視認しづらい場合が少なくありません。一見、無地に見えることもあるので、原本をいろいろな角度から観察し、光の当たり方を変えるなどして丁寧に確認して下さい。

ここでは表紙文様を施す技法の中から、よく用いられていながら、文様を見落としがちな例を紹介します。それは凹凸のある型を使って表紙に文様を施す技法で、「艶出し」と「空押《から》し」の二種類の方法があります。

艶出し　「丹色・藍色・墨色などの表紙の下に文様を彫った木型を置き、上から文様の部分を象牙などでこすって」艶を出し、文様を写す方法で、江戸時代初期以降によく見られます（落合博志「古典籍の原本を見る」『古典籍研究ガイダンス』、国文学研究資料館編、笠間書院、二〇一二年初版）。空摺《から》り、摺り出し、擦り込み、磨き出し、研《みが》きなどとも称されますが、今は『日本古典籍書誌学事典』の項目名に従います。表紙のオモテには凹凸がないので、先述のとおり、見返し剝がれなども確認してみましょう。

空押し　凹凸のある版木に表紙を当て、文様をつける方法で、朝鮮本の影響が指摘されています。押し、押し型、型押し、打ち出し、浮き出しとも呼ばれます。艶出しと混同される場合がありますが、表面に凹凸があれば「空押し」、裏面にのみ凹凸があれば「艶出し」と、区別するとよいでしょう。大名家など、所蔵者の家紋がある場合も見られます。家紋は布表紙に織り込まれたり、見返しに添えられたりもします。とくに豪華本の見返しは要注意です。

こうした技法によって、表紙には単一の文様のみをあしらったものや、地文様の上に別にアクセントとなる文様を重ねたもの、文様の間隔を開け、散らすように配置する「散らし」文様など、それぞれに意匠が凝らされています。

そこで、次は代表的な文様を見てゆくことにしましょう。

四、文様のさまざま

ここではよく見かける表紙文様に絞り、（一）幾何文様・地文様、（二）自然・唐草・動植物にゆるやかに分けて説明します。

（一）幾何文様・地文様

幾何学的な文様は地文様によく使われます。

図8　文化5年（1808）刊『俳諧七部集』布目
（DOI：10.20730/200017025）
下は拡大図。

布目　一見、無地に見えますが、布の表面のような凹凸文様があります。見返しにも布目地の金紙が使われることがあります【図8】。

卍《まんじ》　卍という文字を崩して連ねたようなかたちで、紗綾形《さやがた》とも呼ばれます。もともと仏菩薩の胸などに現われた吉祥・万徳の相を示す文様で、平安時代中期の『往生要集』大文第四の四「観察門」には、「胸に万字有り、実相印と名づけ、大なる光明を放つ」と記されています（胸有㆓万字㆒、名㆓実相印㆒、放㆓大光明㆒）。慶安五年（一六五二）刊『奥義抄』【図9】の表紙は、オモテから見ても文様は摩滅して判別できませんが、ウラには凹凸が浮かび上がっており、「卍繋ぎ地に牡丹唐草」文様が確認できます。このようにある文様が連続するかたちを「繋ぎ」と呼びます。

雷文　稲妻形に屈折し、方形の渦巻き状になった文様を「雷文」と呼びます。寛永無刊記本『徒然草』【図10】の表紙では、雷文を襷《たすき》がけのように並べた「襷文」として地文様がデザインされています。その襷地の間に、鳥のような姿の動物が見えるのは先掲の『伊曾保物語』と同じ「雨竜《あまりょう》」で、比較的古い版本に使われています（前掲落合論文）。

雨竜は中国渡来の龍の一種で、雨を起こすと信じられた霊獣でした。東洋文庫の岩崎文庫に所蔵される貴

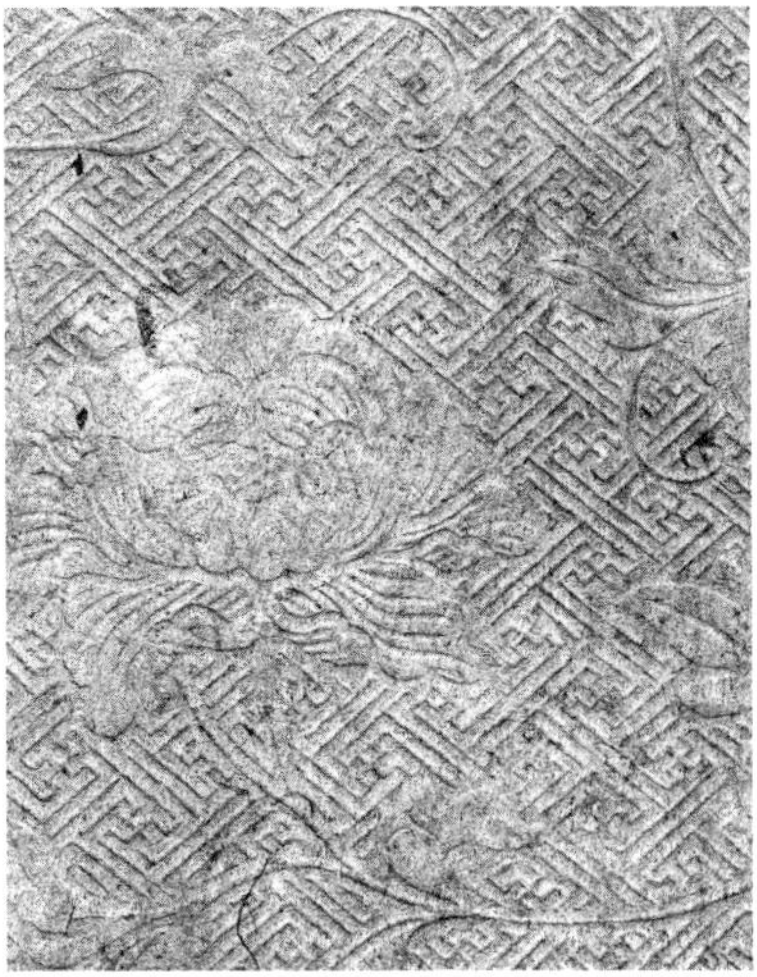

図9　慶安５年刊『奥義抄』(表紙ウラ)
卍繋ぎ地に牡丹《ぼたん》唐草
(DOI:10.20730/200000991)

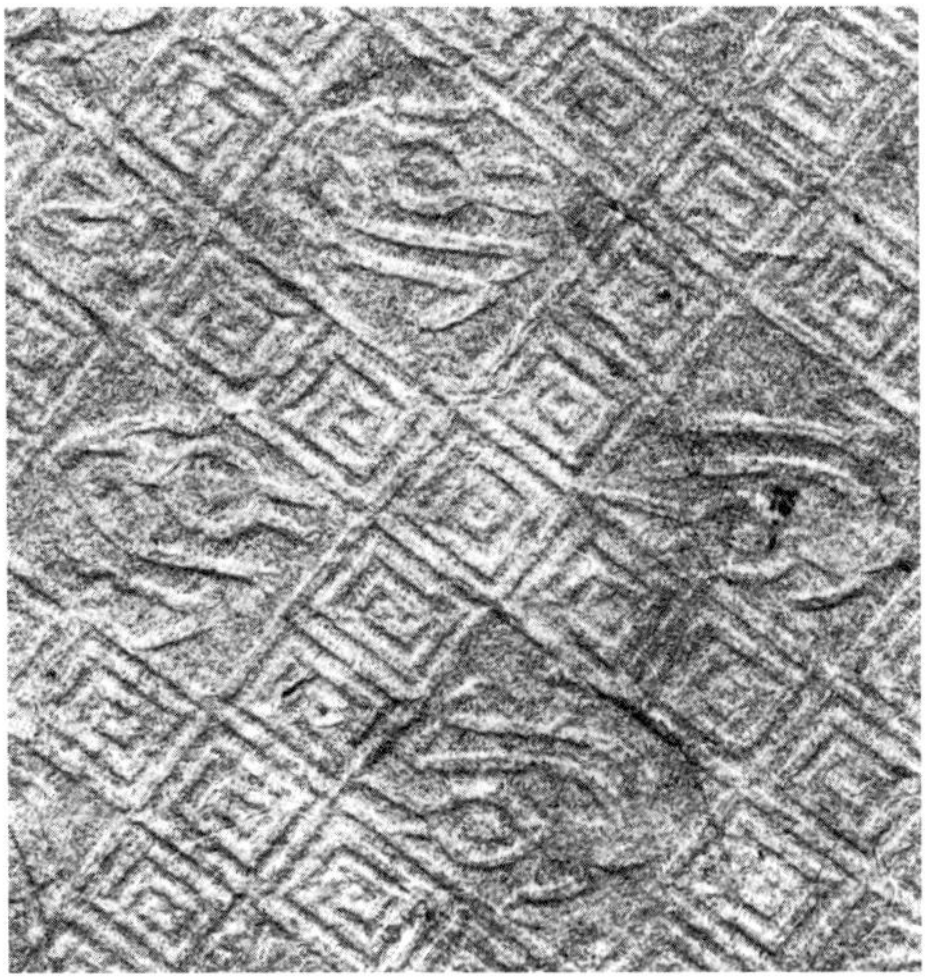

図10　寛永無刊記『徒然草』(表紙ウラ)
雷文襷地《らいもんたすきじ》に雨竜《あまりょう》(DOI:10.20730/200002162)

重書『かげきよ』にも、同じ表紙が使われています（請求番号三-A-d-10。同文庫「画像データベース」より全文カラー画像を公開）。近代に入っても表紙文様は受け継がれてゆき、明治期刊『青丘詩鈔』（国文学研究資料館）の表紙は雷文繋ぎ地蓮華唐草文様が施されています。

麻の葉繋ぎ　図11は江戸後期刊『方丈記之抄』の表紙です。「麻の葉繋ぎ」の上に、小さな松と菊、即ち、「若松」と「小菊」の描かれた円が刷られています。この表紙は「行成表紙」とも総称されます。平安時代の三蹟の一人とされる能書家、藤原行成（九七二～一〇二七）好みの紙である「行成紙」を用いた表紙、という意味で、江戸時代中期以降に多く見られます。薄い色の紙に、麻の葉繋ぎや亀甲繋ぎなどの地文様と、菊や松葉などの丸文様をあしらったデザインが特徴です。明和五年（一七六八）刊『孔雀楼筆記』巻二によれば、行成紙は高価で、貧乏な文人が用いるような品ではなかったそうです。天保五年（一八三四）に成立した曲亭馬琴の『近世物之本

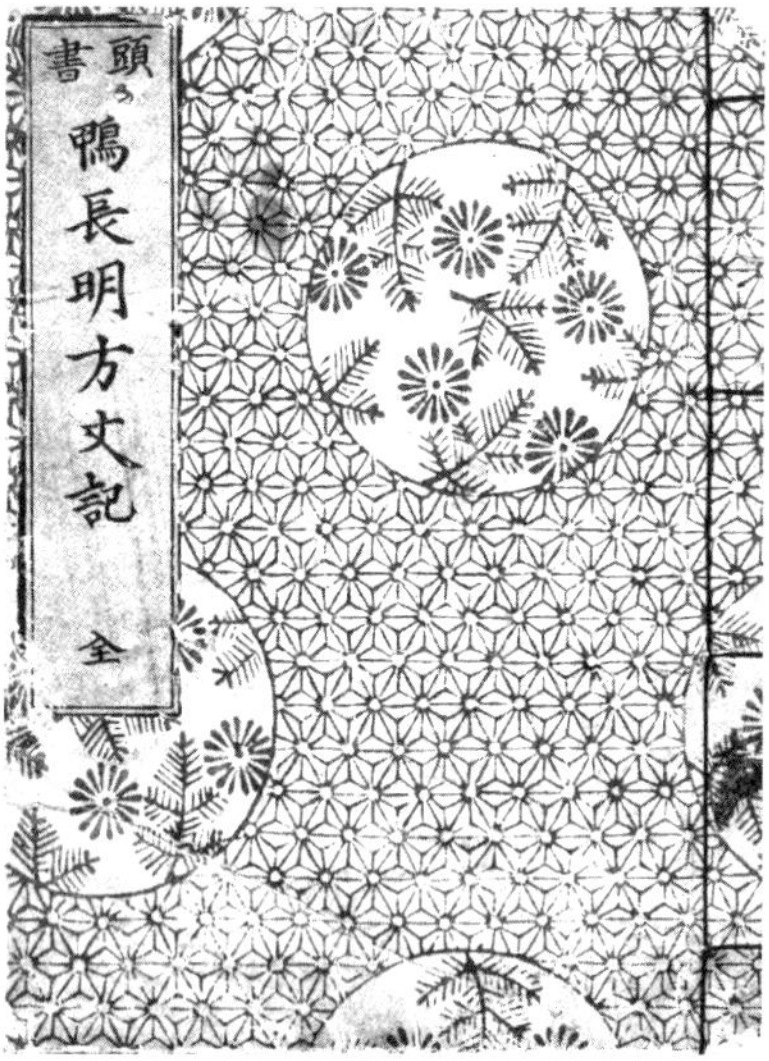

図11　高乗勲文庫蔵『方丈記之抄』　江戸後期刊　麻の葉繋ぎ地に小菊と若松の丸散らし行成表紙
（DOI：10.20730/200015862）

図12　『源氏物語』　毘沙門亀甲地　江戸時代中期写
（DOI：10.20730/200016470）

江戸作者部類』巻一には、享保（一七一六～一七三六）以前、御伽草子や浄瑠璃正本などの表紙に「紗綾形、或は毘沙門亀甲形なる行成標紙」が使われたと記されています（中野三敏『書誌学談義　江戸の板本』、岩波書店、一九九五年など参照）。

ここでも、表紙文様によって作品のジャンルが区分けされているらしいことが窺えるでしょう。国文学研究資料館蔵の黒本『周防内侍』（DOI：10.20730/200005566）も行成表紙で、地文様には「毘沙門亀甲」が使われています。

亀甲　表紙文様には祝言性を帯びたものが多く、その代表格が亀甲で、長寿を象徴する亀の甲羅が象られています。よく知られている文様ですが、バリエーションが多く、一見、亀甲に見えないような例もあります。その一つが「毘沙門亀甲」です。江戸時代中期写『源氏物語』の地文様がそれです。毘沙門天の鎧にこの文様があることから命名されたとも言われています【図12】。

図13　文久3年（1863）刊『江戸大節用海内蔵』
七宝繋ぎ地に藤輪に片喰《かたばみ》文
（DOI：10.20730/200004490）

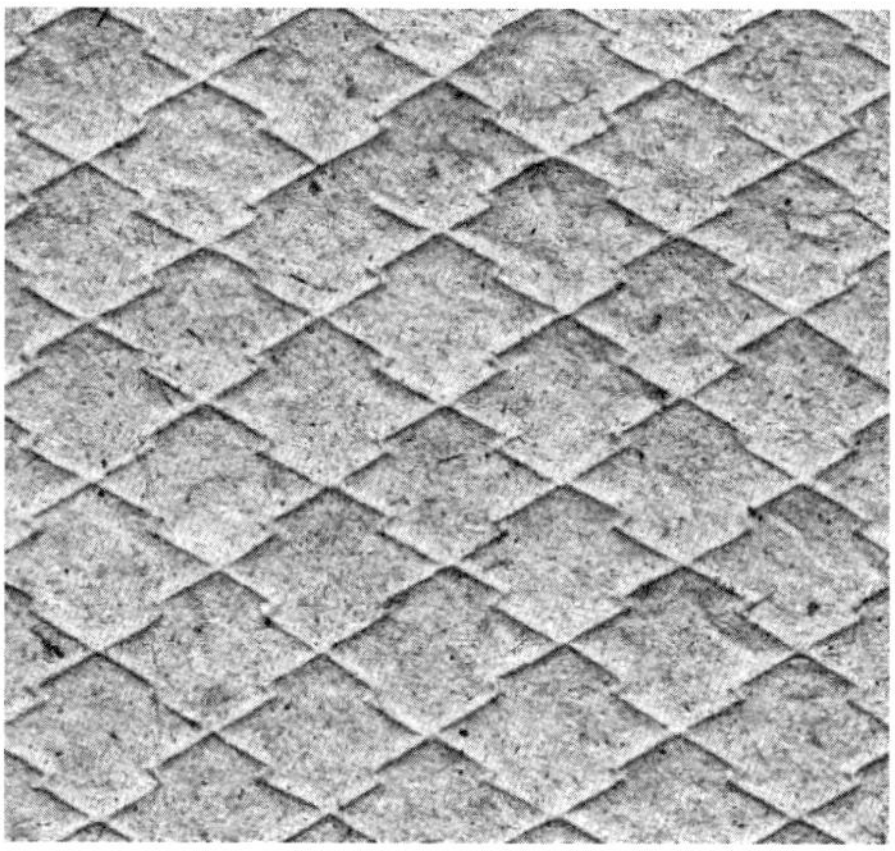

図14　江戸後期刊『枕詞燭明抄』（表紙ウラ）
（DOI：10.20730/200006564）

七宝繋ぎ　これも祝言性を帯びた文様で、輪違い文、四方襷などとも呼ばれます。文久三年（一八六三）刊『江戸大節用海内蔵』の表紙は「七宝繋ぎ」の上に「藤の丸」があり、その円の中に花びらが三枚ある花「酢漿草《かたばみ》」が添えられています【図13】。

酢漿草は早くから家紋ともなり、愛好されました。このように、表紙文様を調べる際には家紋に関する文献もしばしば有益な手がかりを与えてくれます。

菱文　戦国武将の武田家の家紋が有名ですが、実にバリエーションが豊かです。たとえば、江戸後期刊『枕詞燭明抄』の表紙も菱文の一種、「松皮菱」を使っています【図14】。少しごつごつした文様はいかにも松の木の皮のようです。

立涌《たてわく・たちわく》　雲が勢いよくわき起こるさまを表した吉祥文様で、代表的な有職文様でもあります【図15】。

この文様は奈良絵本の挿絵でも、貴族性を表す常套表現としてよく使われています。慶應義塾大学蔵の『酒呑童子』の公卿の衣装や、『ぶんせう』の几帳の柄などはその例で、同大学H

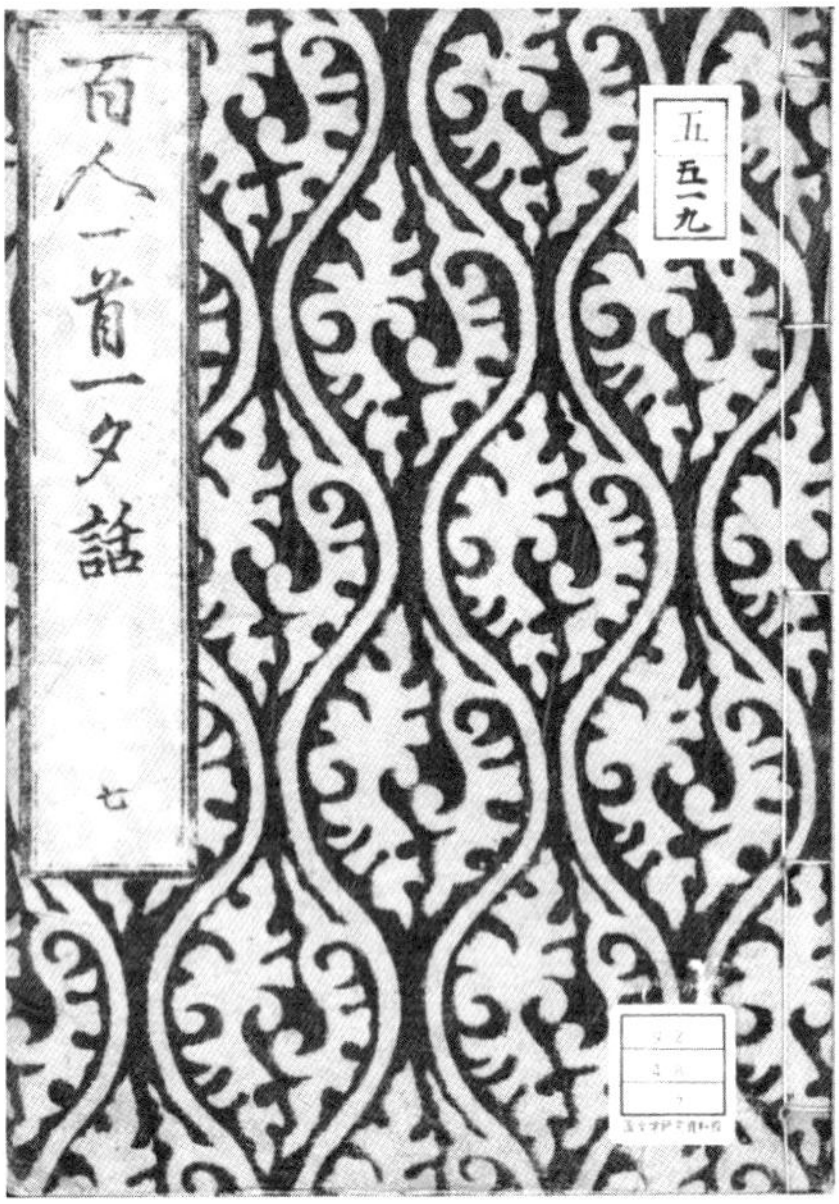

図15　天保４年（1833）刊『百人一首一夕話』雲立涌（DOI：10.20730/200000999）

図16　田安徳川家資料『三十六人歌合巻物形』墨流し（DOI：10.20730/200023828）

Pから全画像が公開されています。後者はややかたちが崩れていますが、高貴なイメージを持つ立涌文様が主人公の姫君の調度品に似つかわしいと考えられたのでしょう。絵巻や絵本の挿絵の読解に際しても、文様の知識は重要です。

墨流し　水面に松脂を加えた墨汁を落とし、中心を細い棒で突いて墨を拡散させるなどして現れるマーブル状の文様を、紙を浸して写し取り、料紙装飾として用いることが古くから行われました【図16】。最古例の西本願寺本『三十六人集』をはじめ、この技法を用いた名品が多数伝存します。『古今和歌集』巻十には墨流しを詠み込んだ一首「春がすみなかし通路なかりせば秋くる雁は帰らざらまし」（在原《ありわらの》滋春《しげはる》）が見え、九世紀初頭にはこの料紙装飾が存在した証左とされています。一条兼良の『尺素往来』には、次項の「打曇り」とともに、墨流しが懐紙や短冊に用いられたとあり

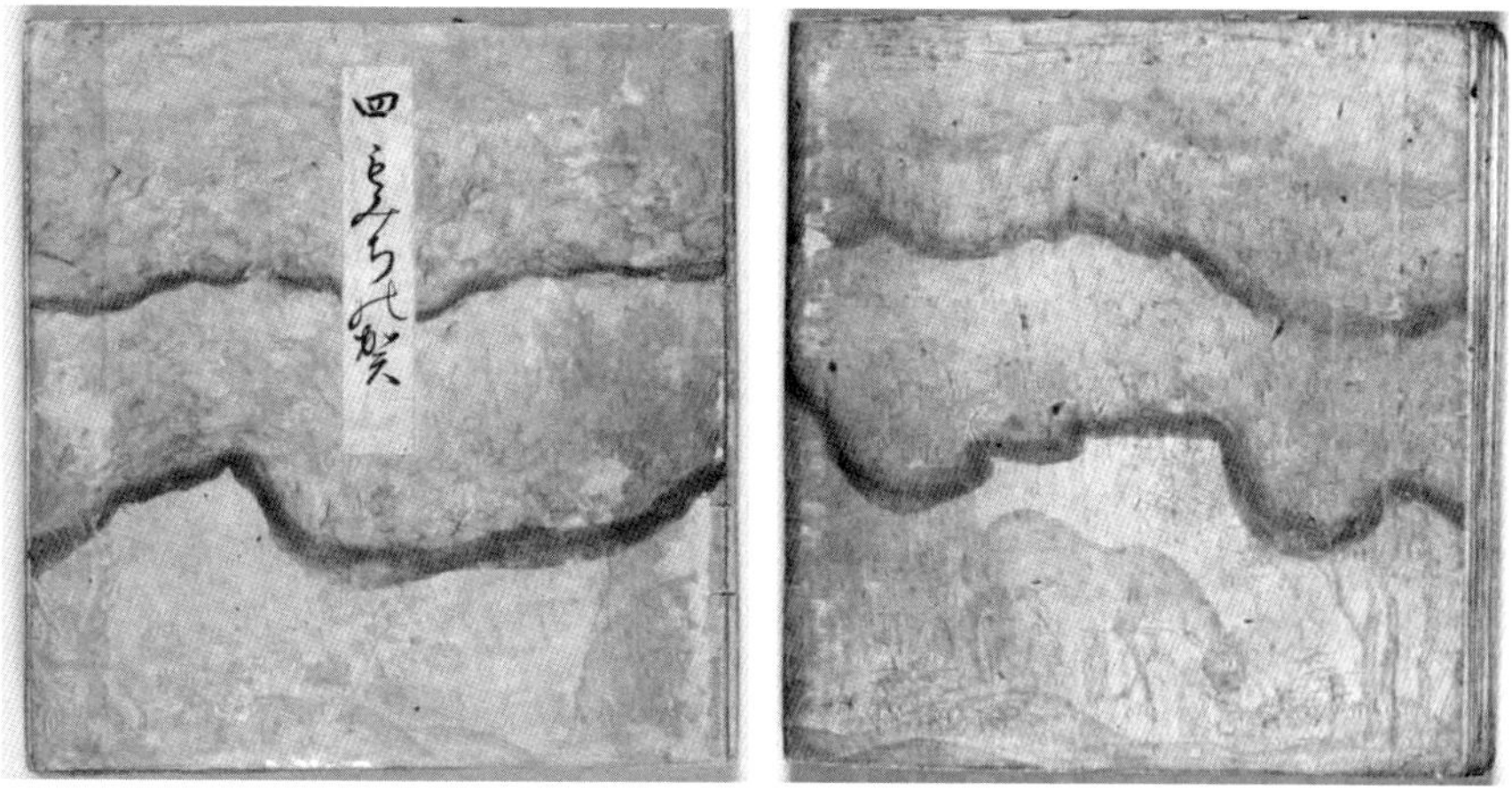

図17　『源氏物語』打曇りに源氏絵(DOI:10.20730/200016474)

ます。墨流しは古典籍の表紙文様としても用いられ、長く愛好された文様の一つです。

打曇り　雲紙《くもがみ》とも呼ばれ、墨流しと同じく古くから用いられた料紙装飾の一つです。料紙装飾については多くの先行研究があり、『彩られた紙　料紙装飾』(徳川美術館、二〇〇一年)なども参考になるでしょう。打曇紙の最古例としては宮内庁三の丸尚蔵館蔵『雲紙本和漢朗詠集』等が有名で、連歌懐紙や短冊にもよく使われました。通常は天と地を象って、上が青、下が紫に染められていますが、仏事などに使用される場合は、上が紫、下が青に染められています。**図17**の『源氏物語』は打曇りの表紙に金泥で各巻にゆかりの文様を金泥で描いた美麗な本で、「桐壺」の巻は三条西實隆筆とされ、桐の花などが添えられています。「賢木」の前表紙には鳥居を、「蓬生」の後ろ表紙には傘を描き添えるなど、伝統的な源氏絵に沿いながらも、「若菜下」の前表紙中央に大きな猫を描いたり、「紅葉賀」の前表紙には紅葉と鼉太鼓、後ろ表紙には樹下で草を食む馬を描いたりしています。後者は色好みで有名な源典侍の扇に書かれていた「大荒木の森の下草老いぬれば

図18-1　岩津資雄旧蔵書『万葉集』
文化２年（1805）刊　横刷毛目（刷毛引）
（DOI：10.20730/200016204）

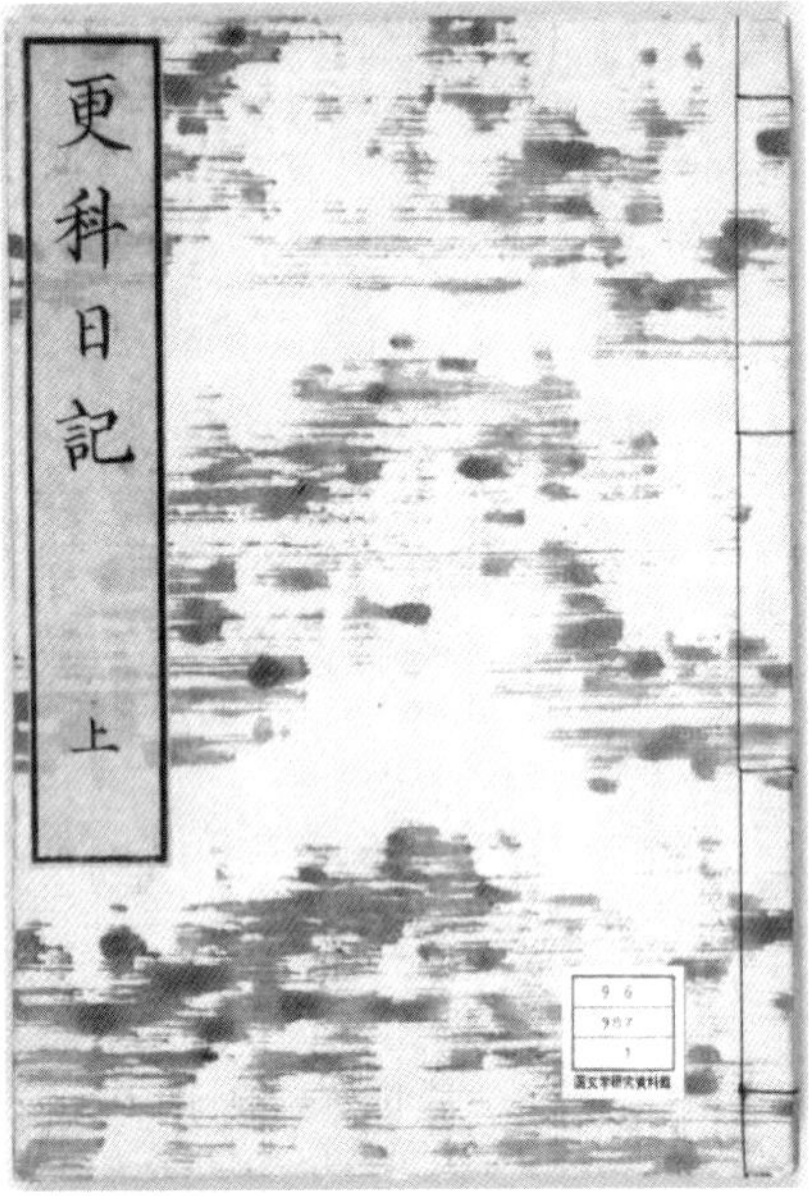

図18-2　鵜飼文庫蔵『更科日記』
天保９年（1838）刊　横刷毛目（渋引）
（DOI：10.20730/200019896）

駒もすさめず刈る人もなし」を踏まえたものでしょう。遊び心を感じるこのような表紙絵を誰が指示して作らせたのか、興味を引かれます。

刷毛目　どこの図書館にも必ず所蔵されているのではないかと思うほど、よく見かける文様です。バリエーションは多いですが、呼称はほぼ見たままの状態に「刷毛目」ということばを添えます。たとえば、「横刷毛目」「波刷毛目」「斜め刷毛目」「格子刷毛目」。滲んだような風情があるものは「渋引」で、「横刷毛目（渋引）」などと呼ばれます【図18】。

最後に、伝統的な有職文様から、「蜀江錦」を挙げておきます【図19】。これも予備知識がないと探すのが難しいかもしれません。八角形と四角形を連続して繋ぐのが典型的な例で、表紙文様にしばしば登場します。もともとは中国の蜀地方で作られた、鮮やかな赤い織物の名で、

図19　碧洋臼田甚五郎文庫蔵『竹取物語』
江戸時代前期写　蜀江錦
（DOI：10.20730/200032826）

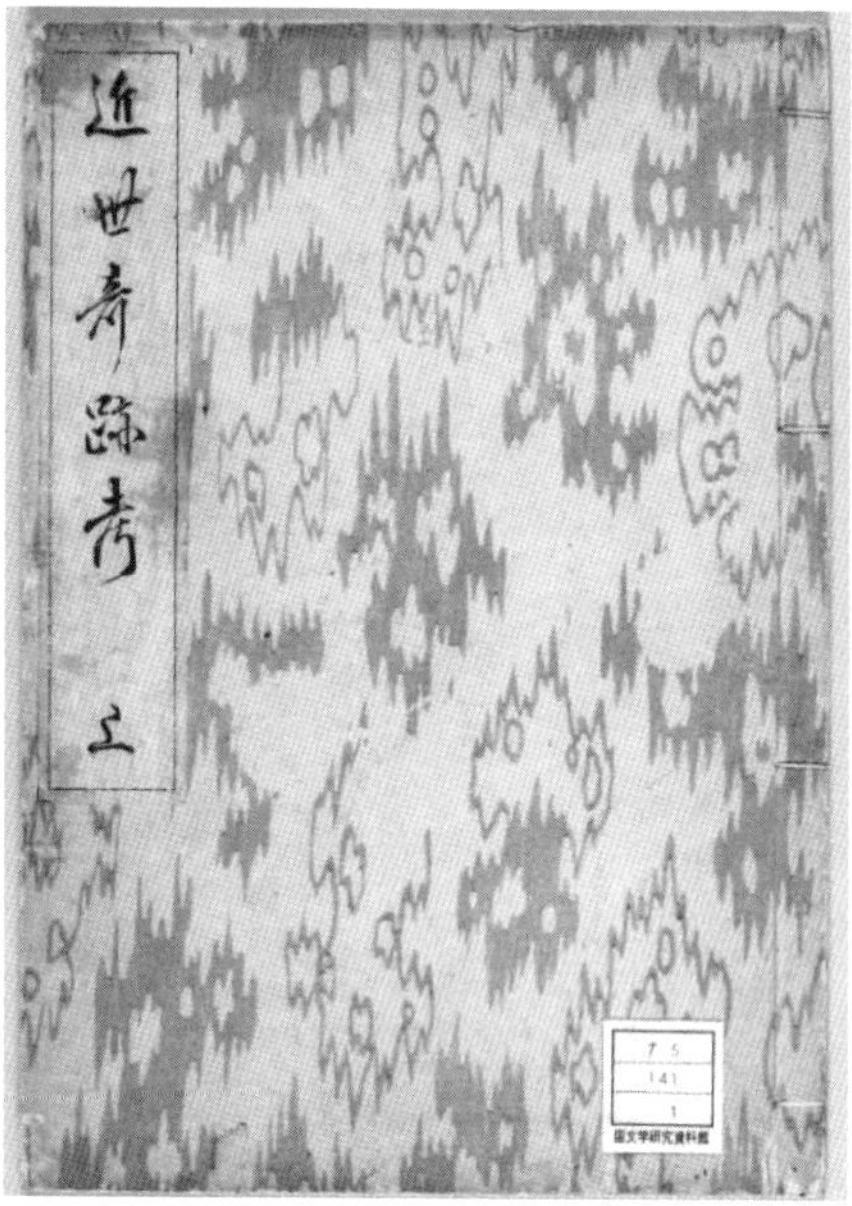

図20　幕末明治期刊『近世奇跡考』　朽木雲
（DOI：10.20730/200008259）

飛鳥時代から日本でもこれをまねて製作し、法隆寺に最古の作例があります。

（二）自然・唐草・動植物

まずは雲の文様から。瑞雲を意識した多くのバリエーションがあり、「雲中に鶴」（明治十五年刊『倭訓栞』）のように、祝言性を帯びた文様も多く見られます。

「朽木雲」は朽ちて腐った木目を雲に見立てて命名されたといいます【図20】。歴史は古く、『枕草子』にも几帳などに使われたことが記されています。代表的な文様「唐草」も実に種類が多く、元禄十六年（一七〇三）刊『松の葉』の表紙は「桐唐草と鳳凰の丸」【図21―1】。鳳凰は優れた皇帝や人物が世に出ると姿を現す想像上の瑞鳥で、梧桐に棲むと考えられていました。ここでは桐と鳳凰とが組み合わされ、めでたい文様として

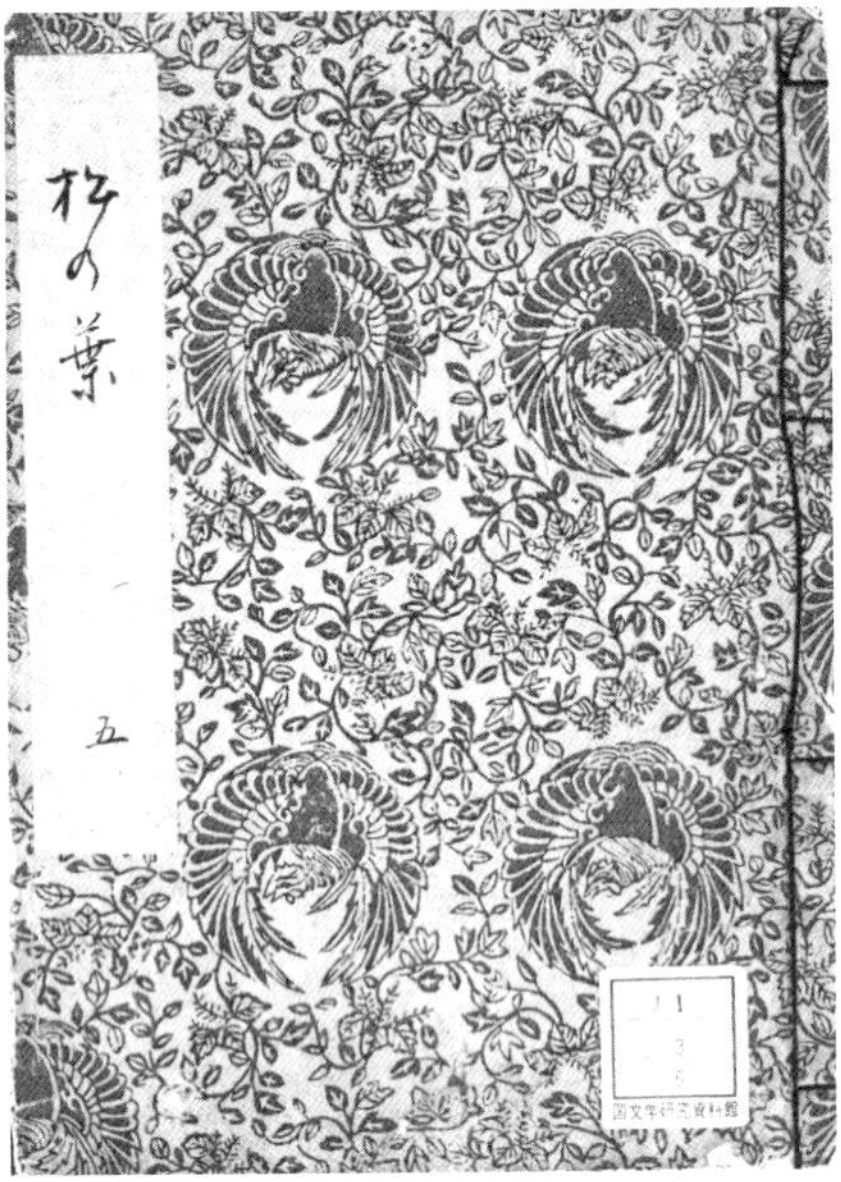

図21-1　元禄16年（1703）刊『松の葉』
桐唐草と鳳凰の丸
（DOI：10.20730/200002600）

図21-2　高乗勲文庫蔵『徒然草』
万治２年（1659）刊　蓮華唐草に梅鉢散らし
（DOI：10.20730/200015971）

表紙を飾っています。なお、「桐竹鳳凰」は天皇の用いる代表的な有職文様でした。万治二年（一六五九）刊『徒然草』の「蓮華唐草」も多用されます【図21―2】。

植物文様は桜や菊、松、藤、菖蒲など、形から比較的検討がつきやすいかと思いますので、ここでは表紙文様としてよく使われているけれども、いざ、書誌情報として記載しようと思うと難しそうな例をいくつか紹介しておきます。

まず、「信夫」というシダ類です。「しのぶぐさ」の略で、土がなくても堪え忍んで育つことから命名されたともいいます（『大言海』）。明治九年刊『十符の菅薦』は「布目地に信夫の丸散らし」【図22】。信夫が円形で、地文様は布目。天保四年（一八三三）刊『茅窓漫録』（DOI：10.20730/200002247）にも「信夫」があしらわれており、文様名は「布目地に信夫と蝶」です。

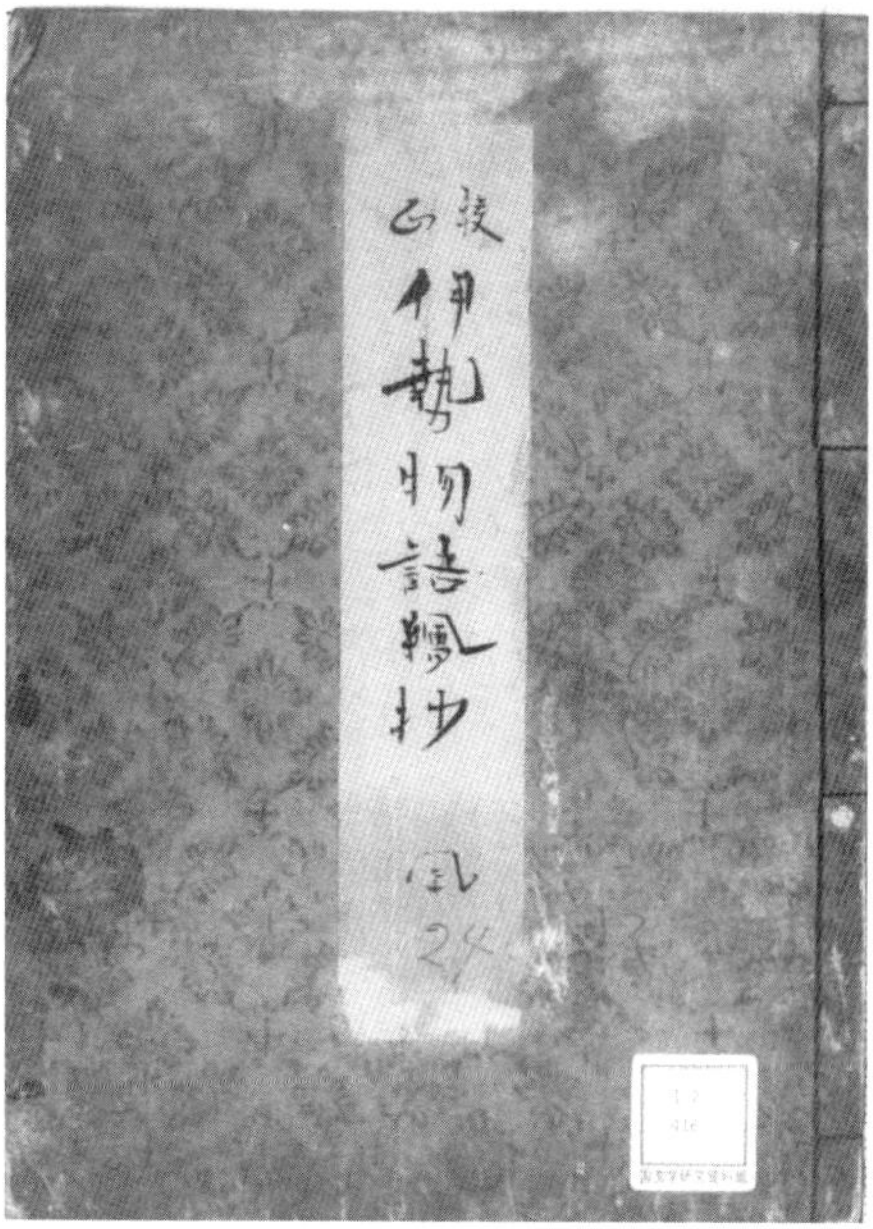

図23　初雁文庫蔵『伊勢物語絵抄』
元禄６年（1693）刊
（DOI：10.20730/200003307）

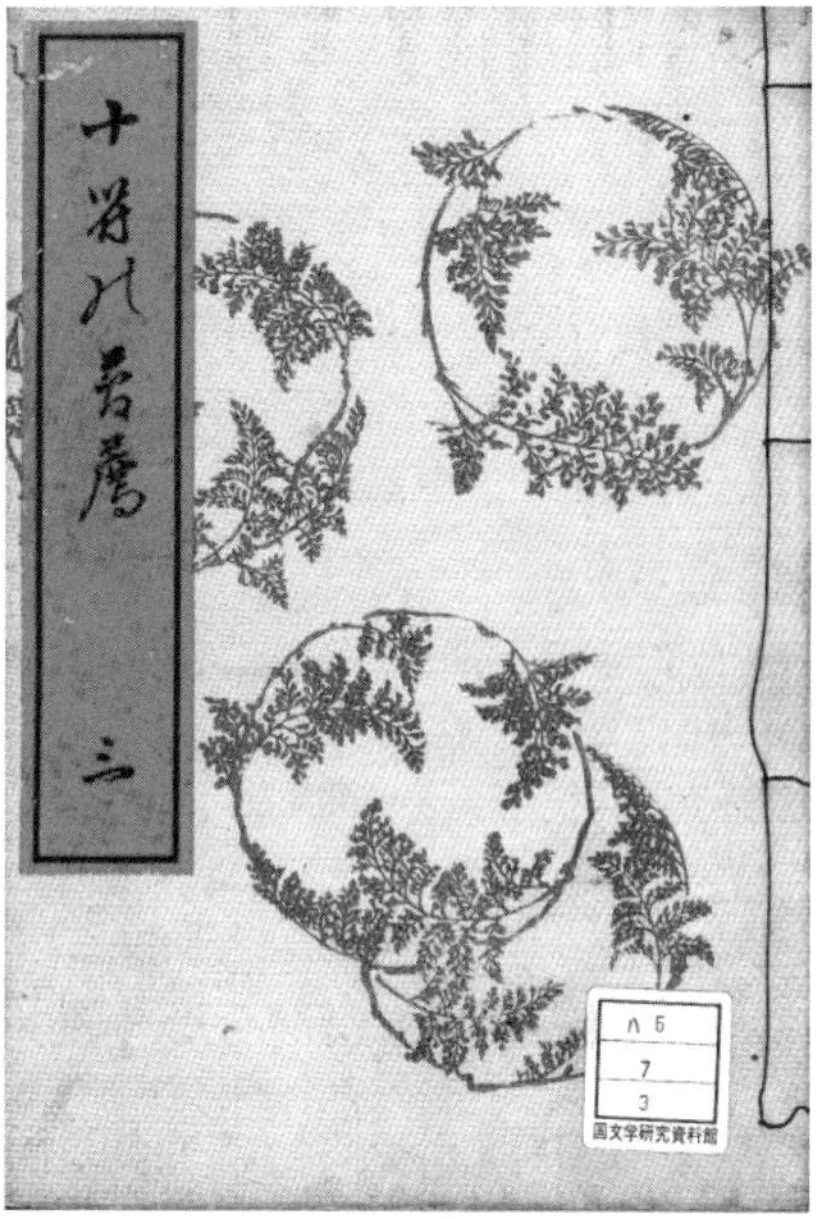

図22　明治９年刊『十符《じっぷ》の菅薦《すがこも》』
布目地に信夫の丸散らし

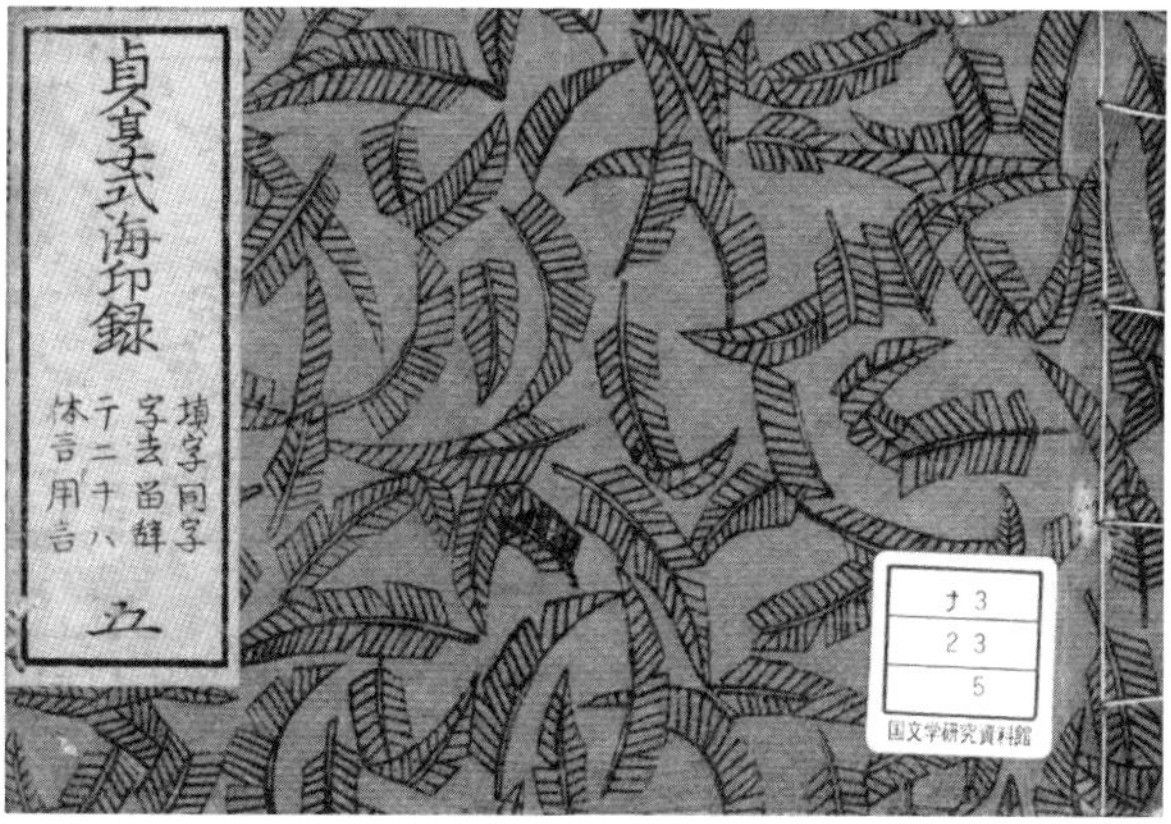

図24　安政６年序・刊『貞享式海印録』　芭蕉葉散らし
（DOI：10.20730/200002565）

葵は徳川家の紋として有名ですが、元禄六年（一六九三）刊『伊勢物語絵抄』【図23】の「小葵」は、それとは形状がかなり異なる印象を受けるのではないでしょうか。小葵はゼニアオイの花を図案化した有職文様で、公家の服飾・調度品などに用いられました。

図24は安政六年（一八五九）序・刊『貞享式海印録』で、表紙には「芭蕉」の葉が散らされています。

以上、よく見かけるけれども、予備知識がないと見当をつけにくいと思われる表紙文様を一覧して来ました。若干の明治本を加えておいたのは、近世以前と同じ表紙文様が活用されているからですが、近代ならではの変容も見られます。たとえば、図25の明治十七年刊『古文真宝俚諺抄』（個人蔵）は「卍繋ぎ」の空押しで、文様は江戸時代以前の本と同じですが、面白いことに「艶出し」とはまったく異なる強い光沢が全体に与えられています。西洋の革表紙本を意識した意匠だったのかも知れません。

図25　明治17年刊『古文真宝俚諺抄』（個人蔵）
卍繋ぎ　強い光沢がある。

結びにかえて

このように、書物の表紙は伝統的な文様を美しくあしらい、あるいは新たな時代の空気を吸収しながら、日本人の読書体験を彩ってきました。

表紙文様から書物の世界を眺めてみると、古典と近代、時には現代までも地続きであることが改めて実感されます。江戸時代以前に限定せず、近代までを視野に収めて、時代性と文芸性が織り出す表紙の世界、延いては書物の文化を考えてみる必要があると思います。

顧みれば、明治二十年代には言文一致運動が起き、明治三十三年（一九〇〇）には仮名の字母の統一を命ずる小学校令が発布されました。この時代に日本の文体と表記の双方において大きな変革が起こったのであり、書物は前近代の形態を継承しながら新たな文物からも刺激を受け、表紙や本の装訂そのものも多様な変容を見せるようになりました。

従って、明治二十年代から三十年代という時代は、近代文献の書誌学を構築する上で重要であるとともに、古典籍文化を考えるための豊かな研究資源に満ちているともいえるでしょう。表紙文様はそのことを雄弁に物語っているように思われます。古典籍の研究をめぐっては、一連の文化事象として、古典と近代における営為を捉える視点が重要であろうと思います。

参考文献

『日本古典籍書誌学辞典』（岩波書店、一九九九年）

〔表紙文様〕

国文研文献資料部『調査研究報告』25号別冊『表紙文様集成』（中野真麻理・小川剛生編、二〇〇四年）

沼田頼輔『日本紋章学』（人物往来社、一九六八年）

岡登貞治『日本文様図鑑』（東京堂出版、一九六九年）
今永清二郎責任編集『日本の文様』（小学館、一九八六〜八九年）
並木誠士『すぐわかる日本の伝統文様――名品で楽しむ文様の文化』（東京美術、二〇〇六年）
池修『佛教の文様　打敷の織と刺繡』（光村推古書院、二〇一七年）
八條忠基『有職文様図鑑』（平凡社、二〇二〇年）
石崎忠司ほか『和の文様辞典 きもの模様の歴史』（講談社学術文庫、二〇二一年）
国文学研究資料館影印叢書『源氏物語　榊原本』（国文学研究資料館編、勉誠出版、二〇一三年）

〔表紙裏反故〕

渡辺守邦『古活字版伝説　近世初頭の印刷と出版』（日本書誌学大系54、青裳堂書店、一九八七年）
今西祐一郎「表紙裏の散歩」（『雅俗』17、二〇一八年七月）
新美哲彦「近世前期の写本制作――伝三条西実枝筆『源氏物語』表紙裏反故から」（『国語国文』72―7、二〇〇三年七月。のち、『源氏物語の受容と生成』武蔵野書院、二〇〇八年に収録）
齋藤真麻理「奈良絵本と『徒然草』――ジャンルを往還するメディア」（『東アジアにおける知の往還』アジア遊学二五五、勉誠出版、二〇二一年）

〔色〕※表紙の色も重要な書誌情報であるため、若干の文献を挙げておきます。

長沢盛輝『日本の伝統色 その色名と色調』（青幻舎、二〇〇六年）
『日本の伝統色』（ＤＩＣグラフィックス株式会社）
江南和幸ほか「江戸末〜明治期の浮世絵，版本の彩色に用いられた石黄について」（「文化財科学会」第二十一回大会、二〇〇四年／http：//www.jssscp.org/files/abstract/21_poster.pdf）

column

表紙ウラの楽しみ――齋藤真麻理

図1は国文学研究資料館の碧洋臼田甚五郎文庫蔵『子易《こやす》の本地《ほんじ》』で、上巻表紙の下部を拡大撮影したものです。補強材に使われた反故が僅かに覗いています。原本を確認すると版本の断片であることが分かり、「はき」「荘子天道篇」「し人の性なんそ」などと読めます。『子易の本地』は江戸時代前期の奈良絵本で、本文は大型絵巻を多く手がけた朝倉重賢の筆跡と考えられています。

では、この紙片は何でしょうか。『荘子《そうじ》』の注釈書のようでもありますが、江戸時代前期に『荘子』の仮名書きの注釈書はなかなか見当たりませんし、仮に『荘子』の注釈書ならば本文には篇名のみを記し、書名までは書かないと思われます。文字は物語や随筆類の版本によく見かける、やや縦長の字形です。

その答えは慶安五年（一六五二）跋『なぐさみ草』です。**図2**の右端、太枠で示した部分が断片と一致します。『なぐさみ草』は『徒然草』の注釈書で、『徒然草』初の絵入り版本でした。計一五七図の挿絵を有し、後の『徒然草』の絵入り本生成に大きな影響を与えました。

江戸時代前期は奈良絵本の全盛期であり、「徒然絵」が大流行した時代でもありました。『なぐさみ草』を参考に仕立てられた複数の『徒然草』屏風や、海の見える杜美術館にはその名も『なぐさみ草絵巻』という『徒然草』の絵巻があります。奈良絵本『徒然草』も十点ほどが知られていますから、『子易の本地』の表紙裏反故は、奈良絵本を制作していた工房に確かに『なぐさみ草』があった証左なのです。しかもこの断片は『なぐさみ草』

図1 『子易の本地』
（DOI：10.20730/200032458）

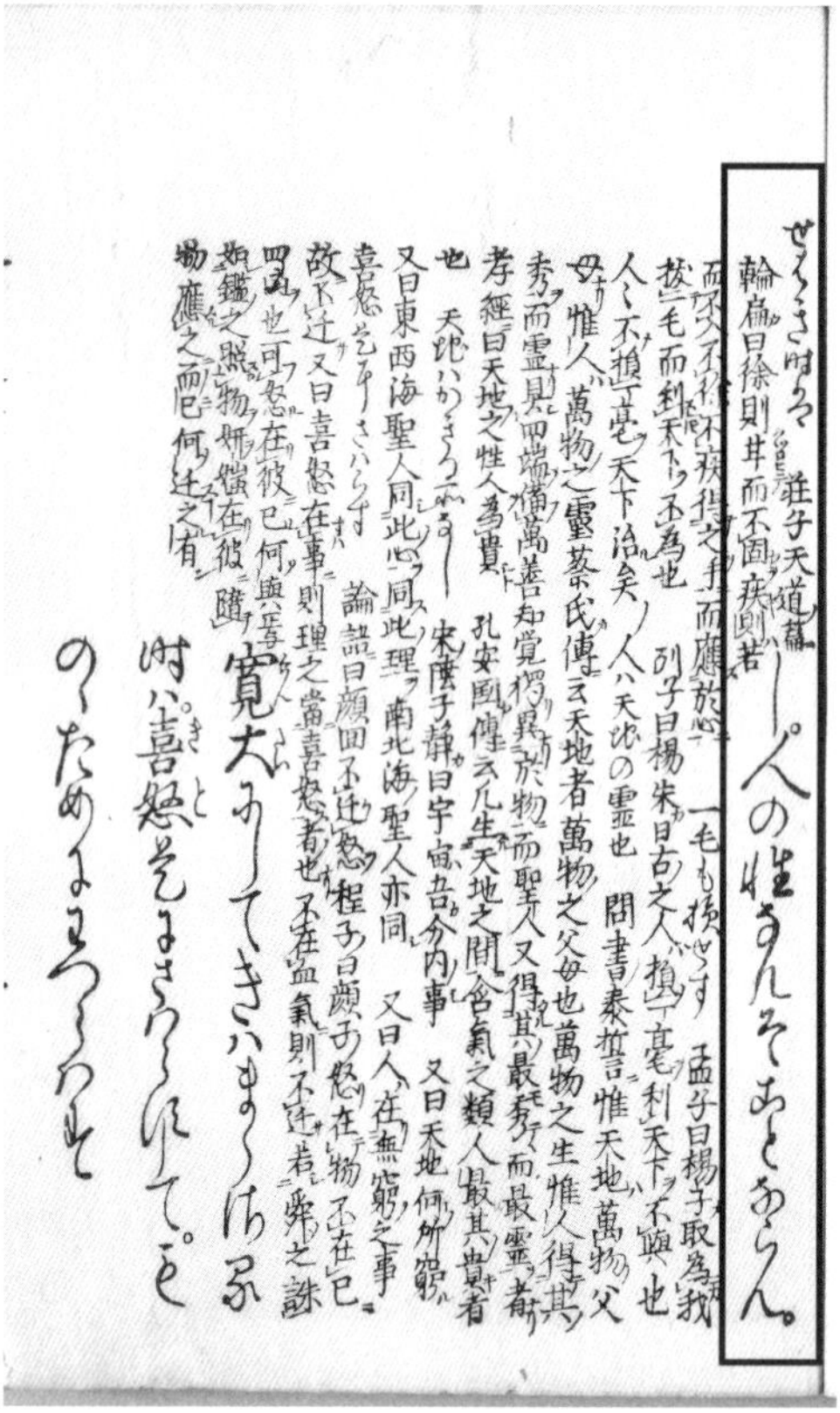

図2 『なぐさみ草』（DOI：10.20730/200016213）

でも挿絵のない段ですので、奈良絵本制作の参考にならない部分が補強材として使われたのでしょう。

この断片は、端正に整えられ、公開されたデジタル画像からは得られない知見が原本にあることを物語っています。急速に進む古典籍のデジタル画像化は研究環境を飛躍的に向上させましたが、同時に、原本を「見る」ことの重要性もますます高まっています。

表紙裏反故は、早くから研究者の注目を集めて来ました。反故の中からは貴重な古活字版をはじめ、奈良絵本制作の実態を伝える覚書や仮名草子作者の著作、先述の表紙屋の資料などが発見され、学界に報告されています。今後、科学技術を駆使して、非破壊で効率よく大量の表紙裏反故のデータを集めることができれば、さらに多くの研究資源が得られることでしょう。

表紙のオモテだけではなく、ウラにも、日本の書物文化を考える上で重要な情報が存在しています。付言すれば、見返しや巻子の軸頭には大名家の家紋があしらわれている場合があり、その本の伝来を物語ってくれます。さまざまに古典籍を「見る」「知る」ことから、研究の一歩は始まります。

参考文献

齋藤真麻理「奈良絵本と『徒然草』――ジャンルを往還するメディア」(『東アジアにおける知の往還』アジア遊学二五五、勉誠出版、二〇二一年)

文様と奈良絵本

――齋藤真麻理

室町時代後期から江戸時代前期頃にかけて、「奈良絵本」と総称される美しい絵入り本が人々の目を楽しませていました。現在、国内外の所蔵機関や個人蔵も含めて多くの作例が伝存しています。この用語は明治四十二年刊『集古会誌』や『文芸百科全書』に見えることが知られていますが、明治四十年刊『増訂帝国図書館和漢図書分類目録』や同年の幸田露伴の書簡、「舞曲」解題にも使われています。骨董商や和本屋、学者等が集う集古会の活動とも関わりながら、この呼称は生まれました。

古典文学の中でも最も多く奈良絵本に仕立てられたのは、御伽草子(室町物語)と呼ばれる作品群です。短編であることや、比較的単純な物語展開が挿絵を入れるのに適していたのではないかといわれています。室町時代後期の古雅な作例に始まり、奈良絵本全盛期の江戸時代前期には、金銀をふんだんに用いた濃彩の豪華絵巻や絵本も多く作られました。

ところが、ほとんどの奈良絵本には奥書などがなく、どのような工房や絵師たちが関与したのか、よく分かっていません。工房の印記を持つものが若干発見されており、また、本文の筆跡から複数の筆者が明らかになっていますが、相当数の無名の絵師たちが制作に携わっていたと思われます。一作品を複数の絵師が担当している場合も多いので、絵画表現の類似性などを丹念に検証していく必要があります。

その中で、ひとつの手がかりになるのが特徴的な文様です。**図1**は国文学研究資料館蔵『大黒舞《だいこくまい》』です(十七世紀・朝倉重賢筆。「国書データベース」参照）。衣装には七宝繋ぎの中に四つ菱を入れた文様や、赤地に緑や青も交えた桜文様、円形に七つの点（星）を入れた文様が描かれています。これと同じ文様が図2の成蹊大学図書館蔵『竹取物語』に見出されます。同大学の貴重書画像データベースから全文が公開されていますので、見比べてみてください。

両者は面貌表現もよく似ています。たとえば、翁の場合は耳の下や後ろにも毛を描くこと、女性は切れ長の目に瞳を描き込んでいること、男性はまぶたに線を一本入れ、眉や口元をやや八の字に描くことなど共通項が多く、『大黒舞』の画像23コマめの老母の姿は、『竹取物語』の上巻第2図【図2・下】とそっくりです。『竹取物語』は複数の絵師が関わっていたらしく、面貌表現には幅がありますが、文様には揺れが見られません。両者は同一工房で制作されたと推測されます。なお、コロンビア大学蔵『浦島太郎』もこれらと近似する一本です（*STORYTELLING IN JAPANESE ART*, 渡辺雅子、メトロポリタン美術館、二〇一一年）。

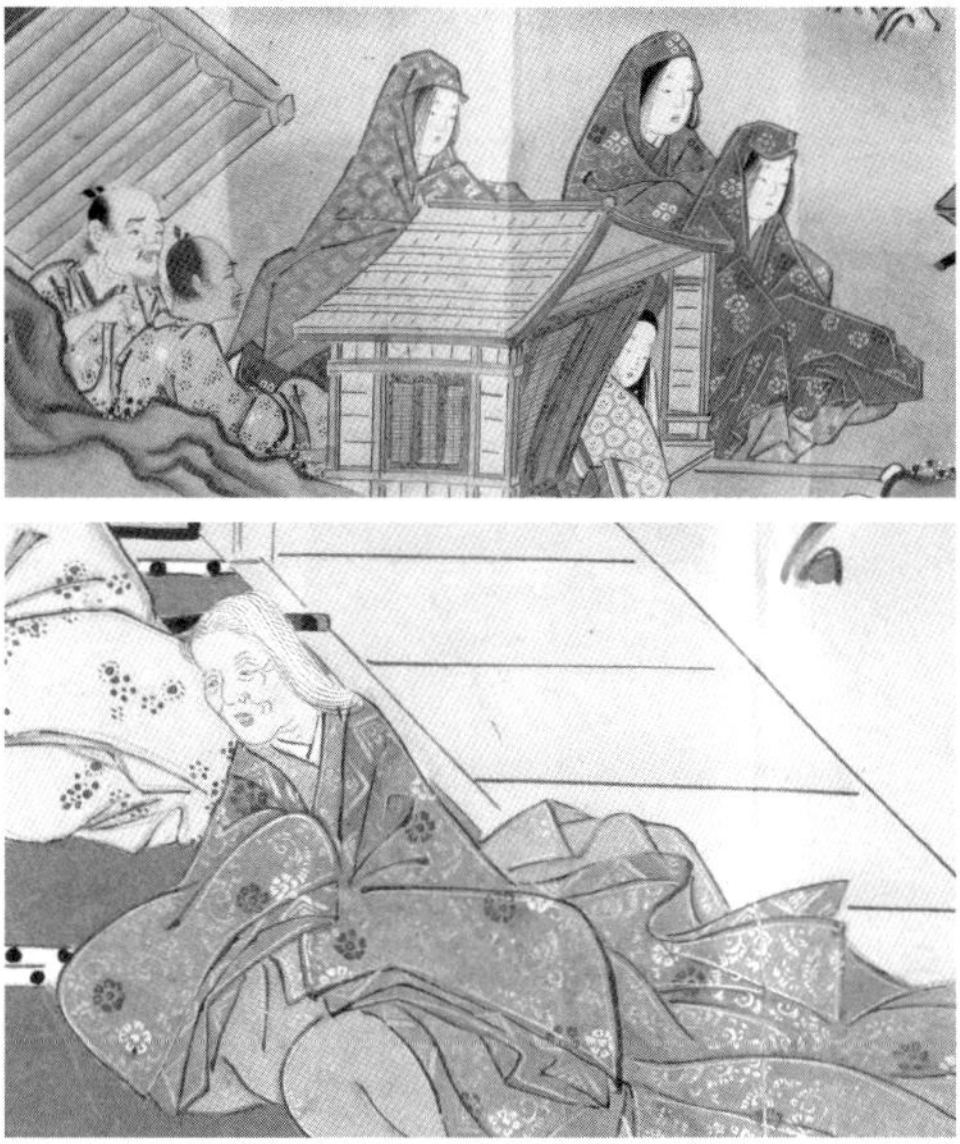

図1　『大黒舞』(上:デジタル画像12コマめ、下:23コマめ)(DOI:10.20730/200006198)

かつて、奈良絵本の面貌表現に着目したのは秋谷治氏でした。氏はチェスター・ビーティー・ライブラリィ蔵『江島物語絵巻』『俵藤太物語絵巻』（同館Digital Collectionsより画像公開中）や風俗を描いた『嵯峨祭絵巻』、大英博物館蔵『役の行者』（朝倉重賢筆、同館よりデジタル画像公開中）、ケンブリッジ大学図書館蔵『末ひろがり』など、二十点近い奈良絵本を同一絵師の制作とみています。興味深いことに、これらには必ず、七宝繋ぎの中に四つ菱を入れた文様が描き込まれています。

現在、奈良絵本の面貌表現をめぐっては、人文学オープンデータ共同利用センターから通称「顔コレ」という面貌データベースが公開されています。こうしたツールは有益ですが、一作品に複数の絵師が関与した奈良絵本の制作実態に迫るには、揺れの少ない文様に注目してみることも有効な手段でしょう。

日本人が長きにわたって愛好してきた文様は、書物の表紙を飾り、調度を飾り、奈良絵本の挿絵にも息づいているのです。

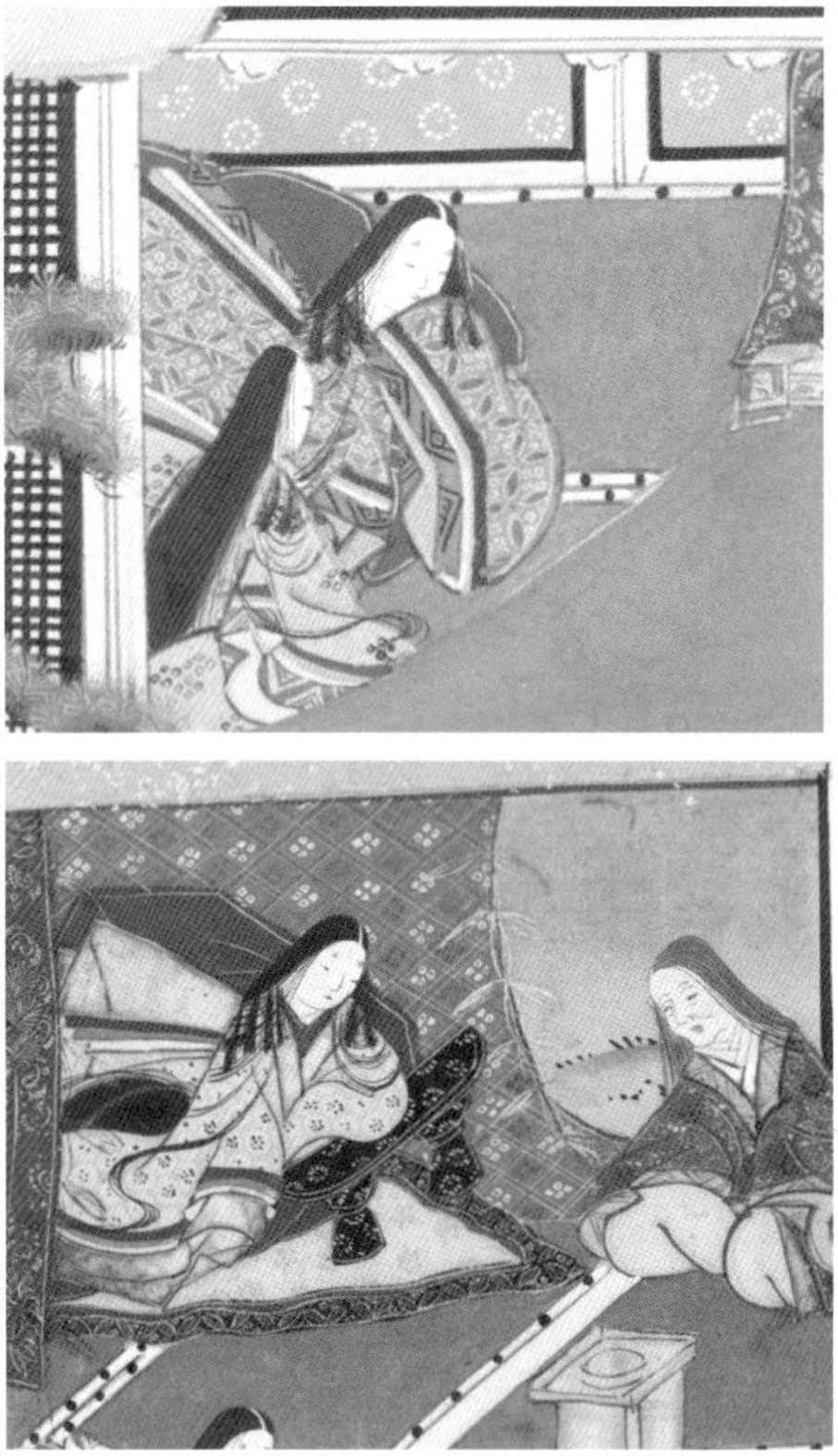

図2　成蹊大学図書館蔵『竹取物語』

参考文献

牧野和夫「中世文学〈美術〉史用語の生成・定着と内国勧業博覧会——奈良絵本をめぐって」（『実践国文学』87、二〇一五年三月）

秋谷治「イギリスにある同一絵師「奈良絵本」三本について」（『人文・自然研究』6、二〇一二年三月）ほか

謝辞　貴重な図版の掲載をご許可下さった成蹊大学図書館に御礼申し上げます。

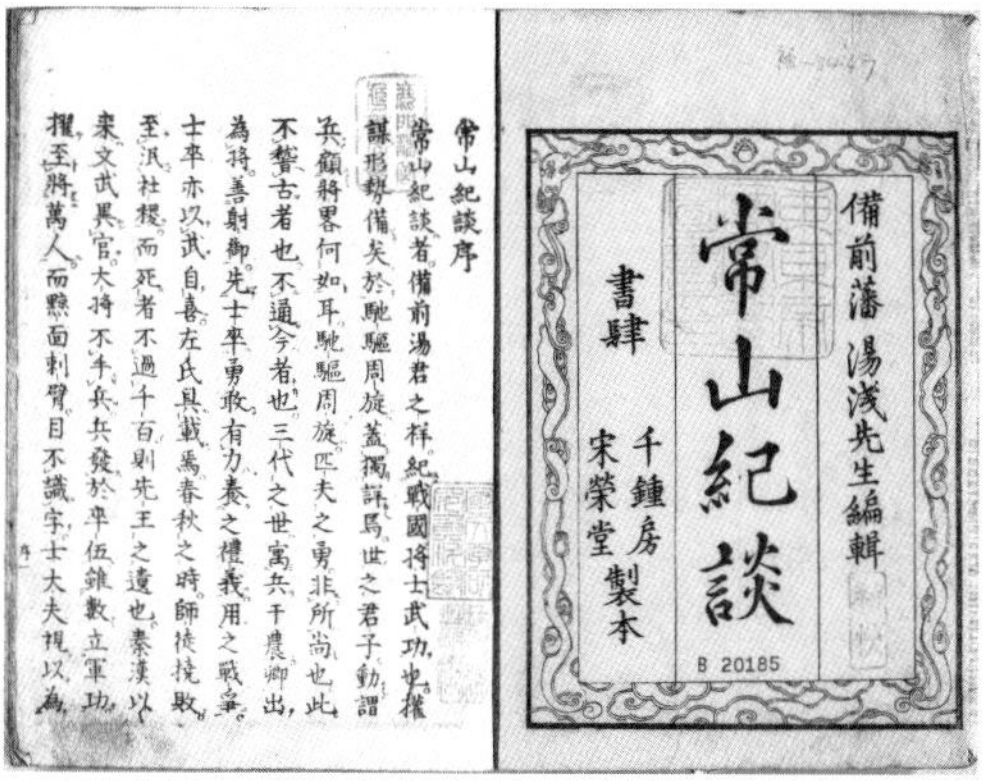
備前藩 湯淺先生編輯
常山紀談
書肆 千鍾房 宋榮堂 製本

常山紀談序
常山紀談者備前湯君之梓紀戰國將士武功也擢
謀形勢備矣於馳驅周旋蓋獨詳焉世之君子動謂
兵顧將畧何如耳馳驅周旋匹夫之勇非所尚也此
不瞽古者也不通今者也三代之世寓兵于農卿出
為將善射御先士卒勇敢有力養之禮義用之戰争
士卒亦以武自喜左氏具載焉春秋之時師徒撓敗
至汎社稷而死者不過千百則先王之遺也秦漢以
來文武異官大將不手兵兵發於卒伍雖數立軍功
擢至將萬人而黥面刺背目不識字士大夫視以為
序一

図1　複数捺された蔵書印
（『常山紀談』、DOI:10.20730/200000882）

講義7

印

本に捺されたハンコは何を伝えているのか

松永瑠成

はじめに

図書館、あるいは古本屋などで書籍を開いた時、そこに何かしらの印が捺されていた、という経験はありませんか？　古典籍に限らず、誰かの手を経て現在に至っている書籍には、印が捺されていることがよくあります。そうした印のうち、よく知られているのは、自らの所有物であることを示す蔵書印でしょう【図1】。しかし、この蔵書印をはじめとする印を見つけたとしても、そこに何という文字があるのかが読めない、という方は少なくないかもしれません。確かに、印にたびたび用いられる篆書体《てんしょ》は、現在我々が普通に読み書きする楷書体《かいしょ》（本書で用いられているような、一般的な平仮名や漢字の書体）とはかけ離れた、複雑な形をしていて読みやすいとはいえません。ですが、印の文字を読み解ければ、書籍の内容だけでなくその周辺、たとえば旧蔵者のことや書籍の流通、またその制作背景などを知る、あるいは考える材料とすることができるようになります。

本講義では、書籍に捺された印とその情報の重要性を再確認しながら、印文（印の文字）判読に向けた篆書体の字形学習、またウェブサイトなどを駆使した印文の読み方・調べ方について講述していきます。

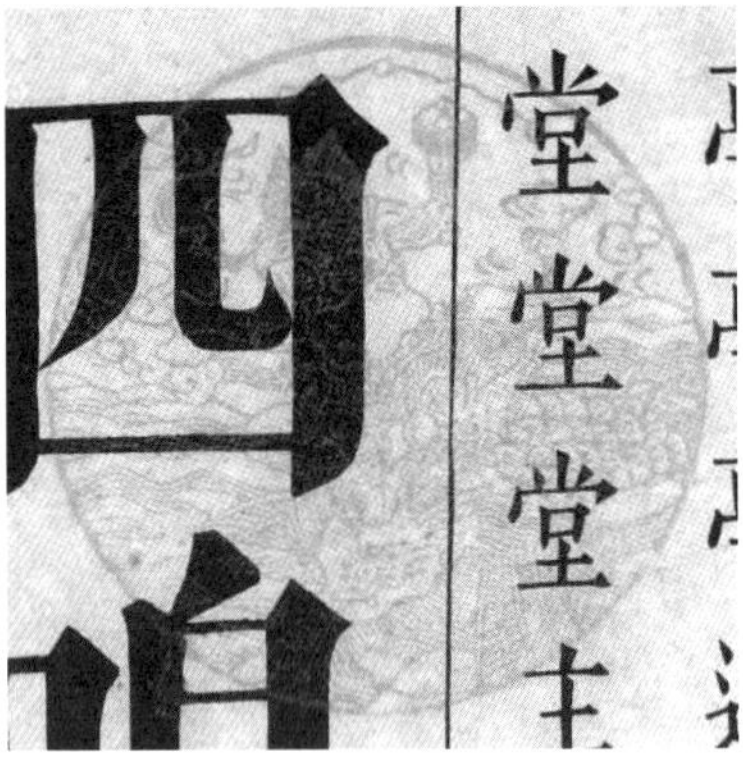
図2　魁星印
（『四鳴蝉』、DOI: 10.20730/200014755）

一、書籍に捺された印とその重要性

書籍に捺された印

書籍には前述した蔵書印以外の印も捺されています。ある程度の経験を積むまでは、もしかするとどれがどの印かを見分けられないかもしれません。書類に捺された印のうち、いくつか代表的な印をあげると魁星印《かいせい》・蔵版印・引首印《いんしゅ》・落款印《らっかん》・版元印・貸本印・仕入印・製本印があります。

イ、魁星印

魁星印は、見返しの右肩にたびたび捺される装飾用の印で、「文章星」ともいいます。その特徴は、文字

図3　魁星印（上）と蔵版印（左下）
（『成形図説』、DOI:10.20730/200023274）

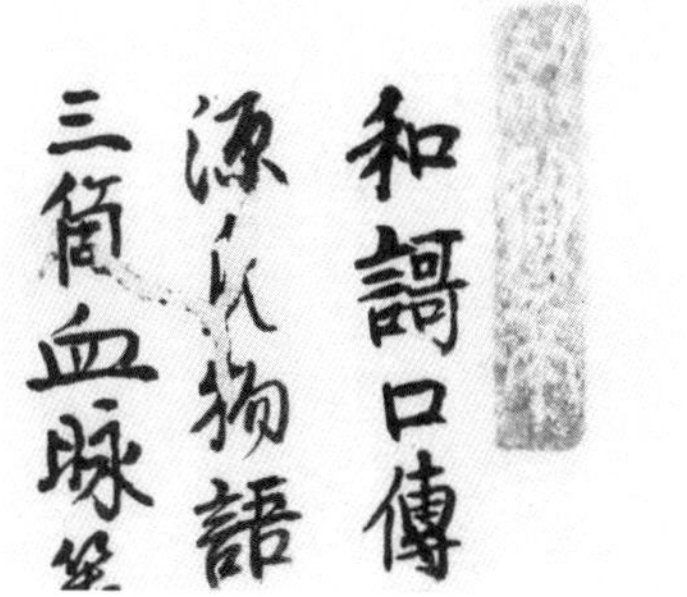

図4　引首印
（『家伝書』、DOI:10.20730/200000065）

ではなく鬼が描かれている点です。いくつかバリエーションはありますが、円形の枠の上部へ星（三つ星や七つ星）、その下へ右手に筆、左手に斗（左足で蹴り上げている場合もあります）を持ち、右足一本で竜や鯉魚の上に立った鬼を描くものが多いです【図2】。ただ、なかには鬼以外が描かれた魁星印もあります【図3の上部】。

ロ、蔵版印

蔵版印は、見返しの左下や奥付などに捺される印で、文字どおり書籍の蔵版、すなわち板株と呼ばれる出版する権利を有することを示すものです。**図3**は、国文学研究資料館蔵『成形図説《せいけいずせつ》』の見返しです。「薩摩府学蔵版」とある下に蔵版印（「薩摩府／学刊行」）が捺されています【図3左下】。蔵版者が本屋（版元）である場合は、蔵版印では

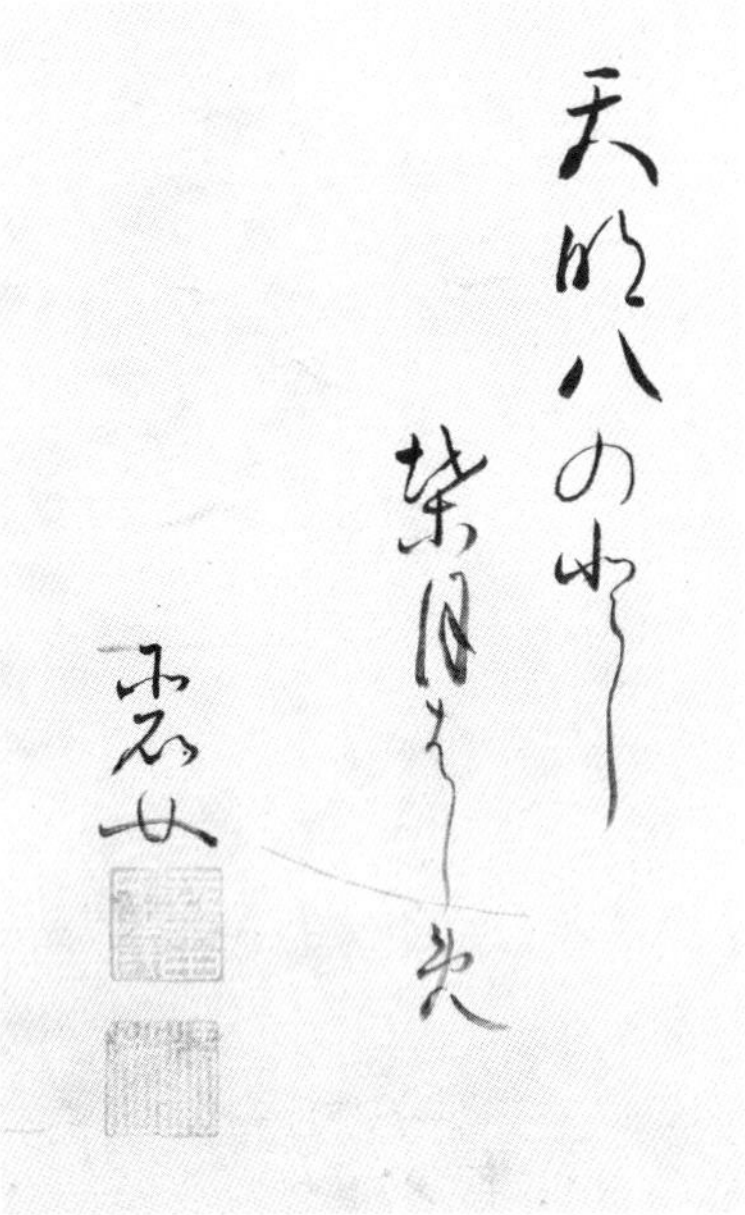

図5　落款印　（『荒木田麗女句文』、DOI:10.20730/200015520）

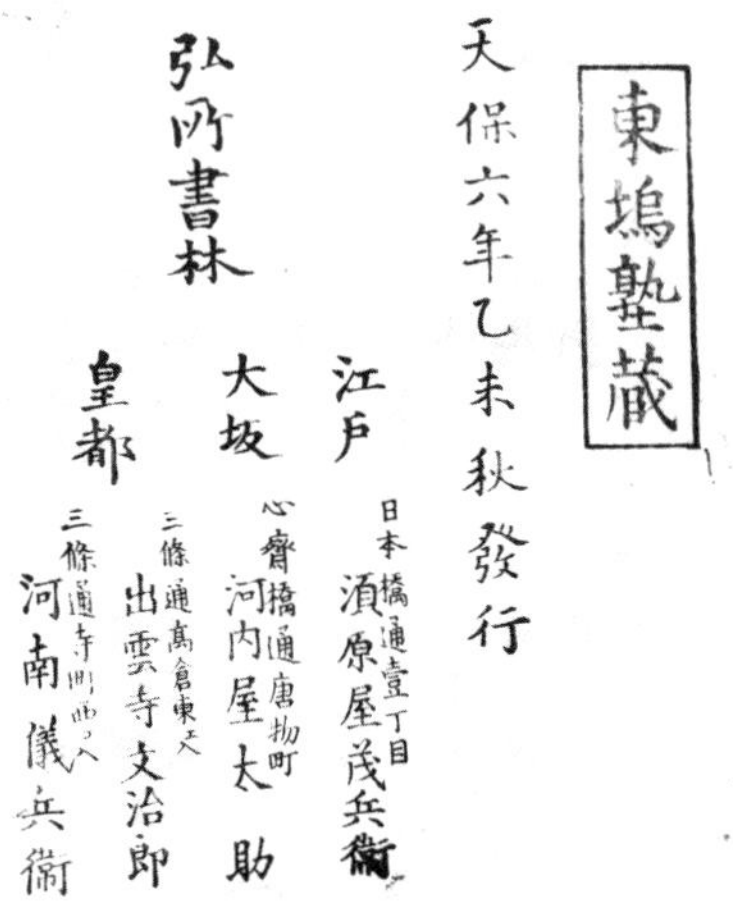

図6　奥付に捺された版元印（『薄こほり』、DOI:10.20730/200035471）

図7　貸本印（『江戸繁昌記』5編、DOI:10.20730/200019291）

なく版元印と呼びます。この版元印については後述します。

ハ、引首印

引首印は、序文や跋文の最初に捺される印で、起筆を意味するものです【図4】。もともとは書幅や扁額の右肩に捺されるものですが、書籍にもたびたび捺されます。写本の場合、実際に捺された捺印が大半ですが、版本の場合は印刷された刻印であることの方が多いです。

ニ、落款印

落款印も序文や跋文にみられる印ですが、こちらは署名の下に捺されます【図5】。また、絵本や画譜などの場合は、それぞれ絵師の名前の下に捺されることがあります。印文には氏名・字・号がよく用いられます。先の引首印と同じく、版本の場合は刻印であることもあります。

ホ、版元印

版元印は、版元が見返しや刊記、奥付などに捺す印ですが、先ほど触れたように、蔵版を示すために捺されることもあります。基本的には版元の名前の下に捺されます。**図6**は国文学研究資料館蔵『薄こほり』の奥付で、河内屋太助の名前の下に「文金／堂記」という版元印が捺されています。河内屋太助は、文金堂と号した大坂の本屋です。版元印や蔵版印の印文には、河内屋太助の印のように「〇〇堂記」のほか、「〇〇〇堂」「〇〇堂梓」など、堂号がよく用いられます。

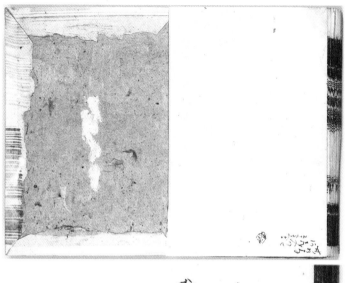

図8　後ろ見返し裏に捺された仕入印。右は拡大図（『日本三代実録』、DOI:10.20730/200019271）

ヘ、貸本印

貸本印は、貸本として貸し出されていた書籍に捺される印です。貸本や貸本印については、コラム（「史料としての貸本印」）で詳しく取り上げたので、そちらを参照してください。**図7**は、国文学研究資料館蔵『江戸《えど》繁昌記《はんじょうき》』五編にみられる貸本印で、越後国新潟町（現在の新潟県新潟市）で営業していた磯部宗次郎という貸本屋が用いていたものです。

ト、仕入印

仕入印は、本屋が書籍を仕入れた際に捺す印です。仕入れ時期や仕入れ値などが、印とともに墨書されることがあります。これを符牒《ふちょう》といいます。[1] 図8は、国文学研究資料館蔵『日本三大実録《にほんさんだいじつろく》』巻一の後ろ見返し裏に捺された仕入印（「仕入　山佐」）です。この印は、山城屋佐兵衛という本屋が用いた仕入印です。

図9　製本印。左は拡大図（『熊野遊記・熊野名勝図画』、DOI:10.20730/200017785）

チ、製本印

製本印は、製本師が捺した印です。江戸時代までの書籍にはなく、明治以降に出版、あるいは製本された書籍に捺されています。[2] 図9は、国文学研究資料館蔵『熊野遊記《くまのゆうき》・熊野名勝図画《くまのめいしょうずが》』の巻末の綴じ目の下方に捺された製本印（「製本師鹿野氏」）です。

魁星印・蔵版印・引首印・落款印・版元印・製本印は、いずれも書籍が出版・制作された際に捺されます。したがって、異なる書籍でも同じタイトルであれば、同一の印が捺されている可能性はあります。しかし、明治時代までの書籍は、たとえ同じタイトルであっても大きさや表紙の色などに違いがみられ、全く同じものというのは基本的にありません。加えて、往々にして初印であればあるほど丁寧に、後印であればあるほど摺りが簡略化されたり、作りが雑になったりする傾向にあります。そのため、同じタイトルでも印があるものとないものとがあり、さらに後印になればなるほど、初印の出版・制作時に捺されていた印が省略されていくこととなります。

一方で、貸本印や仕入印、蔵書印などは貸本屋や本屋、または普通の人々の手に書籍がわたった時、はじめて捺されるものです。そのため、誰の手にもわたっていない書籍には、当然ながらこれらの印が捺されることはありません。ところが、必ずしも書籍を手にした者が印を捺すとは限らず、なかには捺さない場合もあります。幾人もの手を経て現在に至っているにもかかわらず、貸本印や仕入印、蔵書印などが捺されていない書籍は少なくありません。

書籍に捺された印の重要性

さて、こうした書籍に捺された印は、さまざまな情報をもたらしてくれます。たとえば、貸本印や仕入印、そして蔵書印は、書籍の来歴・伝来を知るための一つの情報源となり得ます。国文学研究資料館蔵『常《じょう》山《ざん》紀《き》談《だん》』には「東京帝/国大学/図書印」「国文学研/究資料館」印のほかに、岡千仞《せんじん》（一八三三〜一九一四年）の「鹿門精/舎蔵書印」（中央上）、林復斎《ふくさい》（一八〇〇〜一八五九年）の「藕潢/精舎」（中央下）という二つの蔵書印がそれぞれ捺されています【図1】。これらの印からわかる旧蔵者により、『常山紀談』が林復斎↓

岡千仭→東京帝国大学→国文学研究資料館といった順に伝来したであろうことがわかります。また、図7の貸本印から『江戸繁昌記』五編が磯部宗次郎、図8の仕入印から『日本三大実録』巻一が山城屋佐兵衛のもとに、かつてあったことがわかる上、貸本をとおした書籍受容の実態や本屋間での書籍の流通を知る手掛かりとすることもできます。

印の有無は、書籍を実際に手に取って調査するほか、撮影された画像からも確認できます。そのほか、書籍そのものについて記された書誌が参考になります。書誌のうち、印については「印記」などに記載されています。したがって、「印記」に何も情報がなければ、本来そこにあるはずの印が、書誌データ上はなかったことになってしまいます。もし、あなたが書誌を作成する立場にある人ならば、たとえ印文を判読できなかったとしても、そこに印がある、あるいはあったという情報をしっかりと記載しておく必要があります（例：「「○○○○」ほか、黒印二顆あり」など）。ただし、「印記」などには書籍が出版・制作された際に捺される印は、原則記載されないので注意が必要です。

書籍に捺された印の情報を書誌に反映させるためには、まず印そのものを探し出さなければなりません。書籍には、印がよく捺される場所があります。題簽《だいせん》・見返し・冊首・巻首・冊尾・後ろ見返しなどは、その代表的な場所です。そのほか、稀に天《てん》や小口《こぐち》へも印は捺されることがあります。調査にあまり時間を割けない状況であれば、これらの場所を重点的に探した方がよいでしょう。ですが、ほかの場所へも印が捺されている可能性は当然あります。したがって、天や小口を確認した後、表紙から後ろ表紙に至るまで、一丁一丁めくっていくなかで、印の有無を確かめていくのが望ましいです。近年、古典籍類の画像をインターネット

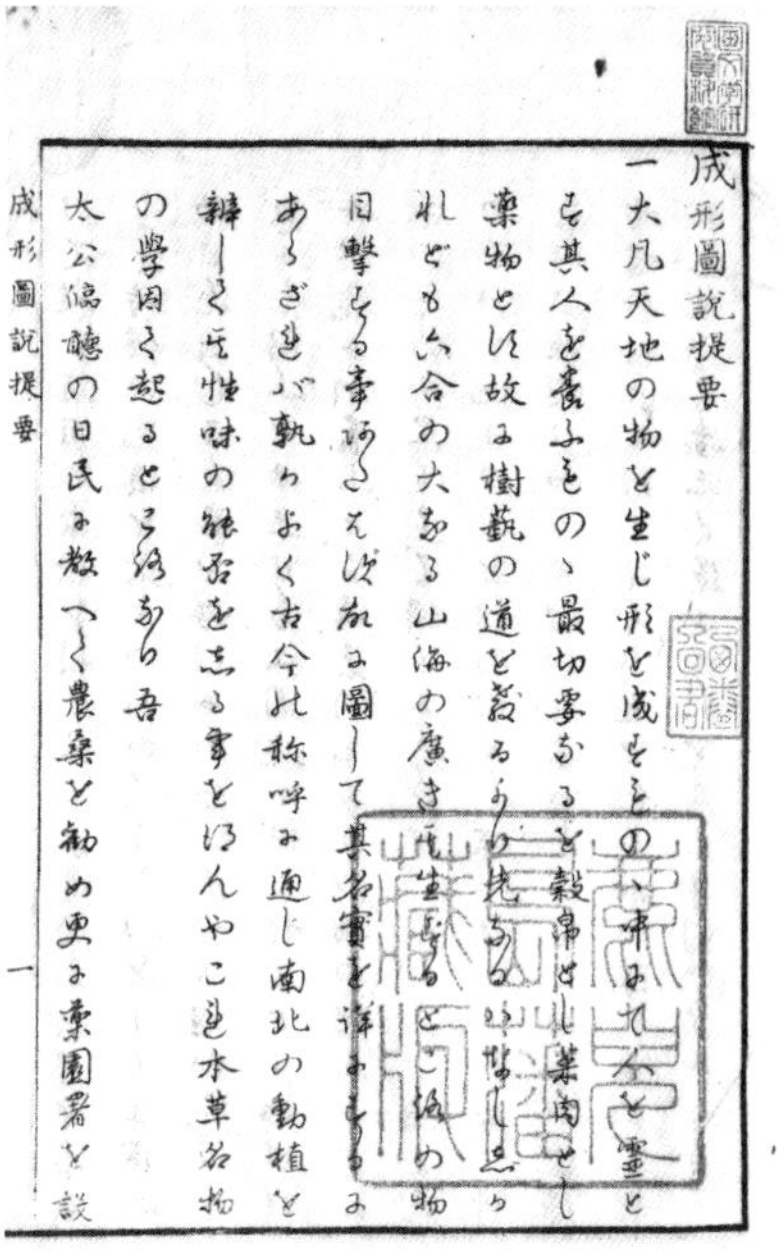

図10　冊首に捺された蔵版印（『成形図説』、DOI: 10.20730/200023274）

図11　見返しに捺された蔵書印（『足利将軍伝』、DOI:10.20730/200017595）

上に公開する機関が増えています。そうしたデジタル画像上で書籍に捺された印を探す時も、同じように確認していきます。つまり、表紙の画像から一コマずつ確かめていかなければならないのです。

印の有無を確認する際に注意すべきは、仕入印と製本印の押捺位置です。仕入印の大半は、後ろ見返しの左下をめくった部分、製本印は奥付のほか、巻末の綴じ目の下方などに捺されています。いずれも見落としがちな場所ですので、十分に注意を払いながら確認しなければいけません。

書籍に捺された印を調べている時、蔵版印を蔵書印だと勘違いしてしまうことがあります。たとえば、国文学研究資料館蔵『成形図説』には、見返しだけでなく冊首と冊尾にも蔵版印が捺されています【図10下】。冊首も冊尾も蔵書印がよく捺されている場所です。そのため、この印を蔵書印だと思ってしまう人もいるかもしれません。「鹿児／島藩／蔵版」という印文が読めれば、たとえ紛らわしい位置に捺されていても、蔵書印と間違えることはないでしょう。反対に蔵書印であるのに、蔵版印と間違えそうになる場合もあります。同じく国文学研究資料館蔵『足利将軍伝《あしかがしょうぐんでん》』の見返しには、「水原／住仙」という印が捺されています【図11右下】。今度は見返しに捺されている印だから、と蔵版印だとするのは些か早計です。見返しにある印だからといって、全てが蔵版印であるとは限りません。この印は、水原三酉《さんゆう》（生没年不詳）という人物が使用した蔵書印です。ただ機械的に印が捺された場所から判断するのではなく、しっかりと印文を判読した上で、それがどの印かをしっかりと考えなければなりません。

二、印文を読む・調べる

書籍に印が捺されているのをみつけても、なかには印文を読めないものもあると思います。青田寿美氏は「蔵書印検索チャート」(3)のなかで、そうした判読できない印を次の三つに分類しています。

①鮮明だが、読めない印影
②一部読めない箇所を含む印影
③痕跡でしかない印影

①の多くは、篆書体の印の場合です。「はじめに」でも触れたように、書籍に捺される印には、篆書体と呼ばれる書体のものが多くあります。あまり聞き慣れない書体かもしれませんが、身近な例だと日本銀行券、つまり紙幣にも使われています。現行の千円券・二千円券・五千円券・一万円券には、「総裁／之印」(表)、「発／券局／長」(裏)という印がそれぞれ印刷されています。この印に使われているのが篆書体です。

篆書体が使われた印文の読み方・調べ方については後述します。②は、一部の文字だけ篆書体が読めない場合のほか、塗り消し・擦り消し・紙片の貼付・重ね捺し・虫損・汚損破損などさまざまな要因により、鮮明な箇所と不鮮明な箇所とが混在し、判読できない印です。この場合、判読できた文字をもとに残りの文字を類推していくことができます。また、なかには撮影した印影の画像を反転させたり、明るさやコントラストを調節したりすることで、判読できるようになるものもあります。③は、②で取り上げた要因により、部分的にすら判読できない印です。しかしながら、もし書誌を作成しているのならば、たとえ読めなくともそこに印がある、あるいはあったという情報だけは、何らかの形で記述しておいた方がよいでしょう。

では、篆書体の印文は、どのようにして読んでいけばよいのでしょうか。ここではAからGまでの七つの方法を取り上げます。

A　頻出する字の篆書体を覚える

篆書体の印、とりわけ蔵書印の印文には、頻出する字がいくつかあります。たとえば「書」は、「〇〇蔵書」「〇〇図書」「〇〇書記」のような印文でたびたび用いられています。そのほか「蔵」「印」「図」「記」

「之」、号に用いられる「斎」「軒」「庵」「堂」などもよくみられます。これら頻出する字の篆書体を覚える上で、参考になるのが堀川貴司氏原案・益満新吾氏増補および書「篆書の例」と、その増補版である益満新吾氏監修「難読篆書字形表」の二つです。いずれも「難読字と頻出字」と「主な部首」の二つから構成されていますが、とりわけ前者が頻出する字の篆書体を覚える上で役立ちます。それぞれ頻出字とその篆書体が数例挙げられていて、これらの一覧と印文を照らし合わせることで、判読できるようになる蔵書印も少なくないでしょう。なお、「篆書の例」と「難読篆書字形表」は、国文学研究資料館学術情報リポジトリ上で公開されている「篆字部首検索システム」(http://id.nii.ac.jp/1283/00004720/)のなかに、「tensho.pdf」(「篆書の例」)、「tensho2.pdf」(「難読篆書字形表」)として収められています。

B　部首の篆書体を覚える

頻出する字以外を判読する際、手掛かりとなるのは部首です。たとえ字そのものを判読できなくとも、部首さえわかれば太甫熙永《たいほきえい》編『篆書字典』(国書刊行会、一九七八年)や蓑毛《みのも》政雄著『新装版　必携篆書印譜字典』(柏書房、二〇二二年。旧版は一九九一年)などの字典類を用いて調べられるようになります。印文の字と字典類の用例を見比べ、一つずつ確認していく作業を繰り返すなかで、漢字の篆書体を少しずつ覚えていくことができます。部首の篆書体を一通り覚えられるようになるまでは、先の「篆書の例」と「難読篆書字形表」の「主な部首」が参考になることでしょう。

C　漢字を構成する部品から調べる

たとえ判読できなくとも、その漢字を構成する部品がわかれば、字を特定できる可能性は一層高まります。たとえば、「恕」という漢字は部首「心」と「如」からなりますが、さらに分けると「心」「女」「口」の三つの部品へと分解できます。したがって、「恕」という字を判読できなくとも、「女」「口」「心」の篆書体がわかれば、その組み合わせで「恕」へと行き着くことができるのです。漢字を構成する部品から字を特定する際には、「CHISE IDS 漢字検索」（https://www.chise.org/ids-find）や「字源—jigen.net—」（https://jigen.net）、「篆字部首検索システム」（https://seal.dhii.jp/char/）などのウェブサイトが役立ちます。とりわけ「篆字部首検索システム」は、部品から字を特定できるだけでなく、あわせて篆書体の用例まで調べられるので有用です。

D　蔵書印譜を活用する

著名な人物・機関などが使用していた蔵書印であれば、蔵書印譜に採録されている可能性があります。その場合、索引から印文を調べることができます。たとえば、渡辺守邦・島原泰雄編『蔵書印提要』（青裳堂書店、一九八五年）や渡辺守邦・後藤憲二編『増訂新編蔵書印譜』下巻（青裳堂書店、二〇一四年）、中野三敏・後藤憲二編『近代蔵書印譜』六編（青裳堂書店、二〇二〇年）などは、索引から印文を検索できる上、その印の使用者（印主）をも調べられます。なお、『増訂新編蔵書印譜』下巻には、印の一字目だけでなく、二字目からも検索できる「第二字印文索引」が備わっています。

E　大学図書館等が作成した書誌を参照する

大学図書館をはじめとする機関が作成した書誌は、時として印文判読の際に参考となります。たとえば、CiNii Books（https://ci.nii.ac.jp/books/）は、「詳細検索」の「注記」に判読できた字を入力（例：「〇〇　〇〇」など）して検索すると、「印記」「蔵書印」「蔵書印記」などに採録された、調べている印と同じ印文（例：「〇〇

△○○」）が検索結果に含まれていることがあります。そうして知り得た印文をもとに、字典類を活用すれば印文を判読することができます。そのほか、早稲田大学図書館「古典籍総合データベース」（https://www.wul.waseda.ac.jp/kotenseki/）などは、印文の情報だけでなく、印が捺された書籍の画像も公開しているため、調べている印との比較が容易にできます。ただし、いずれの場合も印文が読み間違えられている可能性も考慮しなければなりません。あくまで参照するに留めておきましょう。

F　国文学研究資料館学術情報リポジトリの「蔵書印データベース」「篆字部首検索システム」を活用する

国文学研究資料館「蔵書印データベース」は、二〇二三年三月に公開が停止され、現在は一部のデータが国文学研究資料館学術情報リポジトリ上で公開されています。公開されているのは、国文学研究資料館所蔵資料をもとに作成されたレコードのCSVファイル（「蔵書印DB_典拠国文研のみ.csv」）と「篆字部首検索システム」です。

CSVファイルは、「蔵書印データベース」のフィールド（「レコードID」「蔵書印ID」「蔵書印文」「蔵書印文別表記」「サイズ（縦×横）」「サイズ（縦×横）」「色」「色」「陰陽」「陰陽」「形状」「形状」「印影外郭」「印影外郭_1」「印影外郭_2」「印影外郭」「印文文字数」「印文出現位置」「印文行数」「印文行数_1」「印文行数_2」「印文行数」「印文改行表記」「書体」「人物ID」「蔵書印主」「蔵書印主よみ」「職種1」「職種2」「時代」「印主職種／時代」「人物情報」「典籍ID」「書名」「書名よみ」「人名ID」「著者」「刊記」「所蔵先」「請求記号」「典拠資料」「典拠画像URL」「備考」「画像有無」「画像」「画像全面」）を書き出したものです。このうち、「画像」「画像全面」にはそれぞれ蔵書印の画像と、印が押捺された箇所の画像へのリンクがあるものの、「蔵書印データベース」の公開停止に伴い、現在はアクセスできない状態となっています。扱いやすいデータとはいえないのですが、印文や印主を調べる際には役立つこともあることでしょう。なお、「蔵書印データベース」上で公開されていたレコードの大半は、後述する人文情報学研究所「蔵書印ツールコレクション」に引き継がれ、現在公開されています。

「篆字部首検索システム」は、「蔵書印データベース」の姉妹サイトとして公開されていた「篆字部首検索システム（テキスト検索版）」で、単漢字あるいは漢字構造（漢字を構成する部品）から篆書体を調べることができます。リポジトリのデータには、「篆字部首検索システム（テキスト検索版）」のウェブページおよびソースコードが含まれていて、かつて公開されていた時と同じ形のものを使用できるようになっています。なお、こちらも先の「蔵書印データベース」同様、後述する人文情報学研究所「蔵書印ツールコレクション」に引き継がれ、現在公開されています。

G　人文情報学研究所「蔵書印ツールコレクション」を活用する

前述のとおり、国文学研究資料館「蔵書印データベース」および「篆字部首検索システム（テキスト検索版）」は現在、人文情報学研究所「蔵書印ツールコレクション」（https://seal.dhii.jp/）に引き継がれ、それぞれ前者が「蔵書印データベース検索システム」（https://seal.dhii.jp/sealdb/）、後者が「篆字部首検索システム」（https://seal.dhii.jp/char/）として公開されています。また、「蔵書印ツールコレクション」では、「篆字画像検索システム（AI篆字認識）」（https://seal.dhii.jp/image/）が新たに実装されています。

「篆字画像検索システム（AI篆字認識）」では、印の画像から篆字一字を範囲選択し、解析することができます。解析結果では、第一候補から第五候補までの字が確率とともに示されます。また、候補とされる字の用例を「蔵書印データベース検索システム」や「篆字部首検索システム」でさらに検索することも可能です。印が掠れていて鮮明でない、あるいはほかの文字（本文のほか匡郭も）が印文と重なっている場合などは、紙に書き写した印文を撮影し、そちらの画像で解析させるとよいでしょう。

利用上注意すべきなのは、認識結果に示される字はあくまで候補であり、必ずしも正しいものとは限らないという点です。そのため、第五候補までの認識結果だけでなく、それぞれの字の篆書体もあわせて確認することをおすすめします。「篆字画像検索システム（AI篆字認識）」の詳しい使用方法については、「画像検索の使い方」（https://seal.dhii.jp/help/image/）を参照してください。

以上、AからGまでの七つの方法をみてきました。これらの方法を組み合わせることで、判読できる印文は増えることでしょう。「篆字画像検索システム（AI篆字認識）」のように、人に代わって篆書体を読んでくれるシステムは、今後どんどん増えていくかもしれません。しかし、その精度が一〇〇パーセントとなるのは、まだまだ先のことでしょう。やはり、印文を判読する経験を少しでも多く積み、力をつけていくよりほかはないのです。

おわりに

印文を判読するのは、最初のうちだけでなく経験を積んでも難しいものです。しかし、難しいからと、そこに印が押捺されているのに見て見ぬ振りをして、なかったことにしてはいけません。たとえ判読できなくとも、書誌を作成する場合は、読めなかった字を「□」にする（例：「松□蔵書」）ほか、前述したように「黒印二顆あり」などと記述しておきましょう。そこに印がある、ということはしっかりと明記するよう心掛けてください。あなたが読めなくとも、後の誰かが判読してくれることがあるかもしれません。この講義が、印文判読の一助になることを願ってやみません。

注

（1）仕入印については、鈴木俊幸「仕入印と符牒」（『書籍流通史料論序説』勉誠出版、二〇一二年。初出は二〇〇〇年）に詳しい。

（2）製本印については、鈴木俊幸「明治の製本師——製本印という史料」（『書籍文化史料論』勉誠出版、二〇一九年）に詳しい。

（3）青田寿美「近代文献調査における蔵書印情報覚書　附・蔵書印検索チャート」（『国文学研究資料館研究成果報告書　近代文献調査研究論集』第二輯、国文学研究資料館、二〇一七年所収）。

column

史料としての貸本印

松永瑠成

江戸時代以降、見料《けんりょう》と呼ばれる料金と引き換えに、書籍を貸し出す貸本屋が活躍するようになります。彼ら貸本屋は、自らの所有物である証しとして、貸し出し用の書籍へ印を押捺しました。この印を「貸本印」といいます。貸本印は「貸本屋印」とも呼ばれていますが、貸本屋は必ずしも貸本専業の者とは限りません。本屋や新本・古本の売買をおこなう者のほか、小間物屋など別の業種の者が貸本を兼業することがよくありました。したがって、「貸本屋」と限定せず、もう少しゆるやかに捉えて、「貸本印」という名称を用いた方が適切でしょう。

では実際に、いくつか貸本印の例をみてみましょう。

図1は、栗杖亭鬼卵《りつじょうていきらん》作の読本『恋夢艋《ゆめのうきはし》』巻一（架蔵）に押捺された印（「萩米屋町／貸本所／岡村茂七」）です。貸本印には、この印のように「貸本所」とあるほか、「貸本」「かしほん」など直截的にそれとわかる文言が、印文（印の文字）にみられるものがあります。ですが、なかには一見しただけでは貸本印だとわからない印もあります。**図2**は、松園梅彦作の人情本『春秋二季種《しゅんじゅうふたきぐさ》』五編（架蔵）に押捺された印（「伊勢幸」）ですが、印文に「貸本所」のような文言がなく、名前の略称しかありません。そのため、印文だけでは、これが貸本印であるかどうかを判断できませんし、誰の印であるかもわかりません。このような名前の略称や、たとえば「幸」のように名前の一部しか印文にないものも、貸本印にはよくみられます。なお、「伊勢幸」の印は、同じく『春秋

二季種』五編に貼付された摺物【図3】から、江戸の大伝馬町で営業していた貸本屋、伊勢屋幸助の貸本印だとわかります。

図3のような何かしらの手掛かりがない場合、書籍に押捺された印が、貸本印であるかどうかを判断するのは困難です。ただし、貸本としてよく貸し出されていた娯楽的な読み物や、随筆類にみられる印は、貸本印である可能性が高いです。加えて、書籍の端が手垢で黒ずんでいたり、見返しや口絵、挿絵や余白に落書きがなされたりしているようであれば、さらにその可能性は高まります。しかしなが

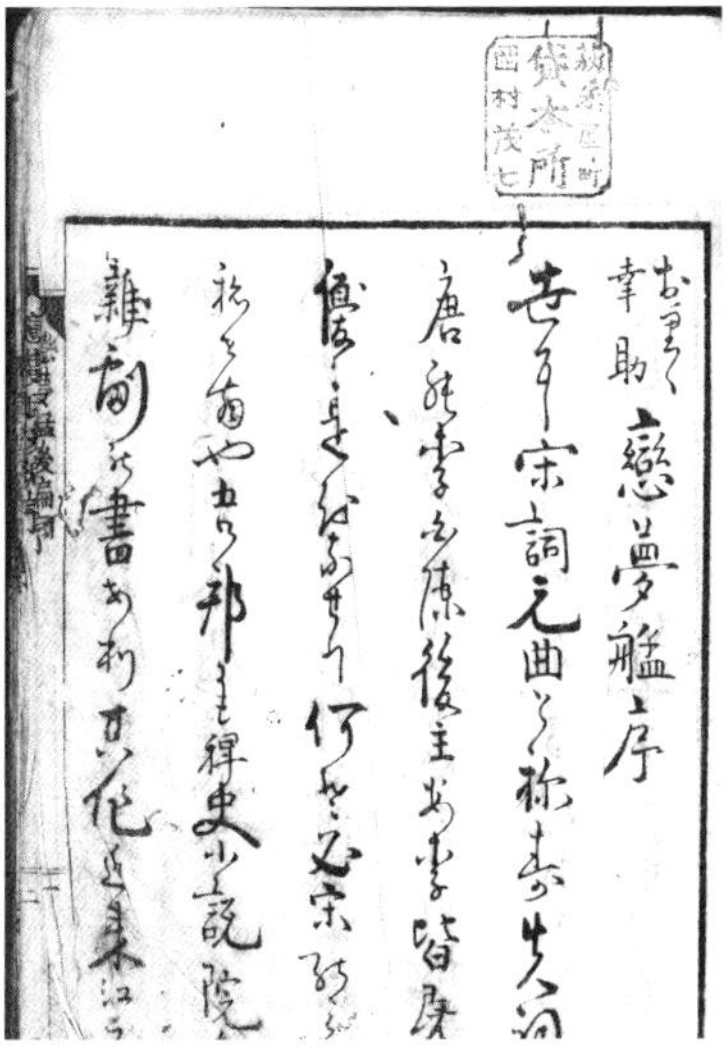

図1　『恋夢艋』巻1（架蔵）に捺された貸本印。右は拡大図。

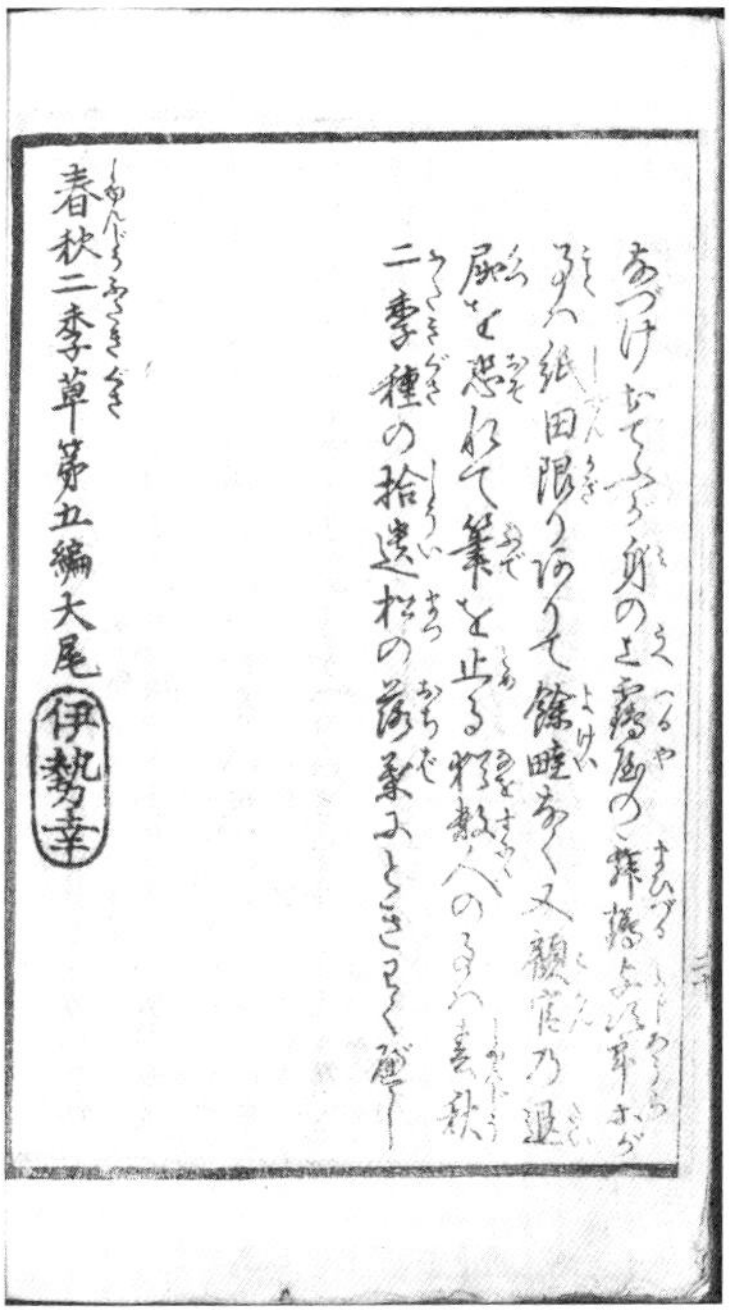

図2　『春秋二季種』5編（架蔵）に捺された貸本印。右は拡大図。

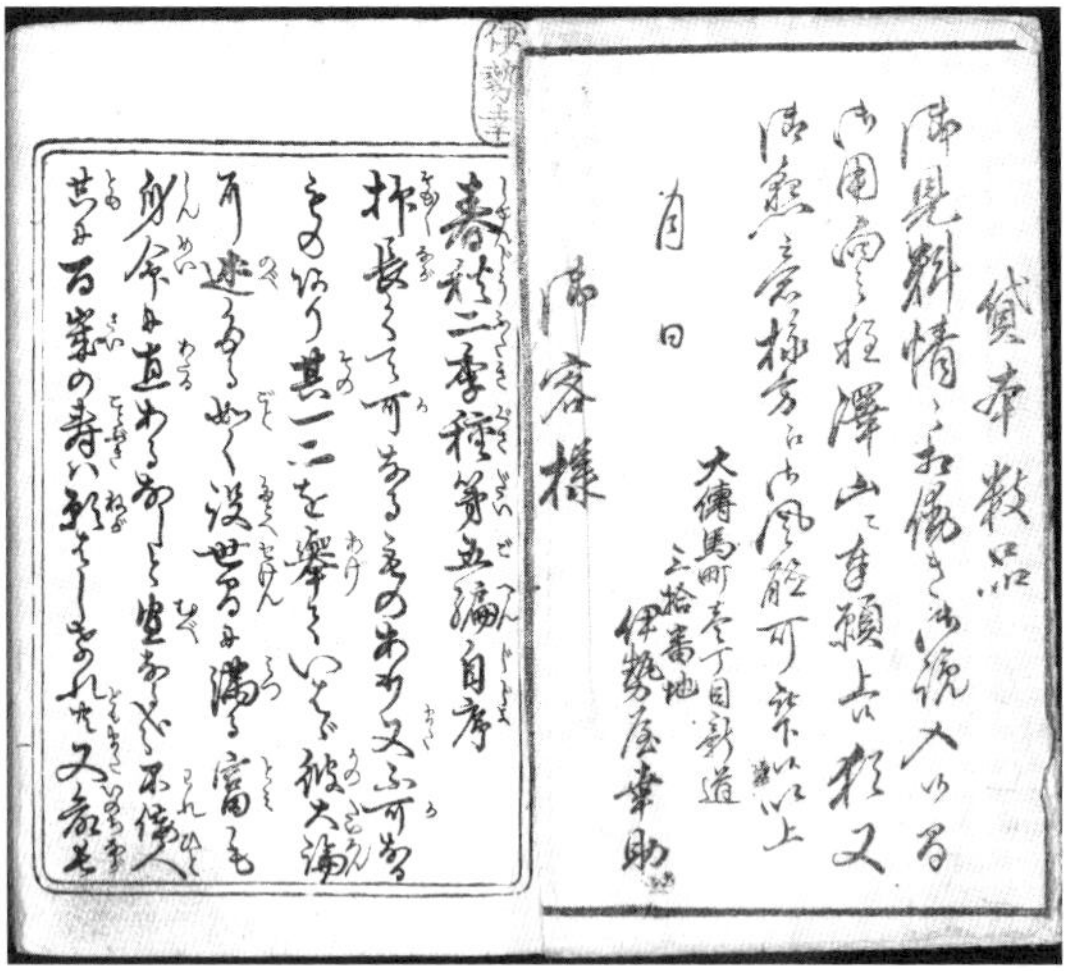

図3　『春秋二季種』5編（架蔵）に貼付された摺物

ら、確実に貸本印だとわかる手掛かりがなければ、判断は保留すべきでしょう。

　このように、少々扱い難い印ではありますが、貸本印は貸本文化を知る上で、大変有用な史料となり得る可能性を秘めています。

　たとえば、先ほどの図1の印文からは、萩（現在の山口県萩市）の米屋町で営業していた貸本屋、岡村茂七の印であることがわかります。また、印の存在からは、『恋夢艋』巻一がかつて岡村茂七の旧蔵であったこと、言い換えれば岡村茂七が『恋夢艋』巻一を貸し出していたことを指摘できます。つまり、貸本印一つから①貸本屋の名称や所在地、②貸本屋がどのような書籍を貸し出していたのか（貸本屋の蔵書内容）がわかるのです。さらに、貸本印が複数捺されていれば、③貸本屋から貸本屋へという書籍の流通についても知ることができます。

　現在のところ、江戸時代の貸本屋がどこにどれくらい営業していたかは、はっきりとわかっていません。また、貸本屋の蔵書内容についても、具体例はまだ数えるほどしか報告されていませんし、貸本屋間での書籍流通もまだまだわからないことが多くあります。このようななか、貸本印は貸本文化を深く知る上で、欠かすことのできない史料となり得るのです。

印主の調べ方

——松永瑠成

書籍に蔵書印が捺されていたら、それが誰の印かが気になりませんか？ 蔵書印の使用者（所蔵者）である「印主」を特定できると、誰の旧蔵書であるかがわかります。また、複数の印が捺されていれば、誰から誰の手を経て現在に至っているのか、言い換えれば書籍の来歴や伝来をも知ることができます。以下、唐来三和《とうらいさんな》作の黄表紙《きびょうし》『莫切自根金生木《きるなのねからかねのなるき》』の複製本（架蔵）に捺された蔵書印を例として、印主の調べ方の一例を示したいと思います。

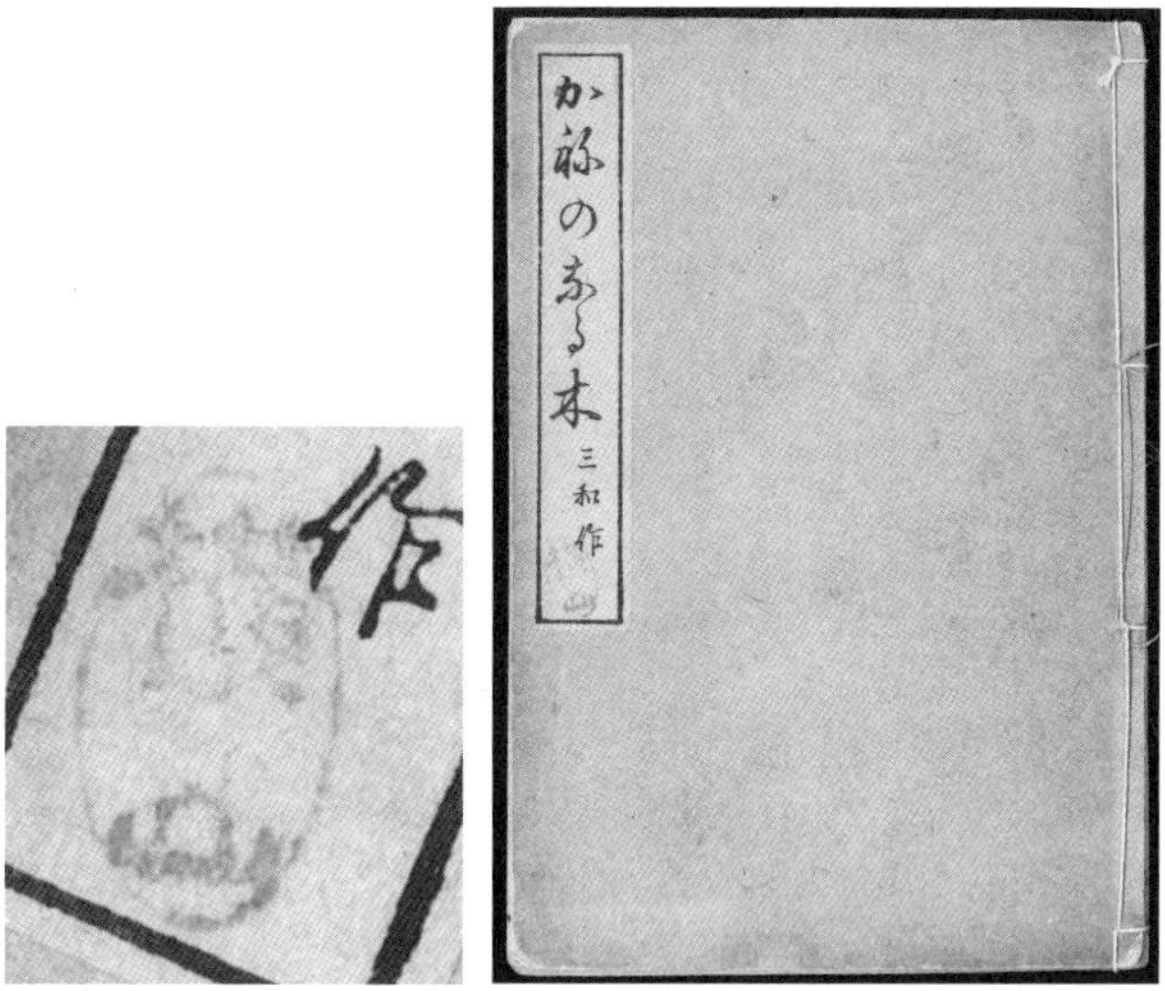

図１　複製本『莫切自根金生木』（架蔵）の表紙と題簽に捺された蔵書印

印主を調べていく上で最初の手掛かりとなるのは、言うまでもなく印文（印の文字）です。架蔵する複製本『莫切自根金生木』の題簽には、「横山」という楕円形の朱印が捺されています【図1】。この「横山」は印主の姓だと考えられますが、そのほか名・字・号などが印文に用いられていることも珍しくありません。したがって、なかには印文を判読できれば、印主も特定できてしまうケースもあります。

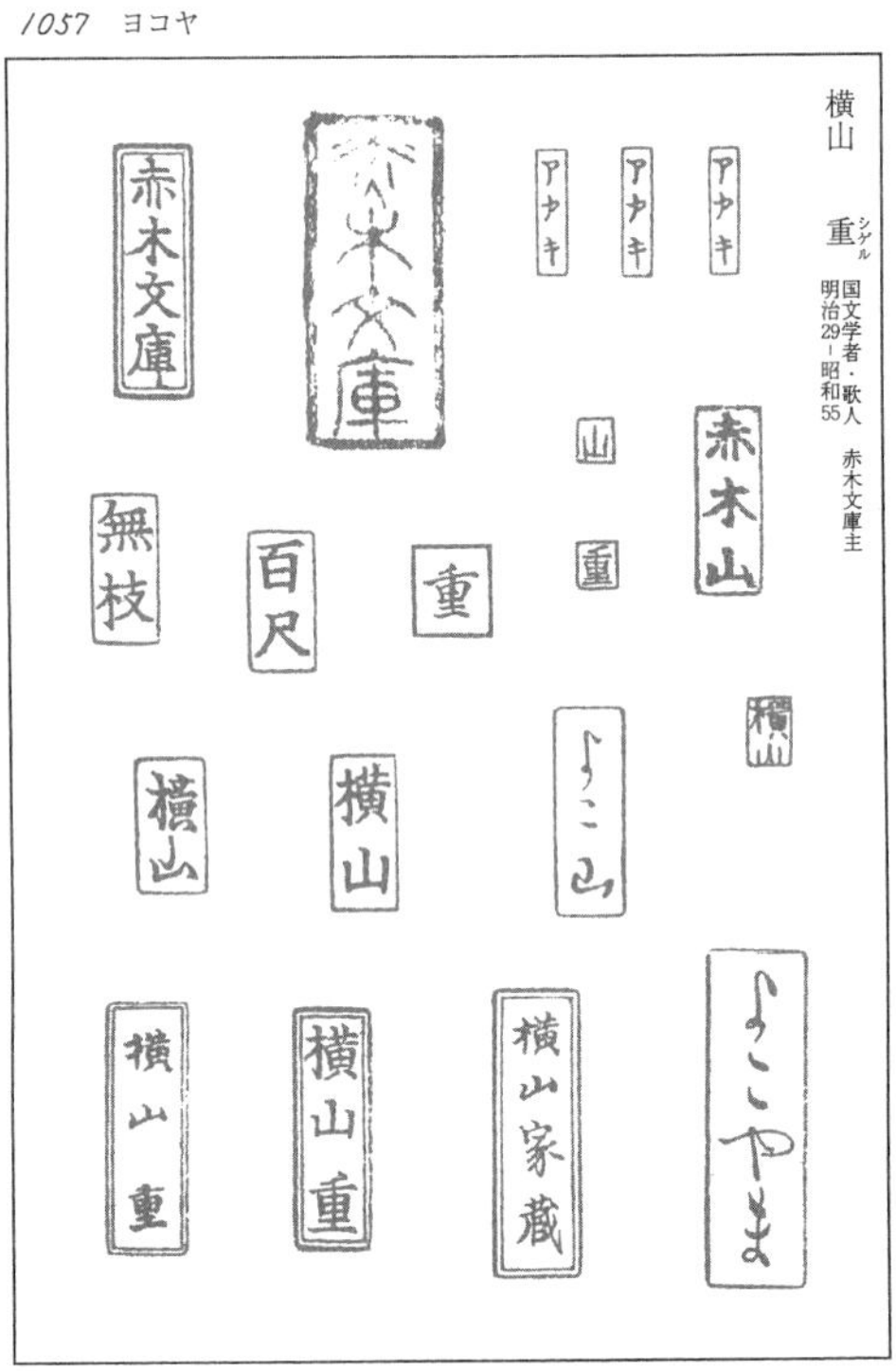

図2　横山重の蔵書印（『増訂新編蔵書印譜』中巻より）

図3　松野文庫蔵『絵本都草紙』に
捺された蔵書印
（DOI: 10.20730/200013609）

ですが今回は、「横山」という姓のみなので、印文から印主が誰であるのかを判断することができません。そこで、まずは蔵書印とその印主の情報を集めた蔵書印譜、また人文情報学研究所の「蔵書印データベース検索システム」（https://seal.dhii.jp/sealdb/）の二つを使って印主を調べてみます。

たとえば、渡辺守邦・後藤憲二編『増訂新編蔵書印譜』下巻（青裳堂書店、二〇一四年）の索引を引いてみると、同じ「横山」という印が中巻の一〇五七ページにあることがわかります。実際に確認してみると、確かに国文学者・歌人である横山重が用いた蔵書印のなかに、同じ「横山」印がありました【図2】。しかし、横山重の印は長方形であるため、今回調べている印とは異なるもののようです。次に「蔵書印データベース検索システム」の印文検索で「横山」と検索してみると、国文学研究資料館松野文庫蔵『絵《え》本《ほん》都《みやこ》草《そう》紙《し》』（請求記号：五四―二〇〇）に捺された蔵書印が該当しました【図

本 かたちと文化

フルカラー電子版 特別割引のご案内

50%OFF

お買い上げありがとうございました！

『本　かたちと文化』刊行記念特典として、冊子版をお買い上げのお客様に、同書籍のフルカラー電子版PDFデータを半額でご提供いたします。

国文学研究資料館所蔵の貴重資料をより現物に近い形で味わうことができる、この機会をお見逃しなく！

電子版通常価格=3,080円（税込）のところ、
特別割引価格=1,540円（税込）

『本 かたちと文化』(電子版)
ダウンロード販売はこちらから。
https://00m.in/IJxXd

クーポンコード　**bspe1123df**

使用可能回数は一回限りとなります（有効期限2025年12月31日）
クーポンコードの再発行はいたしません

- 特別割引のご利用にあたっては、勉誠社ウェブサイト[bensei.jp]のアカウントの作成が必須となります。詳細は、メニュー内「ご利用案内」をご参照ください。
- 特別割引は勉誠社ウェブサイトでのご注文のみご利用いただけます。ウェブサイトの手続きに従って、上記クーポンコードをご入力のうえ、ご購入ください。
- ダウンロード方法については、勉誠社ウェブサイトをご確認ください。
- クーポンコード、書籍データの譲渡およびSNS・ウェブなどへの投稿を禁じます。
- ご不明点は勉誠社営業部までお問い合わせください。

株式会社勉誠社営業部
info@bensei.jp 電話 03-5215-9021

3】。両者は一見似ていますが、残念ながら「山」の字の形が異なっています。しかも、同データベースに採録された印は印主が不明とされているため、たとえ同じ印であったとしても、それが誰の印であるかがわかりません。

このように印文から調べる方法では、残念ながら印主の特定には至りませんでした。そこで、印以外の部分にも目を向けてみることにします。書籍にみられる識語《しきご》や書き入れは、時として印主を特定するための手掛かりとなります。複製本『莫切自根金生木』の見返しには、「大正五年二月廿五日一読／健堂」と書かれています【図4】。

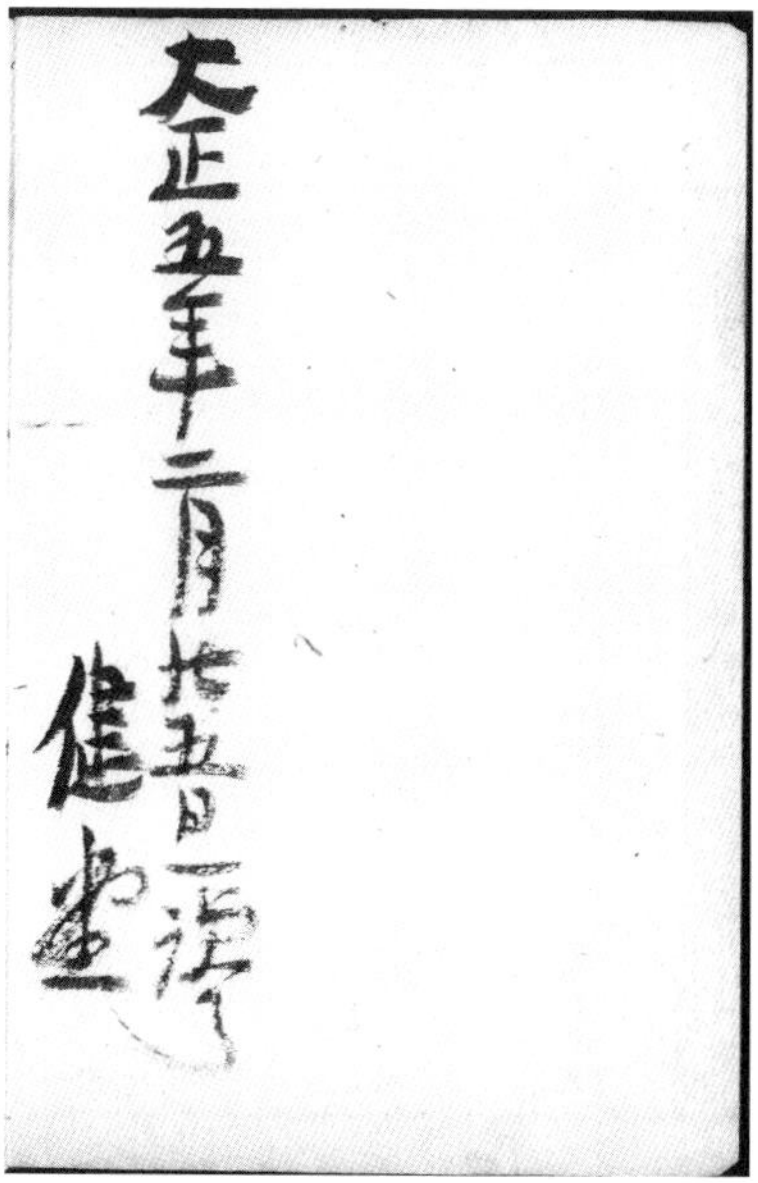

図4　複製本『莫切自根金生木』（架蔵）の見返し

「健堂」という号を用い、かつ「横山」姓であった人物に横山健堂がいます。横山健堂（一八七二～一九四三年）は、読売新聞や毎日新聞の記者を経て、駒澤大学や國學院大學で教鞭を執った人物です。先ほどの『増訂新編蔵書印譜』や「蔵書印データベース検索システム」で健堂の蔵書印を調べてみると、いずれも採録しているのは「黒頭／巾」「横山／達三」の二顆のみで、「横山」印は残念ながら見当たりませんでした【図5】。普通、ここまで調べてわからなければ、「横山」印の印主は不明とせざるを得ないでしょう。ですが、蔵書印譜や「蔵書印データベース検索システム」に採録されていない印も、当然まだまだある

横山　健堂

史論家　名達三　号黒頭巾
明治4－昭和18

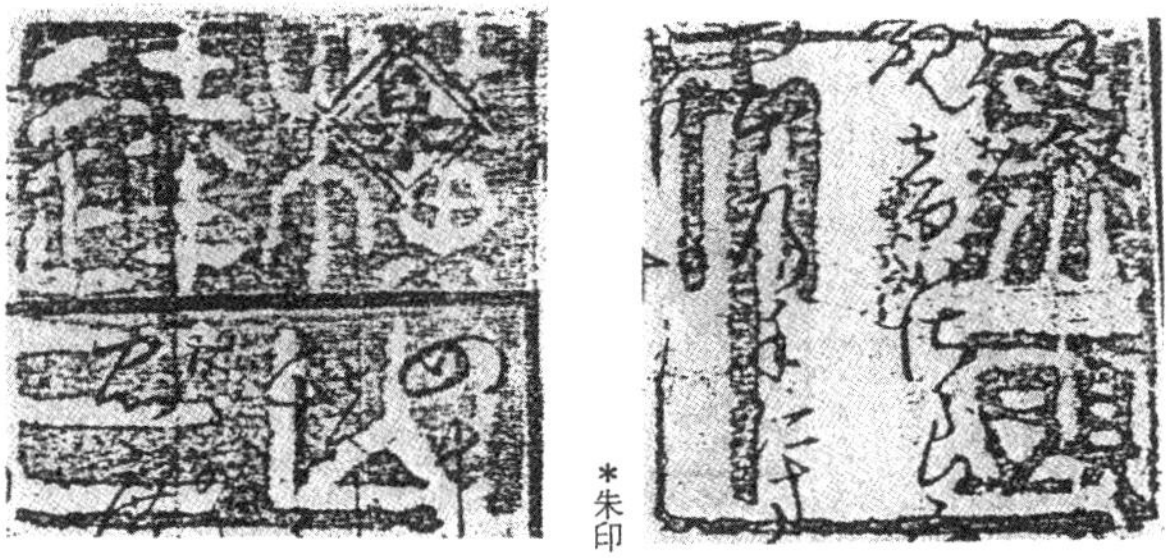

図5　横山健堂の蔵書印（『増訂新編蔵書印譜』中巻より）

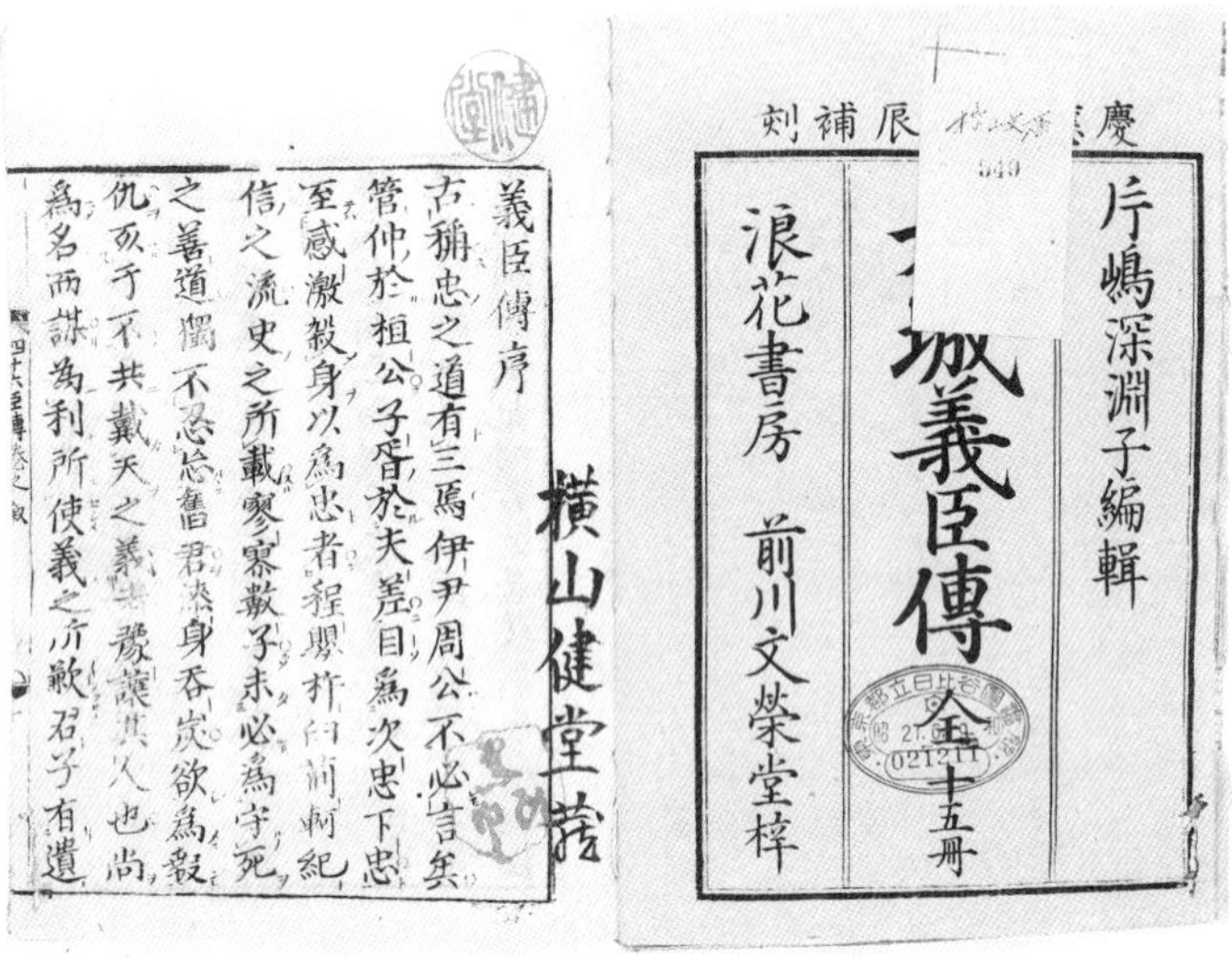

図6-1　都立中央図書館特別買上文庫蔵『赤城義臣伝』の巻首

ということを忘れてはいけません。そこで今回は、印主が横山健堂であると仮定した上で、もう少し調べてみたいと思います。

「横山」印が横山健堂のものだとすれば、同じ印がほかの旧蔵資料に捺されている可能性があります。そこで、東京都立中央図書館の特別買上文庫にある横山健堂旧蔵資料を調べてみました。いくつかの旧蔵資料を調べていくなかで、慶応四年（一八六八）刊の片島深淵子《しんえんし》（武矩《たけのり》）編輯『赤城義臣伝《せきじょうぎしんでん》』（請求記号：特三五〇七）に捺された、同じ「横山」印を見つけることができました。しかも、同じく題簽に捺されています【図6―1・2】。これで、架蔵する複製本『莫切自根金生木』に捺されていた印が、横山健堂のものだと確定することができました。

図6-2　都立中央図書館特別買上文庫蔵『赤城義臣伝』の表紙と題箋に捺された蔵書印

以上のように、蔵書印譜や「蔵書印データベース検索システム」に採録されていない印の場合、印主を調べるのは少々大変です。ですが、印文に姓名・字・号などがあれば、そこから『国書人名辞典』（岩波書店、一九九三～一九九九年）や森銑三・中島理壽編『近世人名録集成』（勉誠出版、二〇〇八年）などを駆使して印主を調べていくこともできます。とはいえ、調べてみても誰の印かわからないものが大半だと思います。その時に調べてわからなくとも、様々な文献に目をとおすなかで、ある日突然わかることもあるので気長に調べてみるのもよいでしょう。

講義8

江戸の出版文化

古活字版を中心に

入口敦志

はじめに

現存する世界最古級の印刷物である「百万塔陀羅尼《ひゃくまんとうだらに》」に始まる日本の出版は、世界的に見ても長い歴史を持ちます。しかし、地理的に近接した日中韓の出版の歴史を比較してみても、それぞれ独自の展開をしていることがわかるように、その発展の様態は国によって大きく異なっています。それは、その国の政治、宗教、経済などのあり方に強く規定されていると考えられます。単なる技術としての印刷ではなく、出版文化として捉える必要があることは、このことからも明らかでしょう。

十六世紀末には、日本で初めて活字を用いた印刷が始まりました。その時期に活字印刷された出版物を〈古活字版《こかつじばん》〉と呼んでいます。古活字版は大きな流行を見せますが、その隆盛はわずか五十年ほどに過ぎません。しかし、その五十年の間で、日本の出版の様相は大きく変わることになります。そこで、本講義では、最初に室町末までの出版史を概観し、古活字版を大きな転換点として位置づけた上で、江戸の出版文化について述べます。

一、古活字版以前の出版

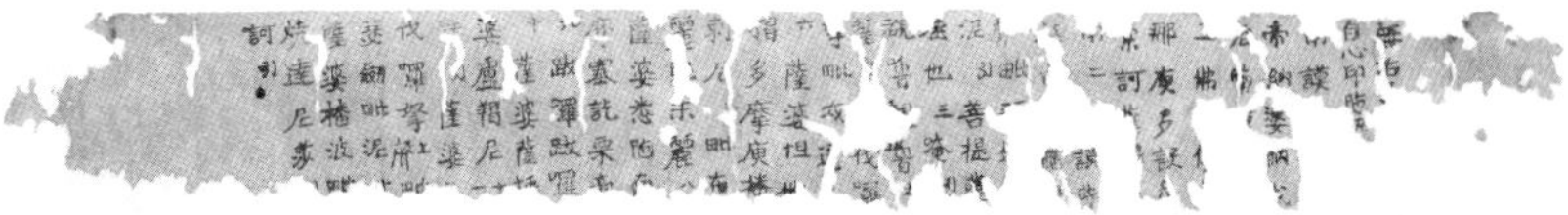

図1 『無垢浄光大陀羅尼経』(DOI:10.20730/200009894)

印刷の発祥は中国唐代だと考えられていますが、古い遺例から仏教と密接に結びついて起こったと推測されます。「百万塔陀羅尼」は、称徳《しょうとく》天皇（在位七六四～七七〇）の発願により一〇〇万部が印刷され、奈良の十大寺に奉納されました。年記を持つ最古の印刷物『金《こん》剛般若波羅密経《ごうはんにゃはらみつきょう》』（八六八年刊、敦煌出土、大英図書館蔵）には、王玠《おうかい》なる人物が父母の供養のために施入したという出版の事情が記されています。

日本では「百万塔陀羅尼」の後、ただちに出版が盛んになったわけではありません。しばらくの空白期間の後、平安時代末期ころから奈良の大寺院において経や論疏《ろんしょ》など仏書の出版が興り、鎌倉時代へと続いていきます。興福寺で出版された〈春日版〉をはじめとして、〈西大寺版〉〈東大寺版〉〈法隆寺版〉などがあります。南都《なんと》と言われる奈良の寺院で出版されたので、これらを総称して〈南都版〉と呼んでいます。

鎌倉時代に入ると、真言宗において〈高野版《こうやばん》〉の出版が始まり、江戸時代まで継続して刷り続けられていきます。鎌倉幕府の要職を務めていた安達泰盛《あだちやすもり》（一二三一～八五）が、高野版出版のために資金を施入したことは良く知られています。鎌倉新仏教のうち、臨済宗は盛んに出版事業を行っており、室町時代まで続きます。これを〈五山版《ござんばん》〉と呼びます。五山版は、鎌倉時代には禅籍が中心でしたが、室町時代以降は、詩文作成のための韻書や詩文集など、禅籍以外の漢籍も出版されるようになりました。

仏書の中でも、浄土系の出版物には注目すべきものがあります。『黒谷上人語燈録《くろだにしょうにんごとうろく》』（一三二一年刊）は、法然の著作を収録したものですが、出版されたひらがな交じりの和文としては最も早いものとされています。また、明徳年間（一三九〇～九四）に出版された『融通念仏縁起絵巻《ゆうずうねんぶつえんぎえまき》』もひらがな交じりの和文です。これらは、古活字版で本格化する和文出版のさきがけのようにも見えますが、他に類例がなく影響関係も考えにくいため、特殊なものであると考えられます。

二、寺院から民間へ

これまで述べたように、平安時代から室町時代中期に至るまでの出版は、主に寺院が担っており、ほぼ仏書に限られていました。しかし、地方の大名や町衆が経済力を付けるようになると、出版の担い手と種類が多様になっていきます。

堺の町衆による〈堺版〉には、日本最古の出版された経書として知られる『論語集解《ろんごしっかい》』（一三六四年、道祐刊）をはじめとして、阿佐井野《あさいの》氏による『三体詩《さんたいし》』（一四九四年刊）、『医書大全《いしょたいぜん》』（一五二八年刊）、『韻鏡《いんきょう》』（一五二八年刊）など、多彩な出版活動が見られます。地方大名では、中国地方の守護大名大内氏による〈大内版〉

があります。『妙法蓮華経《みょうほうれんげきょう》』（一五〇〇年刊）などの仏書もありますが、その特徴は二種の『聚分韻略《しゅうぶんいんりゃく》』（一四九三年、一五三九年刊）、臣下の杉武道による『論語集解』（一四九九年刊）のような韻書や儒書の出版にあります。薩摩の守護大名島津氏も、臨済僧桂庵玄樹《けいあんげんじゅ》を招き、『大学章句《だいがくしょうく》』（一四八一年刊）などの〈薩摩版〉を出版しています。

三、活字印刷の伝来

版式に議論のある「百万塔陀羅尼」を除き、十六世紀末までの日本での印刷はすべて整版、つまり木版による印刷でした。活字印刷は、すでに十一世紀の中国で行われていたことがわかっており、朝鮮半島においても高麗王朝時代から継続的に続けられていました。また、中国からヨーロッパにも伝わり、十五世紀にグーテンベルクが活版印刷術を開発したことは良く知られています。しかしその間、日本に活字印刷の技術は渡来しなかったのです。

十六世紀末になって、ようやく日本にも活字印刷の技術がもたらされます。しかも、朝鮮半島と西洋からほぼ同時に渡来することになります。

西洋からは、イエズス会によるキリスト教布教の教化書などの印刷を目的として、一五九〇年に活版印刷の機材一式が九州天草に導入されました。これを用いて印刷された出版物を、〈キリシタン版〉〈天草版〉と呼んでいます。キリシタン版には、ローマ字によるものと漢字ひらがな交じりのものがあります。ひらがなの活字には連綿体の連続活字なども見られ、仮名の古活字版に与えた影響は少なくないと考えられます。しかし、キリスト教の禁止、弾圧により、原本や資料などの多くが失われて現存数が極めて少ないため、詳しいことはわかっていません。

朝鮮半島からは、豊臣秀吉の朝鮮出兵によりもたらされます。文禄の役の折、小西行長が持ち帰った朝鮮王室の銅活字一式は、秀吉をとおして後陽成天皇に献上されました。天皇は、公家に命じて、献上された銅活字を用いて『古文孝経《こぶんこうきょう》』を印刷させたことが、西洞院時慶《にしのとういんときよし》の日記『時慶卿記《ときよしきょうき》』に記録されています。ただし、その現物は現存していません。これを文禄勅版《ぶんろくちょくはん》と言います。これを含め、朝廷は三次にわたり勅版を出版しています。

四、勅版

◆文禄勅版、後陽成《ごようぜい》天皇 最初の勅版。銅活字。文禄二年（一五九三）閏九月に『古文孝経』を刊行したことが、『時慶卿記』に記録されているが、現物は確認されていない。

◆慶長勅版、後陽成天皇 木活字。慶長二年（一五九七）『錦繡段《きんしゅうだん》』『勧学文《かんがくぶん》』、同四年（一五九九）『日本書《にほんしょ》紀神代巻《きじんだいのまき》』『古文孝経』『大学《だいがく》』『中庸《ちゅうよう》』『論語《ろんご》』『孟子《もうし》』『職原抄《しょくげんしょう》』、同八年（一六〇三）『白氏五妃曲《はくしごひきょく》』、『長恨歌琵琶行《ちょうごんかびわこう》』。

◆元和勅版、後水尾《ごみずのお》天皇 木活字。元和七年（一六二一）『皇朝事宝類苑《こうちょうじほうるいえん》』【図2】。

勅版の意義は、その書目を見てもわかるとおり、室町時代以前の出版の中心であった仏書が含まれていないことです。『論語』など儒教の経書や漢籍が中心で、更にはこれまで写本のみで行われ出版されることがなかった『日本書紀』や『職原抄』などの国書が含まれていることは特筆すべき点です。ただし、すべて漢字のみのもので仮名は用いられていません。勅版は元和で終結し、以後江戸時代を通じて朝廷は出版に携わることがありませんでした。

日本人による最初の活字による出版が勅版であったことは、その後の古活字版の隆盛に大きく寄与しているのではないでしょうか。見慣れない新しい技術に対し、天皇の権威が加わることで抵抗感が減り、むしろ追随する姿勢につながったと考えることができます。

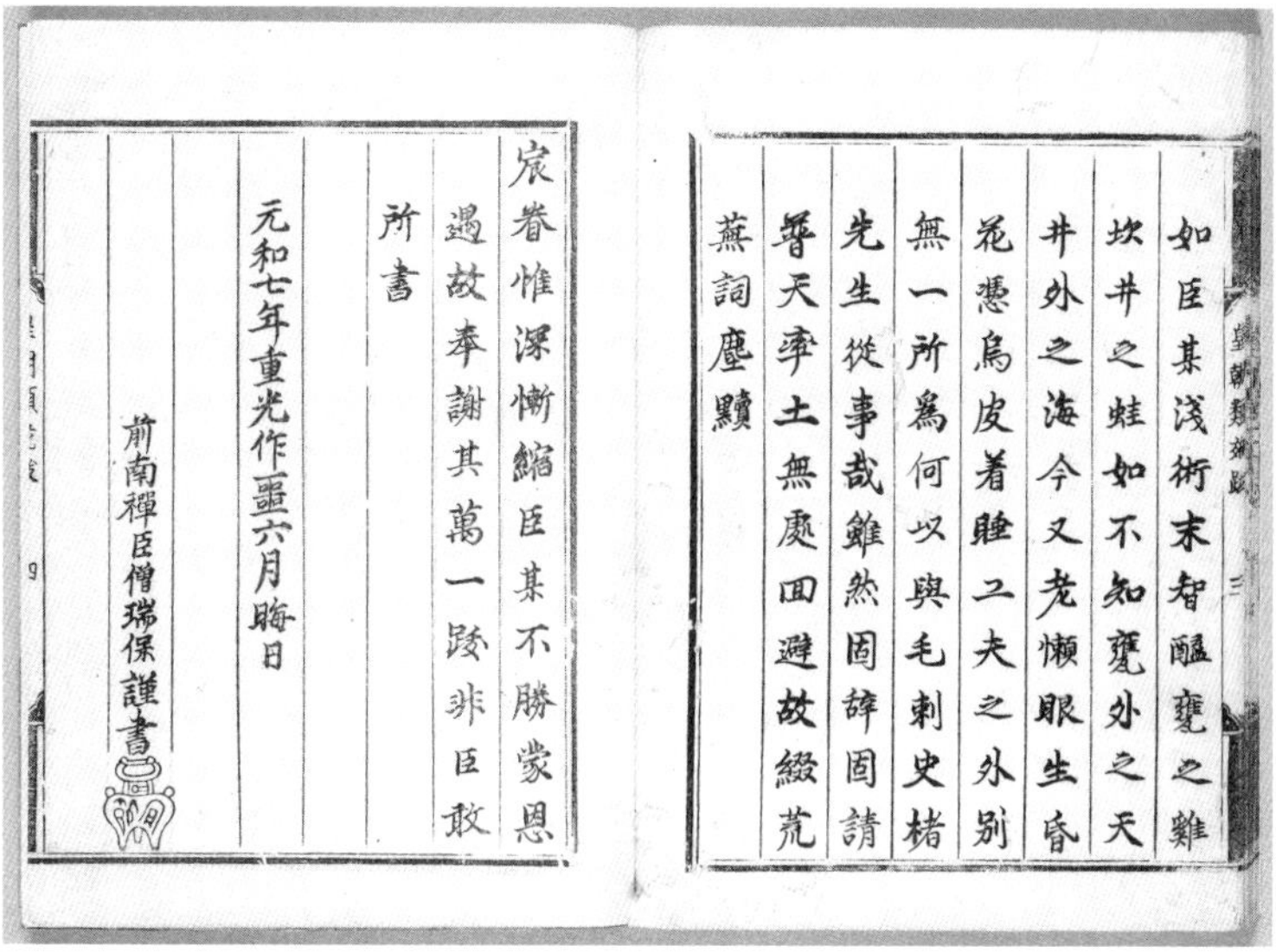
皇朝類苑跋　三
如臣某浅術末智甌窶之難
坎井之蛙如不知甕外之天
井外之海今又老懶眼生昏
花憑烏皮着睡二夫之外別
無一所為何以與毛剌史楮
先生従事哉雖然固辞固請
普天率土無處回避故綴荒
蕪詞塵贖
宸眷惟深慚縮臣某不勝蒙恩
遇故奉謝其萬一跋非臣敢
所書
元和七年重光作噩六月晦日
前南禅臣僧瑞保謹書

図2　元和勅版『皇朝事宝類苑』跋（DOI：10.20730/200010643）

五、武家による出版

徳川家康が閑室元佶《かんしつげんきつ》（一五四八～一六一二）に木活字を与え、伏見円光寺で刊行させたものが〈伏見版〉で

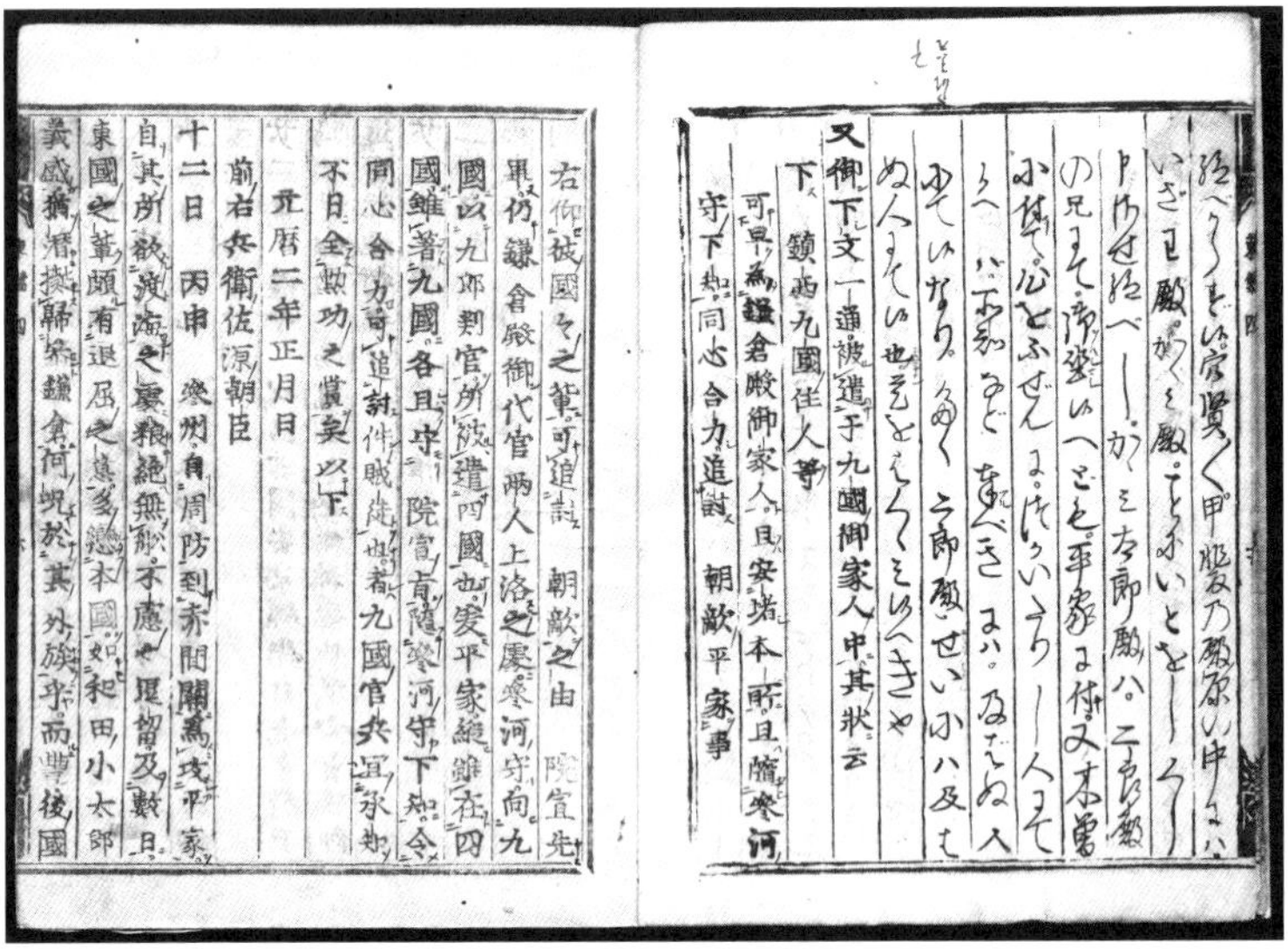

又御下文一通被遣于九國御家人中、其狀云
下 鎭西九國住人等
可早爲鎌倉殿御家人、且安堵本宅、且隨參河守下知、同心合力追討 朝敵平家事

右彼國々之輩可追討 朝敵之由 院宣先畢、仍鎌倉殿御代官兩人上洛之處、參河守向九國、以九郎判官所被遣四國也、爰平家縱雖在四國、雖籠九國、各且守 院宣、有隨參河守下知、令同心合力可追討件賊徒也者、九國官兵宜承知、不日全勲功之賞矣、以下
元暦二年正月日
前右兵衛佐源朝臣
十二日 丙申 參州自周防到赤間關、爲攻平家、自其所欲渡海之處、粮絶無船、不慮之外逗留及數日、東國之輩頗有退屈之意、多戀本國、如和田小太郎義盛猶潜擬歸參鎌倉、何况於其外族乎、而豐後國

図3　伏見版『新刊吾妻鏡』巻四（DOI：10.20730/200008339）

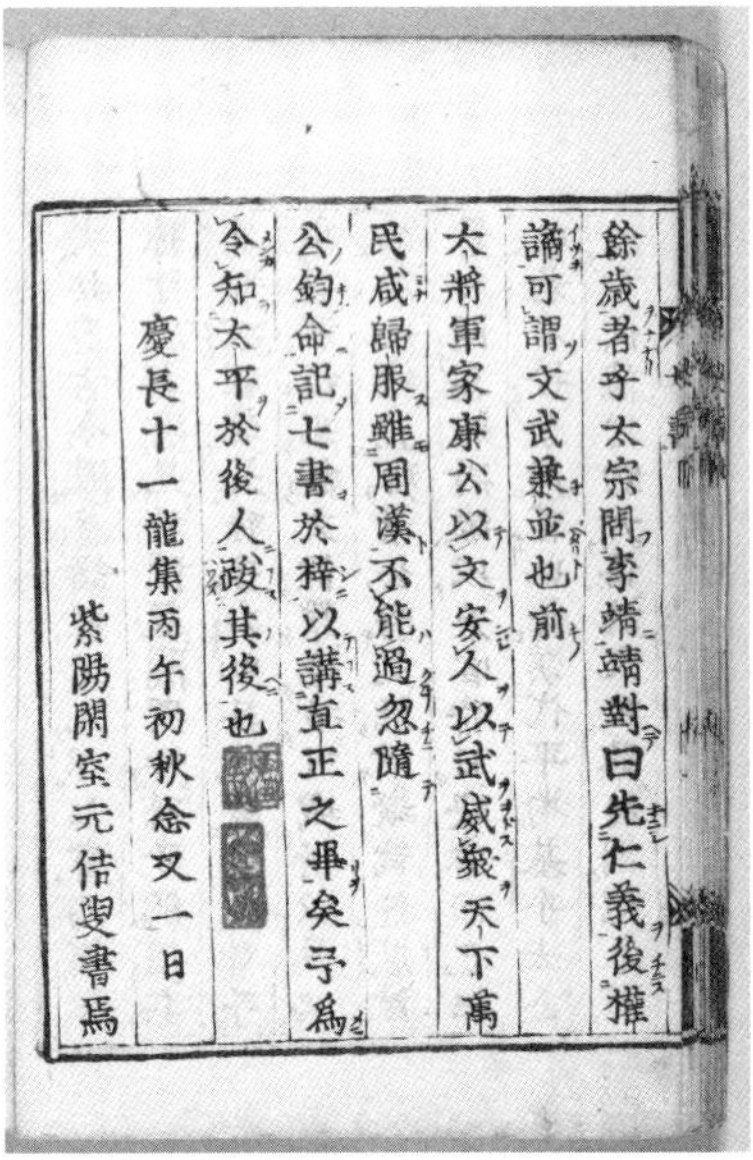

餘歳者乎、太宗問李靖、靖對曰、先仁義後權譎、可謂文武兼並也、前大將軍家康公、以文安人、以武威衆、天下萬民咸歸服、雖周漢不能過、忽隨公鈞命、記七書於梓、以講貢正之畢矣、予爲令知太平於後人、跋其後也
慶長十一龍集丙午初秋念又一日
紫陽閑室元佶叟書焉

図4　伏見版『七書』「唐太宗李衛公問対」刊語
（DOI：10.20730/200020756）

す。慶長四年（一五九九）の『孔子家語《こうしけご》』『六韜《りくとう》』『三略《さんりゃく》』を初めとして、『貞観政要《じょうがんせいよう》』『吾妻鏡《あづまかがみ》』【図3】『周易《しゅうえき》』などがあり、慶長十一年（一六〇六）『七書《しちしょ》』【図4】の刊行をもって終結します。武家らしく『六韜』『三略』などの兵法書、また政治の要諦を語る『貞観政要』などが含まれていることが特徴です。出版の始まった慶長四年は、豊臣秀吉が没した翌年であり、家康が政権を担う自負と姿勢を示したものと考えられるでしょう。

これに対して、豊臣氏は出版には積極的に関わらず、慶長十一年に秀頼が『帝鑑図説《ていかんずせつ》』を唯一刊行しただけでした。これを〈秀頼版〉と呼んでいます。明で出版されたものを覆刻したもので、全ての話に挿絵が入っていることが特徴です。後に和訳されたひらがな本【図5】も数次出版されるなど、画題として好まれた挿絵と同様、後世に影響を与えました。

〈駿河版〉は家康が駿河に退隠後、以心崇伝《いしんすうでん》と林《はやし》羅山《らざん》に命じて、銅活字で刊行したもの。元和元年（一六一五）『大蔵一覧集《だいぞういちらんしゅう》』と翌年の『群書治要《ぐんしょちよう》』があります。

上杉景勝の家臣、直江兼続は学問を好んだことで知られますが、古活字版の出版にも携わっています。慶長十二年（一六〇七）に日蓮宗の要法寺に依頼して『六臣注文選《りくしんちゅうもんぜん》』を出版しました。これを〈直江版〉と言います。

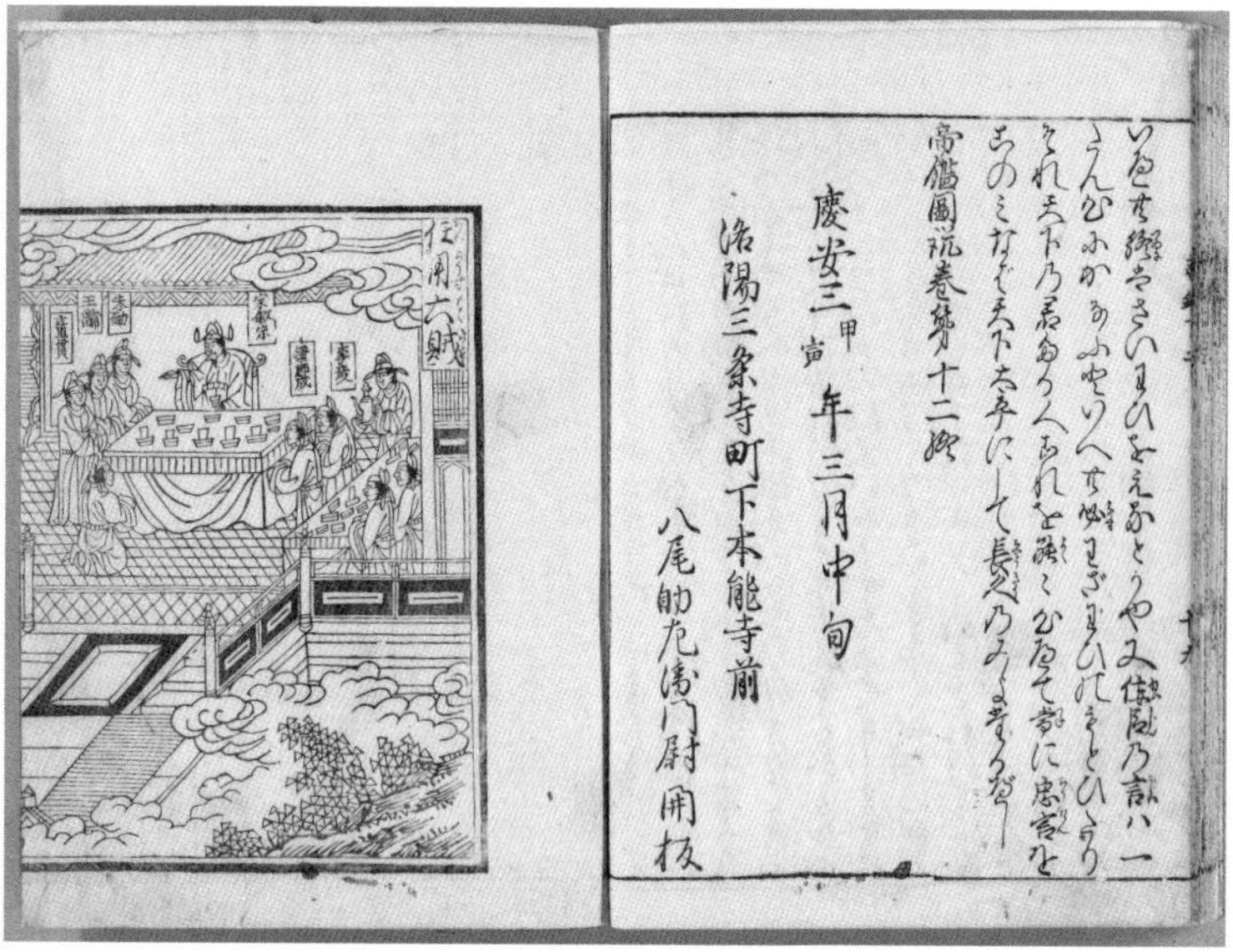

図5 『帝鑑図説』慶安三年刊和訳本　刊記（DOI：10.20730/200015163）

六、寺院による出版

寺院による古活字版でまず注目すべきは、〈要法《ようぼう》寺版《じばん》〉でしょう。その名のとおり、日蓮宗の要法寺で出版されたもので、慶長五年（一六〇〇）の『法華験記《ほっけげんき》』『倭漢皇統編年合運図《わかんこうとうへんねんごううんず》』に始まり、続いて、『日本書紀神代巻』（一六〇五年刊）、『沙石集《しゃせきしゅう》』『太平記《たいへいき》』（一六一三年刊）などがあります。要法寺では、前述のように直江兼続の依頼による出版も行っています。要法寺の円智日性《えんちにっしょう》は、伏見版に関わった閑室元佶、兼続に招かれた涸轍祖博《こてつそはく》と足利学校《あしかががっこう》の同門であり、それぞれが初期の古活字版出版に関わっていることは大変興味深いことです。

慶長十七年（一六一二）天台僧の宗存《しゅうぞん》の発願と勧進によって、慶長十八年（一六一三）から元和頃までに出版された一切経《いっさいきょう》があります。木活字を用いて刷られたもので、これを〈宗存版〉と呼んでいます。ただし、完遂はしませんでした。また、天海《てんかい》の発願により、寛永十四年（一六三七）から慶安元年（一六四八）にかけて同じく木活字によって刊行された一切経があります。これが〈天海版〉です。天海版は、徳川家光の援助によって刊行されました。その他、中世以来の高野版や叡山版にも古活字版があります。

以上、ここまで略述した古活字版は、『吾妻鏡』がひらがなを、『沙石集』『太平記』がカタカナを交える以外ほとんどが漢字のみを使用したものです。公的な権力や寺院が、ひらがなを交えた書籍を出版していないことは、注意しておいてください。漢字とひらがなという使用文字種の違いは、単に表記の問題にとどまらず、学問における身分や格式の問題とも密接に関わっていると考えられます。

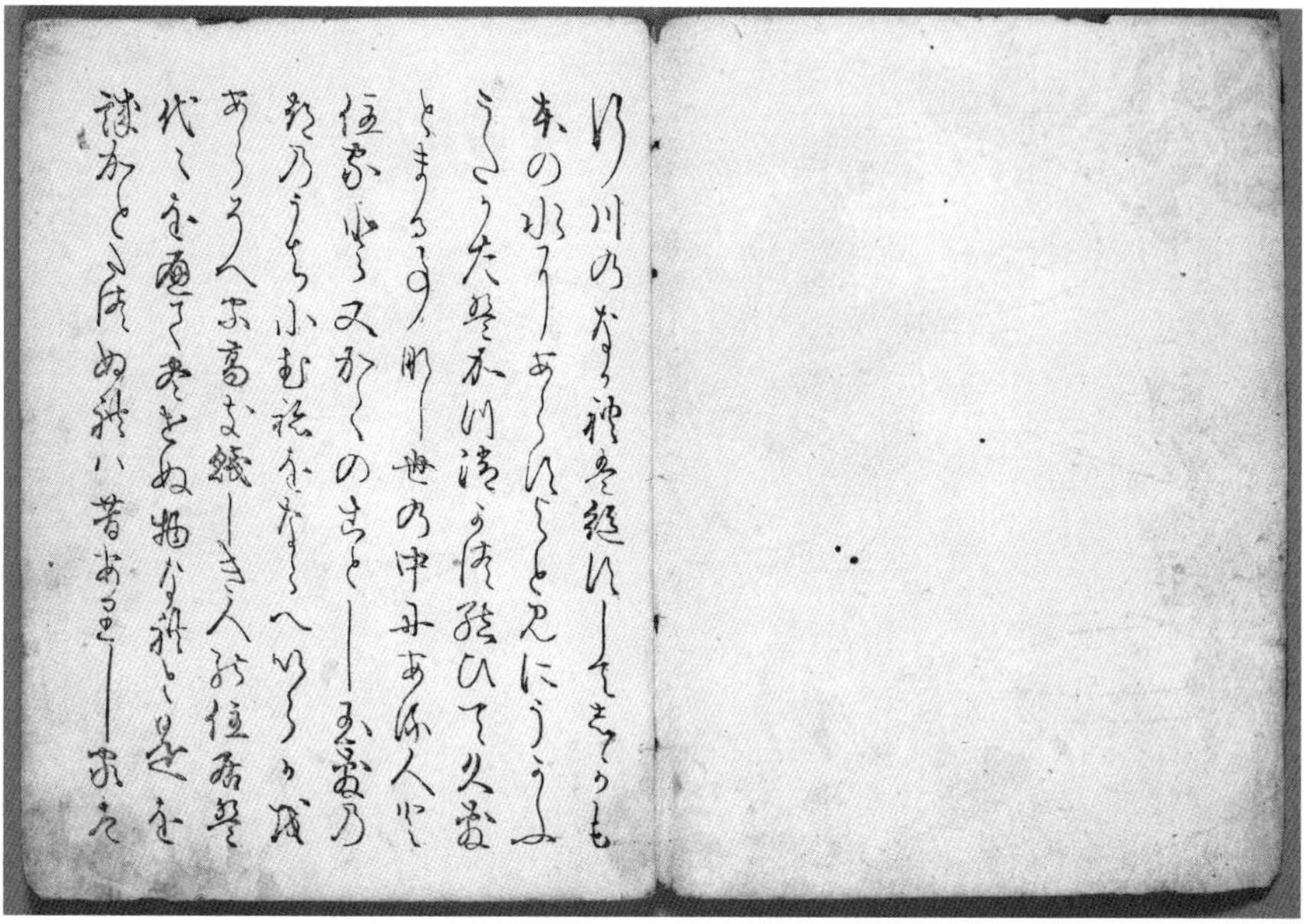

図6　嵯峨本『方丈記』(DOI: 10.20730/200016993)

七、嵯峨本

以上、古活字版の内、主に権力や寺院によって刊行された漢字を主体とした書籍を見てきました。ここからは、ひらがなを主体とする出版物について考えてみることとしますが、その出版者については、わからない点が多いのです。はっきりと○○版と言えるようなものは〈嵯峨本《さがぼん》〉だけだと言ってもよいでしょう。その嵯峨本にしても、現在に至るまで、明解な定義がなされていないのが現状です。

嵯峨本　慶長十三年（一六〇八）刊『伊勢物語』を魁とする、料紙・装訂ともに美術工芸的な意匠で彩られた、本阿弥光悦流書体およびそれと類似の書風を版下にもつ一群一類の

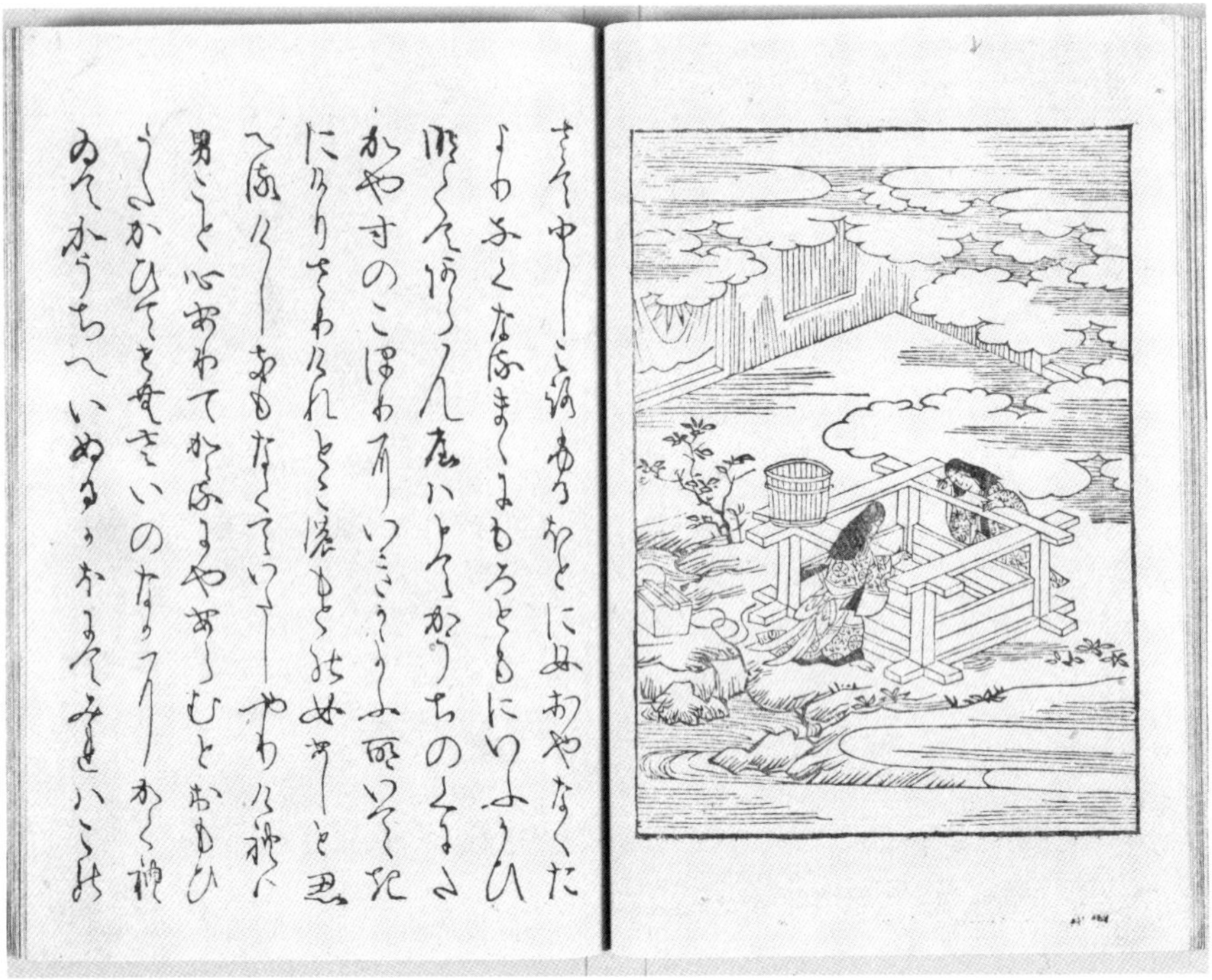

図7　嵯峨本『伊勢物語』(DOI：10.20730/200024817)

版本をいう。

これは『日本古典籍書誌学辞典』「嵯峨本」の岡崎久司による項の冒頭で、基本的な定義はこれに尽くされています。〈光悦《こうえつ》本《ぼん》〉〈角倉本《すみのくらぼん》〉といった呼称もありますが、本阿弥光悦《ほんあみこうえつ》や角倉素庵《すみのくらそあん》がどの程度関わっていたかについては、明らかになっていません。特徴は、『方丈記《ほうじょうき》』【図6】『徒然草《つれづれぐさ》』「観世流謡本《かんぜりゅううたいぼん》」などの国書が大半で、ひらがな漢字交じりの木活字による印刷であり、また、『伊勢物語《いせものがたり》』【図7】『扇《おうぎ》の草紙《そうし》』など整版《せいはん》による挿絵が入ったものがあること。造本にも、唐紙や色替わりの装飾料紙を使用したもの、印刷物には珍しい両面刷り列帖装《れっちょうそう》のものなどがあり、華麗な意匠を凝らしています。

八、啓蒙の端緒

『延寿撮要《えんじゅさつよう》』は、曲直瀬玄朔《まなせげんさく》（一五四九〜一六三一）によって慶長四年（一五九九）頃に出版されました。玄朔は当代を代表する医者で、天皇から庶民まで貴賤を問わず医療を施していました。一時罪を得て常陸国《ひたちのくに》に流罪となっていましたが、その折に庶民が養生の知識なく困窮する姿を見て、啓蒙のために書いた書物が『延寿撮要』です。出版の事情はその跋文に述べられていますが、次の二点は特筆すべきでしょう。一つは、庶民への啓蒙のためひらがなを用いたことが明言されていること。もう一つは、後陽成天皇の叡覧に供したことですが、ここで天皇の権威が関わっていることは重要です。その後のひらがなによる古活字版出版を推進する大きな力になったと考えられるからです。ひらがなで書かれた実用的な古活字版に和算《わさん》の書『塵劫記《じんこうき》』（一六二七年刊）がありますが、これらの書物は、整版本の時代に入っても書型や題名を変えながら何種類も出版され、庶民の間に浸透していくという特徴を持ちます。

その他、ひらがな漢字交じりの古活字版の早い例として注目すべきは『大坂物語《おおざかものがたり》』です。題名のとおり、慶長十九年（一六一四）に起こった大坂冬・夏の陣の速報として出版されました。冬の陣直後に上巻が出版され、夏の陣の後に下巻を付して上下二巻の構成になったものと言われています。出版されたルポルタージュとしては東アジアでも最初期のものであり、画期的なものでした。しかも、十七世紀後半の整版本の時代になっても、繰り返し覆刻されて読みつがれています。このようなルポタージュの系統はその後、明暦の大火（一六五七年）に取材した『むさしあぶみ』、寛文二年（一六六二年）の近畿大地震に取材した『かなめいし』などの整版本に続いていきます。

文学的なものでは、『犬枕《いぬまくら》』『恨の介《うらみのすけ》』『竹斎《ちくさい》』などの当代の風俗を活写した作品が古活字版として出版されています。これらは「仮名草子《かなぞうし》」と呼ばれるもので、当代の社会情勢を反映した時事性の強い作品が多く見られます。古活字版の仮名草子は作者がわからないものが多いのですが、十七世紀後半に入ると、ひらがなで書かれた作品であっても著者の名前を明記するようになります。浅井了意《あさいりょうい》や朝山意林庵《あさやまいりんあん》などといった民間の著述者が現れてきたことも大きな特徴です。評価の定まった伝統文学だけではなく、評価の定まらない新しい文学作品が出版されるようになったことに、新しいメディアとしての古活字版の特徴がよく現れていると考えられます。これらの特徴は一八世紀以降の江戸文学の萌芽的な要素と言うことができます。

九、古活字版から整版本への移行――商業出版の隆盛へ

隆盛を誇っていた古活字版も、寛永頃（一六二四～一六四五）から整版による出版に徐々に切り替わっていきます。それと同時に、書肆《しょし》による出版が盛んになります。活字での印刷は、少部数を印刷するには適していますが、同じものを再版、再々版と版を重ねる場合、その都度組み版をし直す必要があり、不便です。しかし、整版であれば、一度板木を作成しておけば、注文に応じていつでも刷り出すことが可能です。その特徴が、商業出版を行う書肆にとって都合が良かったものと推測されます。

整版による商業出版が盛んになるとともに、出版点数や種類が飛躍的に増大します。その様態は、寛文六年（一六六六）頃に刊行された『和漢書籍目録《わかんしょじゃくもくろく》』によって知ることができます。この本は商品としての出版物を網羅した目録では現存最古のもので、このような販売のための目録が出版されること自体が商業出版の隆盛を物語っていると言えるでしょう。二十二門に分類されているので、出版物の多様さを示すものとして、分類項目のすべてを掲げておきます。

経部、天台宗弁当宗、法相宗、律宗、倶舎宗、真言宗、禅宗、浄土宗弁一向宗、外典、詩弁聯句、字書、神書弁有職、暦占、軍書、医書、歌書、和書弁仮名類、連歌書、俳諧書、舞弁草紙、往来物弁手本、絵図。

十、近世前期の代表的な出版書肆

商業出版が盛んになるとともに、書物の形式も整うようになります。特に刊記が整備され、刊年と出版者が明記されるようになります。以下に江戸前期の代表的な書肆を列記しておきます。

上方

・村上勘兵衛　京都、元和年間創業。日蓮宗を中心とした仏書。平楽寺書店として現存。
・杉田勘兵衛　京都、元和頃から。
・野田弥兵衛　京都、寛永頃から。漢籍、仏書、仮名草子、俳書など。

・鶴屋喜右衛門 京都、寛永頃から。古浄瑠璃正本。近松本。
・正本屋九兵衛 京都、寛永頃から。古浄瑠璃正本。
・出雲寺和泉掾 京都、正保頃から。漢籍、歌書など。
・八文字屋八左衛門 京都、慶安頃から。江島其磧《えじまきせき》、多田南嶺《ただなんれい》らの浮世草子。
・池田屋三郎右衛門 大坂、天和頃から。西鶴《さいかく》本、実用書。
・毛利田庄太郎 大坂、貞享頃から。西鶴本、実用書。
・正本屋九右衛門 大坂、貞享元年（一六八四）正本屋九兵衛の出店として大坂進出。

江戸

・鱗形屋三左衛門 江戸、寛永頃から。浄瑠璃正本、評判記、絵草紙など。
・松会《まつえ》 江戸、承応頃から。京都の出版物を版式を替えて出版。武鑑《ぶかん》など。

以上、近世前期の出版について略述しました。まとめると、室町末までほぼ仏教関係ばかりであった出版が、古活字版の盛行により多様な書物が生み出されるようになっていきます。その後、古活字版が衰微し整版による出版に主流が移っても、その傾向は変わらず、むしろますます多くの種類の書物が出版されるようになります。わずか五十年の古活字版隆盛によって、日本の出版史の面貌は大きく変えられたと言えるでしょう。古活字版が江戸の出版文化を準備し、更に近現代に至る道を拓いたのです。

なお、古活字版が終焉を迎えた十七世紀中頃以降も、活字を使った印刷は行われていました。これを古活字版と区別して〈近世木活《きんせいもっかつ》〉と呼んでいます。近世木活は少数配布のための私家版、藩校や私塾の教科書な

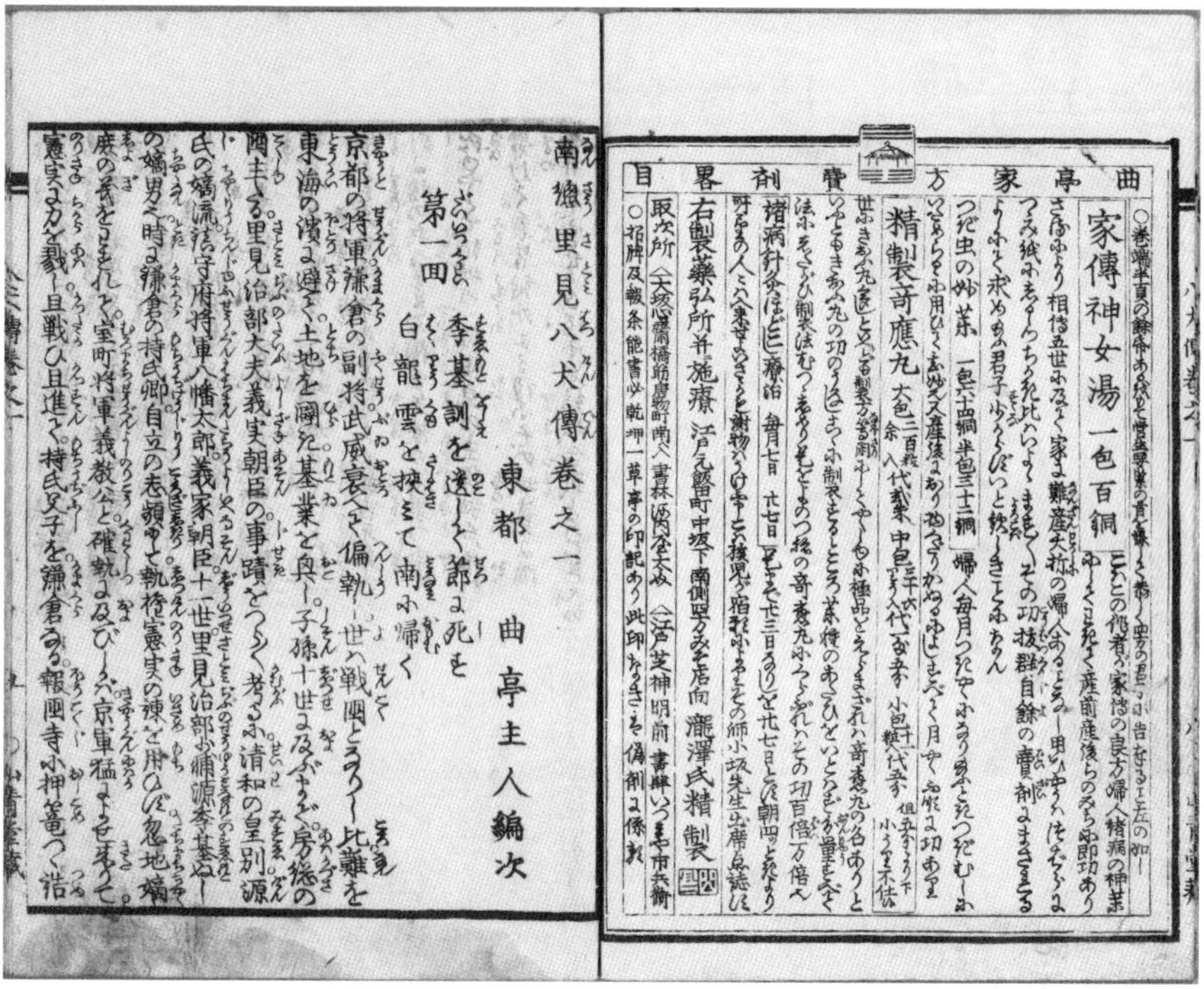
南総里見八犬傳巻之一
東都 曲亭主人編次
第一回
曲亭家方賣劑略目
家傳神女湯 一包百銅
精製奇應丸

図8　読本『南総里見八犬伝』巻之一（DOI：10.20730/200014685）

どが主です。

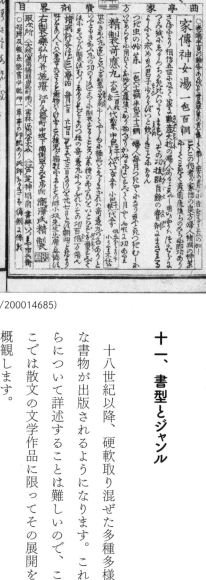

十一、書型とジャンル

十八世紀以降、硬軟取り混ぜた多種多様な書物が出版されるようになります。これらについて詳述することは難しいので、ここでは散文の文学作品に限ってその展開を概観します。

江戸時代の出版物の大きな特徴の一つに、書物の形態が強固に様式化されていることがあげられます。日本の書物の歴史をたどってみると、個別的に製作される写本においても、ジャンルと書物の様式は密接に結びついているという面がありますが、大量に生産される版本ではより強固に様式化されています。また、写本の様式が、巻《かん》

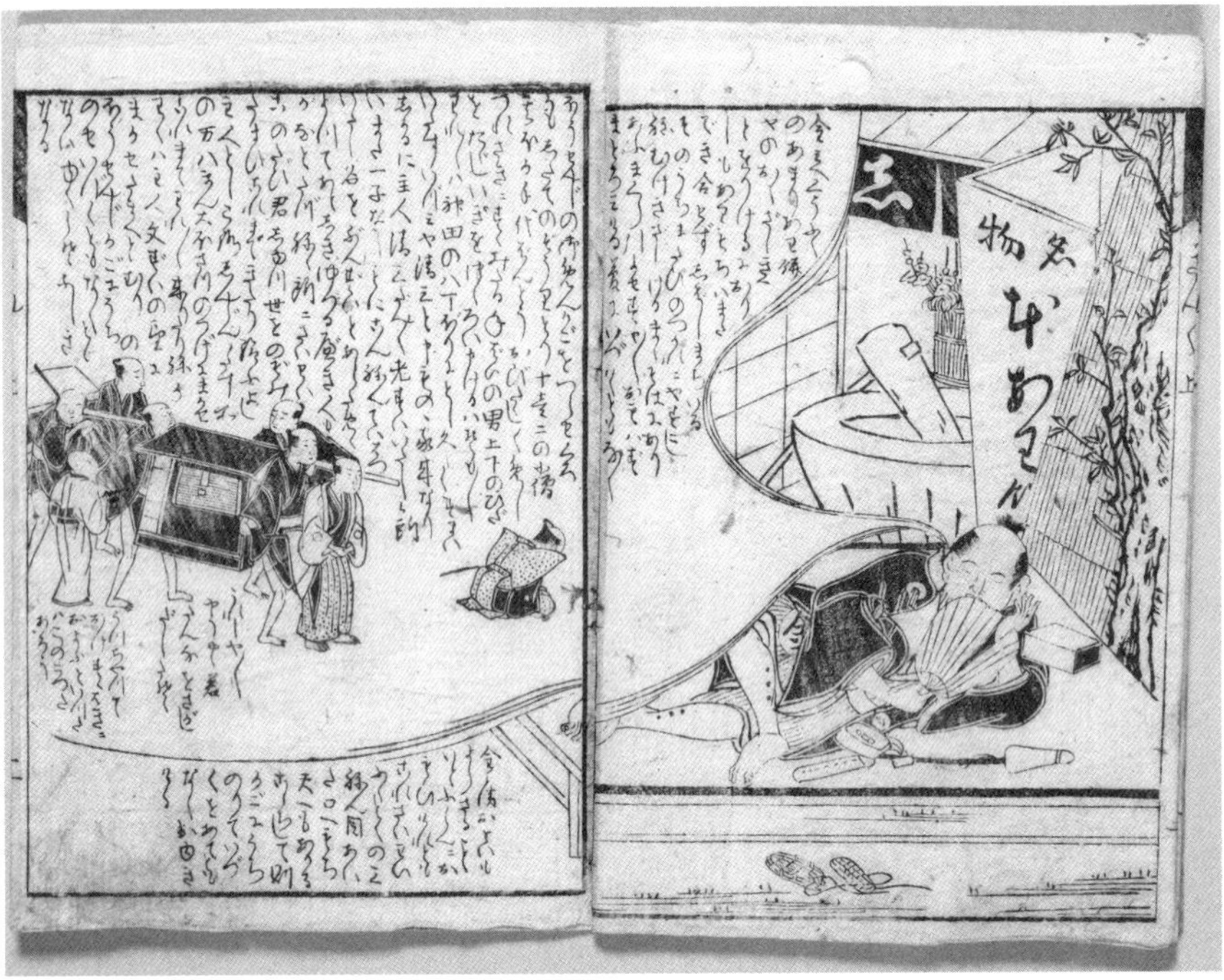

図9　黄表紙『金々先生栄花夢』(DOI:10.20730/200015145)

子本《すぼん》、粘葉装《でっちょうそう》、列帖装《れっちょうそう》などの装訂法で区別されていたのに対し、版本に関しては、装訂法がほぼ袋綴に集約される一方、大きさによって区別されるようになっています。これは、出版という業態が、板木や紙などの手工業製品によって成り立っていることと密接に関わっていると考えられます。板木や紙を大量に生産するためには、規格化が必須だからです。

江戸時代に使われた書籍の大きさは主に次の四つです。

大本《おおほん》　美《み》濃《の》判紙《ばんし》の半分の大きさ。縦二七センチ程度。※数値は目安。

半紙本《はんしぼん》　半紙の半分の大きさ。縦二四センチ程度。

中本《ちゅうほん》　大本の半分の大きさ。縦一九

センチ程度。

小本《こほん》　半紙本の半分の大きさ。縦一六センチ程度。

大本より大きな本を〈特大本〉、小本より小さな本を〈特小本〉〈豆本〉などと呼んでいますが、これらは規格外のものと言えるでしょう。以上は縦長の書物ですが、これとは別に横長の書物もあり、これを〈横本〉と呼んでいます。横本にも大きさに種類がありますが、一般に携帯して使う実用的なものに使われる書型とされます。

江戸時代の出版物は大きく二つに分けられます。〈物の本〉と〈草子〉です。この二分は出版物の格式（身分）とでもいうべきもので、それらを扱う本屋にも厳然とした区別がありました。その定義は中野三敏によって次のように端的にまとめられています。

物の本　典籍というに等しく、伝統文芸や道徳・思想に関する書物類。そしてそのような書物の出版を手がける本屋を「物の本屋」とも称して本格的な出版書肆とみなした。

草子　「物の本」に対してより通俗的・娯楽的で廉価な、安っぽい書物類。これの出版を手がける「草子屋」は「物の本屋」より一段格下の本屋とみなされる。

（中野三敏『書誌学談義 江戸の板本』岩波書店、一九九五年）

これを書型に当てはめると、物の本は大本、通俗的・娯楽的な草子は半紙本以下と言うことも出来るでしょう。

十二、散文読みものの書型

江戸時代の読みものは十七世紀をとおして出版され続けた〈仮名草子〉に始まります。前述の通り、仮名草子はルポルタージュや観光案内など、多様な内容を含んでいましたが、その多岐にわたる特徴は、その後様々

	大本	半紙本	中本	小本
十七世紀 中頃 末頃	仮名草子 浮世草子		赤本（草双紙）	
十八世紀 中頃		浮世草子 談義本 前期読本（上方）	黒本 青本 黄表紙	洒落本
十九世紀		後期読本（江戸）	合巻 滑稽本 人情本 中本型読本	

なジャンルに分化していきます。仮名草子と初期の浮世草子が大本であるのは、まだ規格化がすすんでいなかったことや、書物そのものが貴重であり、一定の身分階層以上でなければ購入・所蔵が出来なかったという時代背景によると考えられます。

以後、通俗的な読みものは半紙本・中本の書型をもって展開しますが、その半紙本と中本にも差異が見られます。ひらがな漢字混じりの和文体であることは共通していますが、表記は異なっているのです。半紙本の談義本《だんぎぼん》や読本《よみほん》は、漢字を多用し、漢字にはルビを振ります。絵は口絵や挿絵として所々に配置されており、主体はあくまでも文章にあります。一方、中本で草双紙と総称される赤本《あかほん》・黒本《くろほん》・青本《あおほん》・黄表紙《きびょうし》・合《ごう》巻《かん》は毎頁に絵があり、その絵を取り囲むように文章がレイアウトされるのが一般です。その文章はほぼひらがなだけで表記され、漢字は少ない。こちらは、絵が主体であり、半紙本の読みものよりもより通俗的なも

のということが出来ます。

以上のように、書型とその内容が密接に関連していることが江戸時代の出版物の大きな特徴と言えます。

参考文献

井上隆明『改訂増補 近世書林板元総覧』（青裳堂書店、一九九八年）
岡雅彦・和田恭幸「近世初期版本刊記集影」一～五（『調査研究報告』17～21号、国文学研究資料館、一九九六～二〇〇〇年）
川瀬一馬『嵯峨本図考』（一誠堂書店、一九三二年）
川瀬一馬『増補古活字版之研究』（日本古書籍商協会、一九六七年）
慶應義塾図書館『江戸時代 書林出版書籍目録集成』（一～四、井上書房、一九六二年）
国立国会図書館図書部『国立国会図書館所蔵古活字版図録』（汲古書院、一九八九年）
後藤憲二『寛永版書目幷図版』（青裳堂書店、二〇〇三年）
鈴鹿三七『勅版集影』（臨川書店、一九八六年）
高木浩明『中近世移行期の文化と古活字版』（勉誠出版、二〇二〇年）
天理大学附属天理図書館『近世の文化と活字本』（天理ギャラリー、二〇〇四年）
中野三敏『書誌学談義 江戸の板本』（岩波書店、一九九五年）
橋口侯之介『和本への招待 日本人と書物の歴史』（角川選書、二〇一一年）
橋口侯之介『和本入門 千年生きる書物の世界』（平凡社、二〇〇五年）
橋口侯之介『続和本入門 江戸の本屋と本づくり』（平凡社、二〇〇七年）
和田維四郎『嵯峨本考』（一九一六年）

日本出版史の謎――入口敦志

一、活字印刷伝来の謎

日本の書物文化は、文字や紙に至るまで中国由来のものであり、その大きな影響を受けて発展してきました。出版についても同様だと考えられます。木版印刷は唐代に発明されたと考えられていますが、その時期ははっきりしていません。最近盛唐の墓から梵文の印刷物が出土しており、おそらく八世紀の前半には行われていたようです。そうすると、七七〇年に印刷された「百万塔《ひゃくまんとう》陀羅尼《だらに》」は、唐で発明された最先端の技術を、いちはやく受け入れて作製されたものだと言えます。

では、活字による印刷はどうでしょうか。沈括《しんかつ》『夢渓筆談《むけいひつだん》』に載る北宋の慶暦年間（一〇四一～四八）に畢《ひつ》昇《しょう》が行った活字印刷が、記録としては最も古いものとされています。朝鮮半島では、十三世紀半ばまでに鋳《ちゅう》造《ぞう》活字による印刷を行った記録があります。また、現存する最古の活字印刷物は、高麗《こうらい》王朝末期の一三七七年に出版された『白雲《はくうん》和尚《おしょう》抄録《しょうろく》仏祖《ぶっそ》直指《じきし》心体要節《しんたいようせつ》』（フランス国立図書館蔵）です。その後の朝鮮王朝による銅活字による出版を見ても、盛んに活字印刷が行われていたと言えます。ただ、発祥の地中国では、活字印刷はそれほど盛んにはなりませんでした。

【講義8】「江戸の出版文化」で述べたように、朝鮮半島で盛んであった活字印刷は、海一つ隔てた日本には十六世紀最末期になるまで伝わってきませんでした。畢昇の発明から五〇〇年ほどのタイムラグがあり、木版印刷の受容とは全く様相が異なっていて、その事情は謎と言うほかありません。中国や朝鮮の王朝がその技術を秘匿したのか、日本人が全く興味を示さなかったのか、など妄想は広がるのですが、それを考えるよりどころがないのです。

しかし、十六世紀末に活字印刷が伝わると、一気に広まり、日本出版史の面貌を一新することになったことも「江戸の出版文化」で述べたとおり。この現象も不思議としか言いようがないのです。

二、出版物流通の謎

『古事記《こじき》』は七一〇年に成立した、最も古い日本人の著作物です。その後、七二〇年に『日本書紀《にほんしょき》』が出来、七〇〇年代の後半には『万葉集《まんようしゅう》』が編集されました。八世紀は、日本人の著述が始まった記念すべき世紀でした。同じ八世紀に「百万塔陀羅尼」が出版されます。つまり、日本人は、著述と印刷とをほぼ同時に始めたのです。これは、世界史のなかでも、なかなか希有な例と言えるでしょう。しかし、私たちは、あまりこのことを意識してはいないように思われます。

九世紀にはひらがなが用いられはじめ、十世紀初頭には勅撰の『古今和歌集《こきんわかしゅう》』が出来、物語や仮名日記が盛んに執筆されるようになります。しかし、それらを印刷しようとは考えなかったわけです。これも不思議なことではないでしょうか。古今伝授《こきんでんじゅ》に代表される閉ざされた知と、広く公開するための印刷術とは相容れないものであることがひとつの要因だと推測しますが、それだけではないでしょう。日本人の著述と印刷術とは、ほぼ交わることなく、約九〇〇年もの間平行線のまま十七世紀の古活字版の時代を迎えることになったのです。

西夏《せいか》は建国（一〇三八年）するとすぐに民族固有文字である西夏文字を制定しました。そして、十二世紀に入ると、印刷術を使い、多様な書物を出版するようになります。漢字の文献はもちろんのこと、西夏文字の仏教経典や西夏語の著作など、民族固有文字を用いたものも多くあります。印刷技術も、木版だけでなく、活字を活用しています。この西夏の状況は、時代と地域とが違うとは言え、日本の古活字版の時代に似た面があり、興味深いのです。

さて、十七世紀に入ると、日本の出版文化は一変してしまうことは、すでに述べたとおりです。しかし、これまで秘匿されてきた知が、なぜ出版物として流通するようになったのでしょうか。これも大きな謎です。堺版や大内版など、室町末には徐々に状況が変わってきていました。その変化を一気に拡大した起爆剤が、活字印刷であることは間違いありません。ただ、その理由がはっきりと説明出来ないのです。

私がその理由として考えていることは、二つ。一つは、その最初期に天皇が関わったこと。これは、勅版に始まったことで、権威付けが行われ、新しい技術への抵抗を弱めたと考えたいところです。もう一つは、活字印刷が限りなく写本に近いものと認識されていた可能性です。特に連続活字を用いたひらがなの組みは大変複雑で、手間がかかったであろうことは容易に想像できます。また小ロット刷って組みをばらせば、次に組むときには別物になるように、写本に準じる面もあります。
もちろん推測に過ぎませんし、これだけが理由ではないでしょう。いろいろ想像してみる楽しみは、尽きそうにありません。

参考文献

入口敦志「東アジア印刷史上にみる「活字印刷」の意義」(『書物学』第12巻、勉誠出版、二〇一八年)

講義9

近代本の世界

近代資料の〈作り方〉・〈残し方〉・〈読まれ方〉

……………多田蔵人

はじめに

本講義では主に明治時代(一八六八～一九一二年)の文学資料を対象として、近代における文章の〈作りかた〉・〈残しかた〉・〈読まれかた〉に留意しながら、近代本を文献として取り扱う際の見どころをご説明したいと思います。

近代日本の書物は、幕末維新期から急速に西洋の思考法が流入し、江戸時代以前に育まれた思考法とはげしい葛藤を演じてゆく、そんな時代の波にさらされていました。近世の書物が中世の手書き写本を基本とする書物を板本の登場によって「様式化」する方向に進んだのだとすれば、近代の本はそのように整えられた書物の形や流通が新しい形や流通形態に根底から揺さぶられ、その一方で古いものがしぶとく残りつづけたり、反対に西洋の本の方が「日本化」してしまったりするという、あたかも入会地《いりあいち》のような様相を呈しています。蒸気機関車やガス灯、レンガの建物といった西洋の文物が一部の都市にしかなかった時代にあって、書物は貨幣や衣服などとともに、しかし日本の激動する精神の型をひときわ明瞭に刻印しつつ、全国に広がった文物のひとつであるといえます。

つまり近代日本における書物の形は、著者や出版社の文化的な立ち位置、極端にいえば歴史への態度を表明するものでもあったわけです。したがって著者のなかにも、芸術理論の学習や文体の彫琢といった〈作りかた〉だけでなく、自分たちの書いたものを具現化し流通させ、読者の手元に残す方法、すなわち文章の〈残しかた〉に心をくばるものが多くあらわれました。ただし彼らの文章の〈作りかた〉と〈残しかた〉は必ずしも一致しないどころか相矛盾するように見える場合さえあり、その諸相を点検してみるのも〈モノ〉を通じて日本の精神史を眺めてゆく際の醍醐味です。本が残っていくプロセスには著者だけでなく出版社・印刷所・取次・書店・図書館といった流通網、さらに遺族や友人、弟子も関わっています。そして著者の本が図書館などに収蔵され、あるいは書店から読者の手元にわたり残された形態を見てみると、ここにも書物流通の一般論では論じつくすことのできない、興味ぶかい〈読まれかた〉が展開しています。文章の〈作りかた〉・〈残しかた〉・〈読まれかた〉を軸として近代本を調べてゆくことで、近代の日本社会が持った独特の側面を見いだすことができるかもしれません。

この近代本の研究はまだ開拓期であるとはいえ、近年では短期間にずいぶん多くのことがわかってきました。とりわけインターネットの広汎な普及によって、これまで容易に見られなかった資料や存在すら知られていなかった資料が（場合によっては画像つきで）確認可能になり、近代資料の「原本」の実相が次々に明らかになっています。

以下に近代資料の〈作りかた〉・〈残しかた〉・〈読まれかた〉を、おおむね執筆から活字掲載、単行本刊行までの諸段階に沿って見わたしてみることにしましょう。はじめは「手稿」、次に多くの文章がはじめに載ることになる新聞や雑誌といった「逐次刊行物」、最後に、一般に「本」として認識された「刊本」の順序で触れてみたいと思います。ひとつの章で推敲や本づくりから享受まで触れることになりますので、いきおい駆け足になってしまうのは致し方ないところですけれども、なるべく丁寧に一々の事象を拾いあげることができたらと思っております。

一、手稿――草稿・原稿・校正刷・短冊など

手稿から見える〈作りかた〉

著者は、筆やペン、鉛筆で原稿用紙に作品を書きます。ワード・プロセッサーの登場まで、おおむねこの習慣は変わりませんでした。いきなり原稿用紙に向かうのではなく手帳や裏紙にメモ（腹案）をつくった上で取りかかる人もいれば、原稿用紙を今から見ても驚くほど大量に使いながら断片を書き直してゆく作家もいます。

これらの「手稿資料」のうち、現在の近代文学研究ではいわゆる下書き段階にあたるものを一括して「草稿」、編集者（印刷所）による本文の割付指定などがなされた、印刷用の入稿資料を「原稿」と呼んでいます。一度入稿を終え版組がなされた紙に著者が手を入れたものは「校正刷」と呼びます。校正刷は文章がは

じめて逐次刊行物などで活字になるとき（「初出」と呼びます）だけでなく、はじめての単行本化（「初刊」といいます）や重版、異版・著作集・アンソロジーなどへの再録の際にもあらわれます。手稿類は公立図書館・大学図書館のほか、全国各地の文学館・資料館に多く所蔵されています。

草稿や原稿、校正刷からは、まず、文章が書かれた環境、原形態から初出本文までの構想の推移、作者が迷った語彙・話型の振幅など、文章のさまざまな〈作りかた〉の情報を得ることができます。草稿段階における作品構想の変化をあつかう「生成批評」（Critique Génétique）というアプローチがフランスから紹介されたこともあいまって、近年の研究では草稿に大きな価値が見いだされるようになりました。草稿は作品が完成する以前の精神の運動、すなわち創作の「舞台裏」を示すものと認識されはじめたわけです。したがって現在の近代文学研究では、草稿・原稿・校正刷の文字を翻刻し推敲段階を可能なかぎりこまかく推定し、構想の推移をたどる作業が多く行われます。したがって目録作成などのために書誌をとる場合は、推敲の多寡を採録することが望ましいでしょう（「ほぼ枚ページ推敲あり」／「数箇所推敲あり」／「貼紙訂正あり」など）。

手稿資料から得られる情報は他にも多くあります。一例として、笠岡市教育委員会が管理し国文研のデータベース上で画像を公開している「森田《もりた》思軒《しけん》自筆原稿コレクション」を挙げておきましょう。思軒は「翻訳王」と呼ばれ、小説家、ジャーナリストとしても活躍した人で、このコレクションではC・ディケンズ『牢帰り』やJ・ヴェルヌ『十五少年漂流記』、V・ユゴー『レ・ミゼラブル』といった作品の翻訳の実態を見ることができます。

この思軒の翻訳稿のなかに、はじめ『中原大乱志（史）』という訳題で思軒が翻訳した小説を別人（肝付兼行）の名義で『小説／列国変局志』とタイトルも変えて出版した本（一八九七年刊）の訳稿や校正刷などが含まれます。世界戦争を空想的に描いたこの小説の訳稿には、思軒ではない人物が軍隊や造船などの専門的語彙について教示した紙が複数挟まっています。この紙片は、そもそも影の翻訳者であった思軒が翻訳を一人ですべて担当したのではなく、思軒の素稿を読みながら調査にあたった人物の示唆ないしコントロールが介在したことを教えてくれるわけです。『中原大乱志』翻訳より以前、思軒が郵便報知新聞《ゆうびんほうちしんぶん》社に在籍した時代に社主の矢野《やの》龍渓《りゅうけい》が思軒に宛てた書簡には、翻訳方法についてかなり細かく指示を出したり、自身の著述について思軒の「批正」（添削）を頼んだものも含まれていました（笠岡市立図書館、笠岡市立竹喬美術館編『森田思軒資料2015』にて目録確認可能）。

こうした「共作」は翻訳だけでなく、もう少し広く行われていたこともわかってきています。もともと幕末明治の漢詩文などでは師や名文家に批正を乞うことが一般的でしたし、有名なところでは泉鏡花《いずみきょうか》が師の尾崎紅葉《おざきこうよう》に細部にいたるまで添削を受けた、小説『義血侠血《ぎけつきょうけつ》』（一八九四年）などの原稿が残されています（複製『自筆稿本　義血侠血』が一九八六年に岩波書店より刊行）。短歌・俳句における結社のリーダーが行った「添削」はもちろん、大正昭和の文壇にも残った「代作」の慣習、編集者・検閲者による指示、あるいは島《しま》尾《お》敏《とし》雄《お》とミホの夫婦のような、敏雄が家族を題材として書いた小説をミホが読んでコメントしながら清書する、といった関係にいたるまで、「共作」はさまざまなレベルで存在していて、手稿はその生々しい現場を伝えているわけです（島尾敏雄はよく清書枚数や清書者名を草稿の末尾に書いていました）。森田思軒・中原中也・島尾敏雄の手稿は国文学研究資料館のデータベースで閲覧可能ですので、ぜひご覧になってみてください。

草稿・原稿は一つではない

ただし手稿資料のうちとくに草稿と原稿は、「作品生成過程の一段階」にすぎないことに、くれぐれも気をつけておく必要があります。有名な文学作品の草稿・原稿はしばしば貴重資料として保存され珍重されますが、現在残る草稿や原稿が著者によって書かれた唯一のものであるとは到底言いきれません。多くの場合残存しているのは、構想メモ―下書き―本格的に取り組んだ草稿―はじめから書き直した改稿―それらを組みあわせたり貼り合わせて成った決定稿―入稿用の清書―校正刷―手控え用の浄写稿―出版された活字資料へのさらなる書入れ、などなどのうち、一種類のみです。

したがって決定稿に近い段階の原稿では、作家がもっとも書きあぐんだであろう箇所に抹消や挿入のあとが何も残っていない場合もありえます。右の森田思軒訳稿にも、同じ一文を何度も何度も訳し直した原稿用紙が多く残っています。完成原稿における訂正でさえ、その後の校正刷で再度訂正が行われたことを念頭におく必要があるでしょう。

手稿の〈残しかた〉

さて〈残しかた〉についていえば、まず彼らの選んだ紙と筆記具の物質的側面や使用方法から、執筆当時の状況が見てとれます。夏目漱石《なつめそうせき》の「漱石山房」と印刷された専用原稿紙や「春陽堂用箋」などの出版社製原稿紙に書くのと、自分で買ってきた原稿用紙――これにも店や価格帯の区別がある――や全くの白紙に書くのとでは、やはり同じとはいいがたい。昭和の詩人・中原中也《なかはらちゅうや》は母親にあてた手紙で「この紙は好いでせう？」（『新編中原中也全集』では一九二七年八月末発信と推定）と新しく買った紙を自慢していて、同じ「白紙―イ」の紙を使った詩の草稿『疲れた魂と心の上に』（一九二七年八月二十九日成立）も残っています。夜空に青白い小児の姿を幻視し、「小さいお婆さん」について語ろうとするこの詩が、母に宛てた手紙とは別の紙に書かれていたらどうだったかと考えることは、あながちトリヴィアリズムに陥った思考ともいえないでしょう。漢詩文の著述者は、多く幕末から罫線入りの原稿用紙を用いており、永井荷風《ながいかふう》が西洋体験を描いたハイカラな小説は（判明しているかぎりでは）マス目入り原稿用紙に筆で書かれ、古典に取材して優美な物語を書いた時代の谷崎潤一郎《たにざきじゅんいちろう》は鉛筆書きの原稿を残すなど、筆記具と内容の関わりも興味ぶかいものがあります。白紙に筆で美しく書かれた樋口一葉《ひぐちいちょう》の手稿にマス目を当てると、彼女がマス目入り原稿用紙を下敷きにしていたことがわかるという宗像和重氏の研究もあり、紙の使いかたのヴァリエイションは必ずしも著者が属した時代や文化の傾向とは一致しない場合があるわけです。

それから入稿を前提とせずに書かれた手稿も流通しています。書簡や日記といったプライヴェートな文書以外で代表的なものとして、写本《しゃほん》と揮毫《きごう》が挙げられます。地方の素封家などでは実録写本を読んで楽しむ文化が残っており、明治期の写本が大量に出てくることがあります。また各地域の同好の士や同窓生は、しばしば手製の回覧雑誌を作りました。硯友社《けんゆうしゃ》の「我楽多文庫《がらくたぶんこ》」や白樺派《しらかばは》の「白樺」の前身の一つである「麦」をはじめとして、有力活字雑誌が回覧雑誌から誕生した例は多くあります。

揮毫とは短冊・反切《はんきれ》・色紙・書幅などで、これは近世以来、文学者や画家のみならず多くの人が記念やプレゼントなどのために書き残したものです。短冊や色紙、あるいは知人宛の献呈本に残された献辞などの文言が、文学作品の一節の「異文」になっている場合もあります。揮毫は今日の研究ではほとんど看過されていますが、とくに詩歌の場合、自作展覧会で公的に展示され名家に大切に保管されたこれらの「遺墨《いぼく》」本文の意義は小さくありません。作品研究以外でも、たとえば与謝野晶子や北原白秋がどの歌の短冊をどの地域に多く残したかといった調査は、活字では見えない文学流通を知る上での重要なデータになると考えられます。

入稿原稿であれ写本であれ揮毫であれ、それを誰が、いつ、どのような形で持ち伝えたのかという「来歴」も必要な情報です。ほとんどメモにちかい草稿を親族や友人が表装して大切に保存している場合もあり、すでに大正時代半ばごろには、近代人の原稿や揮毫を売買する古書店も確認できます。蔵書印や識語などによって来歴が明らかで、かつ公開の許される資料であれば、遺族や友人、弟子、著名な古書店などの来歴が、その資料に対する本人や周囲の意識を知る手助けになることがあります。また次節とも重なりますが、逐次刊行物掲載のための版組指定や挿絵・カットの指定、ルビの指定は、活字世界と手稿世界の接点を示しています。

以上をまとめると、手稿資料を扱うにあたって最低限留意すべき事項は次の通りです。

【本文】

・推敲…抹消／挿入、欄外・裏面のメモ
・共作者の情報

・組版指示など
・他手稿の存在の有無

【形態】
・筆記具の別…墨筆／ペン／鉛筆の別、色
・用紙…サイズ、紙／帖の別、罫／無罫の別、罫紙の場合は字数、短冊／反切／色紙／幅、手稿作成者の情報、枚数

【来歴】
・来歴…所蔵者、旧蔵者、購入（所蔵）日、購入（引受）元
・特筆すべき残存形態…帙入／合冊／屏装／軸装／額装／古書店の札など

「貴重資料」の意味に留意

なお近代の手稿資料は著者の周囲にいた人々が大切に守ることで残された資料であり、様々な観点から公開を慎むべき資料も含まれます。調査研究にあたっては著作権を含む権利関係の確認と、関係者の許諾・了解を得る手続きが不可欠です（データベースなどで画像公開されていても、転載に申請が必要な資料があります）。日本の一次資料公開は残念ながら立ちおくれており、公開すべき資料の公開を進めなければならないことも事実ですが、その一方で調査研究ならば何でも明らかにしてよいということもありません。入稿用の手稿は文学が活字世界にはばたく以前の反古にすぎないとする見方もまた、近代人による近代社会の捉えかただっ

たことを受けとめる必要があるでしょう（稲垣達郎「作家の真筆」、一九八〇年『角鹿の蟹』所収）。データ公開によって多くの知識が得られるようになった時代だからこそ、貴重な資料がなぜそこにあるのか、と意識する態度を失わないようにしたいものです。

二、逐次刊行物──新聞・雑誌

戦後七十五年の間にもっとも組織的な文献研究が進んだのが、新聞・雑誌、すなわち逐次刊行物の分野です。近代文学は新聞と雑誌を中心として発達したとしばしばいわれる通り、文学史に載る多くの作品は、はじめ逐次刊行物に載ったあと単行本に収録されました。逐次刊行物は文学グループ、時代状況との関わり、リアルタイムでの文学享受層などの研究に欠かせないメディアで、発行頻度や商業誌／非商業誌のほか、「同人誌」（友人間などの個人的な繋がりのなかで発行）／「企業誌」（特定の企業のPRなどのため発行）／「文学雑誌」（出版社が発行、文学の諸ジャンルのみを掲載）／「総合誌」（出版社が発行、論説や創作など幅広いジャンルを載せる）などの多彩な分類指標があります。

近代雑誌・新聞の諸相について知るには、東京都目黒区の日本近代文学館《にほんきんだいぶんがくかん》、そして文京区の明治新聞雑誌文庫《めいじしんぶんざっしぶんこ》を訪れて実物を見るにしくはありません。日本近代文学館はわずか一頁のリトル・マガジンから総合誌にいたるまで数多くの雑誌を収蔵し、その多くを複刻（原本と瓜二つであるようにとの思いから、あえて「複」の字を用いた）刊行していますので、公共図書館などで複刻本に触れることもできます。明治新聞雑誌文庫は戦

図1　「都の花」合本（20号～28号、2冊）

前期近代文献保存の立役者である宮武外骨《みやたけがいこつ》のコレクションを基にした図書館で、地方紙を含めた近代新聞のとてつもない収蔵量（マイクロフィルム化されている）で知られ、また希代のコレクターだった外骨先生の蒐集にかかる明治雑誌に多く触れることのできる場所です。

逐次刊行物の執筆陣には各メディアの傾向がうかがえ、またメディアが著者の創作意識を照らしだすこともあります。たとえば習作期の樋口一葉は師である半井桃水《なからいとうすい》の許しを得て、文学同人誌「武蔵野」の創刊号（一八九二年三月二十三日号）に『闇桜』という短篇を掲載していますが、桃水は相談の際、「都の花」や「なにはがた」といった雑誌も二五〇〇部ほど売れているのだから、我らが「武蔵野」は五〇〇〇部ほど流布させたいと豪語しました（一葉『につ記』一八九二年三月七日）。「都の花」は教科書出版などで成長し時の花形作家山田美妙《やまだびみょう》を抱えていた金港堂《きんこうどう》、「なにはがた」は西村天囚《にしむらてんしゅう》や宇田川文海《うだがわぶんかい》といった関西文壇の重鎮が結成した浪華文学会《なにわぶんがくかい》の文学雑誌でしたから、桃水の言は東西両雄の名前を出しながら気勢を揚げてみせた冗談といったところで、実際の『武蔵野』の発行部数は一〇〇部単位でした。ただし生まれ出たばかりの狭いサークルであるがゆえに同人の意識は高く、たとえば一葉は原稿料などなくとも納得の行くものを書きたいと日夜呻吟していました。

逐次刊行物の作りかた

一葉の場合ははじめから無報酬と決まっていたわけですが、逐次刊行物にどのように文章を残すかということについては、個々の著者・画工と編集者との間でしばしば下相談が行われます。たとえば稿料については一枚ごと・一回ごとの計算を厳密に行う場合、単行本化・劇化・映画化などなどを予定した稿料をまとめて授受（前借り）する場合など、さまざまなパターンがありました。

この下相談の実態を点検していくと、当時のジャーナリズムの作りかたが見えてきます。ちょっと後の時代になりますが、次に挙げる久米正雄《くめまさお》宛の邦枝完二《くにえだかんじ》のはがき（一九一八年二月二十七日付）はその一例です。本文のみ、ルビ（現代仮名づかい）を付して引用します。

先程《さきほど》はお邪魔《じやま》さま、蛍草《ほたるぐさ》の御趣向《ごしゆこう》甚《はなは》だ結構《けつこう》にて千葉《ちば》も大賛成《だいさんせい》に有之候《これありそうろう》。処《ところ》で、今大阪《いまおおさか》より書面《しよめん》まゐり候《そうらい》ての模様《もよう》、紅緑氏《こうろくし》は「路二《みちふた》つ」を四十四回《かい》まで書《か》く事《こと》に確定《かくてい》いたせしとの事《こと》に御座候《ござそうろう》、本日《ほんじつ》は二十七回目《かいめ》故《ゆえ》丁度《ちようど》来月《らいげつ》十六日にて完尾《かんび》いたす事《こと》と相成《あいなる》わけに有之候《これありそうろう》、御都合《ごつごう》もあるべしと存《ぞん》じ取急《とりいそ》ぎ御通《ごつう》知申上候《ちもうしあげそうろう》。草々　完二

当時時事新報社《じじしんぽうしや》社員で文学者でもあった邦枝完二が、小説家の久米正雄に、長篇小説『蛍草』（一九一八年

「時事新報」）の連載決定を伝えるはがきです。「千葉」は評論家としての千葉《ちば》亀雄《かめお》で、当時時事新報社社会部長。「紅緑氏」は人気新聞小説作家の佐藤紅緑《さとうこうろく》、『路二つ』は紅緑が一九一七年十月二十四日～翌一八年三月十八日に「外ヶ浜人」名義で「大阪時事新報」に連載した小説。『蛍草』は夏目漱石の門人でもあった久米が漱石の娘をめぐる自身の失恋事件をモデルにした作品で、大きな話題を呼びました。久米や芥川《あくたがわ》龍之介《りゅうのすけ》と同人雑誌「新思潮」（第四次）の仲間だった菊池寛《きくちかん》が、当時勤めていた時事新報社に久米を推薦し連載がはじまったとされますが、従来、「仲立ちとなった菊池が、千葉亀雄と久米のあいだでどういう取りなしをしたのかは不明である」（片山宏行「久米正雄「蛍草」補注」（「山手日文論攷」二〇〇七年三月））とされていました。

　右のはがきは『蛍草』の掲載に邦枝が関わったことを示すだけでなく、作家が新聞社に自作の内容を予告し、その上で掲載が決定した例でもあります。新聞連載は人気が出れば演劇化・映画化するコンテンツ、今でいえば映画化の可能性を含んだ連続ドラマやアニメーション制作に相当するものでしたから、掲載する側も慎重に執筆者と内容を見極めます。かつて「大阪朝日新聞」の部長をつとめた渡邊霞亭宛の書簡集（宮城県亘理町立郷土資料館「江戸清吉コレクション」蔵）を紹介したことがありますが、そこでも広津《ひろつ》柳浪《りゅうろう》や半井《なからい》桃水《とうすい》といった作家たちが連載時期、内容、挿絵画家、上演の際の脚色担当者や劇場についてこまごまと相談していて、なかには日清・日露戦争に関わるものもありました。近年、新聞雑誌の挿絵や口絵に関する木股知史氏や出口智之氏の研究が進んでおり、装丁家・挿絵画家の大規模な展覧会も開かれています。この挿絵や口絵の選択も演劇文化を視野に含めてみると見えてくるものがあるかもしれません。博文館が発行した「文芸倶楽部」などによく載る名所写真は明治の鉄道・観光文化の興隆と関わっており、小説や詩にも旅を題材にしたものが多く載ります。新しいメディアだった写真の逐次刊行物における重要性は言うまでもなく、たとえば雑誌「戦時画報」の編集者だった国木田独歩《くにきだどっぽ》は近事画報社の社主・矢野龍渓に宛てた手紙で（龍渓は明治ジャーナリズムを語るに欠かせない人なのです）、日露戦の戦争写真の大量購入を手紙で懇願していました（拙稿「《翻刻と解題》国木田独歩書簡――佐々城信子宛一通・矢野龍渓宛四通」の解題「恋文と写真師」を参照）。

つまり当たり前といえば当たり前ですが、逐次刊行物は著者も編集担当者も、その時々の有力紙の動向や関連イベントを強く意識して作っていたわけです。したがって逐次刊行物を見る際には、その新聞雑誌がつながりを持った他のメディアや社会的イベントを意識できるように調査項目を立てる必要があります。

たとえばサイズ。明治初中期には「小新聞」と「大新聞」の性質がはっきり分かれ、価格も違います。江戸の小本・中本・半紙本・大本の分類と同じで小新聞・大新聞も厳密にミリ単位で同じサイズではありませんが、「郵便報知《ゆうびんほうち》新聞」などの大新聞は政治論説をはじめとする硬派な内容が中心であり、「いろは新聞」などの小新聞は町の噂や有名人のゴシップを比較的多く載せ、前者は漢字カタカナ交じり文、後者は漢字ひらがな交じり文で書かれました。言いかえれば大新聞は政治・経済・外交書や翻訳書、演説会や議会政治と深く関わり、小新聞のほうは明治期にも出版の続いた草双紙《くさぞうし》やゴシップ的読み物（後に「小説」と分類される読み物を含む）、そして演芸・演劇と関わっており、新聞広告にも棲み分けを確認することができます。

かつて愛媛県宇和島市の簡野道明寺記念吉田図書館《かんのどうみょうじきねんよしだとしょかん》で、文学愛好者たちが大正時代のはじめに発行した「吉田新報《よしだしんぽう》」という逐次刊行物を閲覧したとき、そのサイズやタブロイド版風のつくりかたが第一次「明星」の初期にそっくりで驚きました。新聞と雑誌の文脈が、このように交差する場合もあります。「文芸倶楽部」

は和紙の袋に包んで販売されていました。記事細目や出版社名以外にも、サイズ、価格、文体、形態(外装)、広告、挿絵の有無と挿絵画家の名前、役者写真・芸者写真・名所写真のキャプションなどが、当該時期における逐次刊行物の社会的位置を教えてくれるわけです。

流通について

しかしこのように作られた新聞雑誌が、作り手の意図の通りに残され読まれているとはかぎりません。この点で新聞雑誌や刊本の調査において重要なのが「印刷所」と「売捌所《うりさばきじょ》」、そして雑誌によく載る「受贈《じゅぞう》書目《しょもく》」の情報です。調査対象の新聞雑誌がどこで刷られ、どこに配達され売られていたのか(献本されていたのか)を知ることで、近代ジャーナリズム流通網の実態を知ることができるわけです。「郵税」や「地方価格」「外地価格」は所蔵地情報と組みあわせることで有益なデータとなり、いわゆるデジタル・ヒューマニティーズの手法を用いて詩雑誌の流通網をコンピュータで可視化したHoyt Long氏の研究もあります(*On Uneven Ground: Miyazawa Kenji and the Making of Place in Modern Japan*, 2011)。

流通については販売網以外にも重要な点があります。新聞雑誌の流通は、鉄道輸送と小売店販売によって拡大したと言われます(『日本雑誌協会史』第二巻、一九六八年、『新聞販売百年史』一九六九年など)。たとえば定期購読者向けの割引サービスなどは鉄道輸送網なくしてはありえなかったわけですが、ただし特に明治期の雑誌・新聞では、出版社に一定の量を注文して直接取りよせる、通信販売も少なからず行われたことに注意する必要があるでしょう。次の、一八八八年四月二日付で山形県西田川郡加茂村の佐藤孝治郎に宛てて出され

た、「開発社会計掛」の書簡はその一例です。（「／」は改行）

証／一《ひとつ》金五十四銭也／但《ただし》時論《じろん》第《だい》百七号ヨリ／第《だい》百十五号迄八冊本／右正《みぎまさ》ニ領収《りょうしゅう》仕《つかまつり》候《そうろう》也《なり》／四月二日／二伸／御注文被下《くだされ》有難《ありがたく》奉謝候《しゃしたてまつりそうろう》／陳者《のぶれば》御注文之内［抹消：〓］ニ半／年分と有之《これあり》候《そうらえ》へ共《ども》五十／四銭ハ右之通《とおり》と相成候《あいなりそうらえ》／但《ただし》一部ハ郵税《ゆうぜい》共六銭

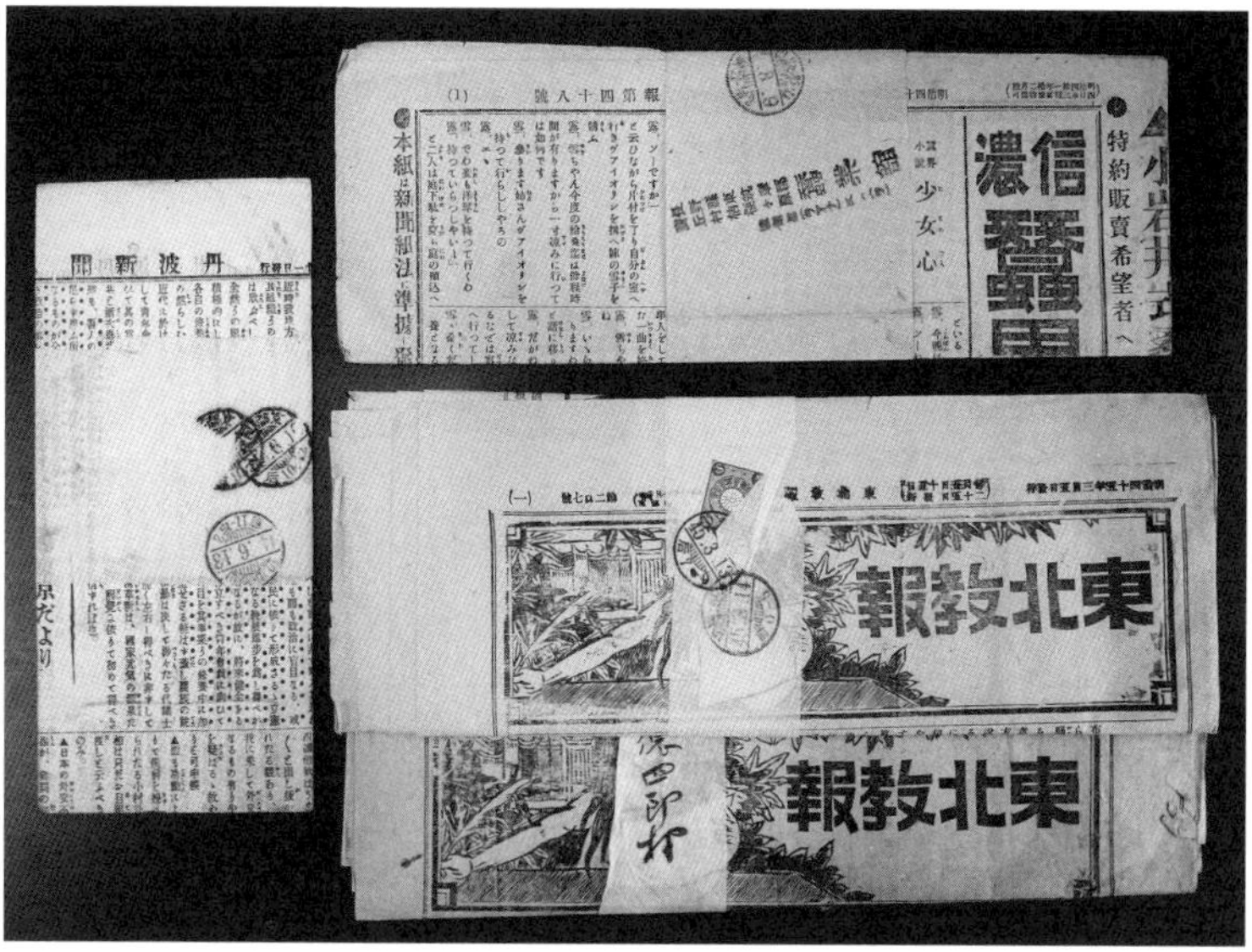

図2　帯封つき新聞。旧蔵者は蚕業関係紙をまとめて取り寄せている

これは山形県鶴岡市の古書店で購入した「国民之友」第一一二号（一八八七年十一月十八日）に挟み込まれていたはがきです。本文中、「金五拾円」と「領収仕」の箇所には印（「栗原」）が捺してあります。「開発社」は明治大正期に教育書を多く出版した版元。佐藤孝治郎の名前は『加茂港史』（一九六六年、加茂郷土史編纂委員会）に見えます。加茂村近くの山形県鶴岡市に鉄道が開通するのは一九一九年、翌二〇年一月には加茂

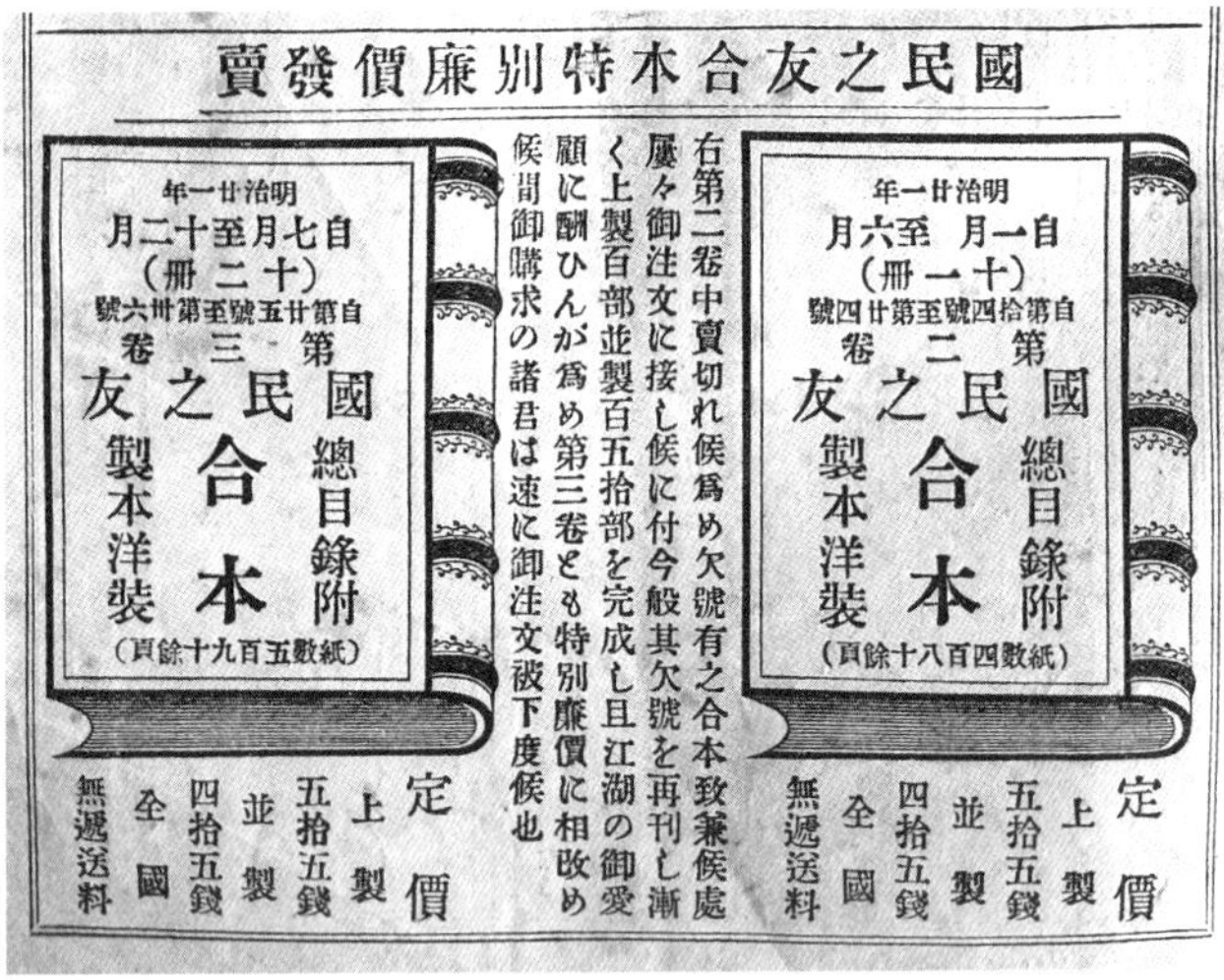

図3　「国民之友」の「合本特別廉価発売」広告(明治22・7・22日号)

臨港軽便鉄道の敷設請願が出ていますが、つまり右のはがきの時点では当地に鉄道は通っていませんでした。鉄道のない(とくに水上交通が中心の)地域では一括通信販売こそ力を発揮した可能性があるわけです。今でも古書店で新聞・雑誌数号分に「帯封」をつけて郵送したままの例を見かけることがありますが、通信販売の場合は一つのタイトルを一号だけ買う必要はなく、たとえば半年に一度、複数の新聞社や出版社から特定テーマ(養蚕業や文学など)の逐次刊行物をまとめて取り寄せ手元に置くといったことも可能です。鹿児島県南大隅町に残る「根占書籍館」のように、単行本に関しては新刊書をいちはやく購求し、新聞雑誌は在京の支援者に時折送ってもらう、といった図書館(多くは有志による私設図書館)の形式も、明治中期までは存在しました。

雑誌の〈読まれかた〉

つまり、新聞雑誌が月・週・日ごとの「新しい」情報で、刊本が比較的「古い」情報であるという比較は必ずしも成りたたない場合があるのです。右に引いたはがきの例が示すように、特定のテーマに関する複数の論説が載り、諸家の文芸が載る雑誌というメディアには、いわば情報のダムとしての役割があります。現在の雑誌読者に関する研究はいわゆる消費文化の観点からなされるものや流行思潮・ライフスタイル・政治動向などの享受形態を追うものが中心ですが、月おくれの雑誌を売る「雑誌屋」が明治大正期の小説に多く登場する一事を考えても、雑誌に「最新」の情報を読もうとする読者が圧倒的多数であったかどうか、まだ研究の余地は残るかと思われます。

最新の情報を得たら読み捨てるという以外の雑誌の〈読まれかた〉をよく示すのが、「合本《がっぽん》」です。版元による合本販売（セット販売）も行われたほか、一定以上の冊数を購入した読者は、しばしば自分で雑誌を合本しました。

図4　「霙」「杉葉の社」「碧燈集」「小説集Ⅳ」「現代短篇小説一百集」「中央公論小説集」。いずれも同時代の雑誌から小説をとって再製本したもの。

月に二度位、私はその雑誌の整理をするのです。『少年世界』は『少年世界』、『小国民』は『小国民』、『少年園』は『少年園』と一々別に揃へて、号数を合せるのです。そして製本屋に遣る分は、巾の広い紙で帯封をして背に入れる文字をその帯封の上に書くのです。
（小山内薫《おさないかおる》『反古』「新思潮」一九一〇年九月、ただし発売禁止）

刊本の話に脱線すると、作家が読者による合本を想定して本を出す場合もあります。

私の著作集を合本して下さる読者の便宜の為に小説と感想文と及び今後引続き発表すべき紀行、戯曲等各装幀も頁数も区別して置きます。而して二冊若しくは三冊毎に合本が出来るやうに一巻分の扉及目次を添附することとします。…………著者

（有島武郎《ありしまたけお》『旅する心』（『有島武郎著作集』第一二輯、一九二〇年）巻末の、『有島武郎著作集』広告）

明治期についてはこより綴じ形式の雑誌や刊本が、あとでこよりをほどいて再製本することを前提とする分冊刊行だったという、山田俊治氏の研究があります。これも出版社と読者の共同による「合本」の一形態と言えるでしょう。

雑誌の話に戻れば、リアルタイムで新聞雑誌を購入した図書館の合本はほとんどが戦後の時点での合本ですが、個人蔵書の場合は発行時点に近い時点で個人や版元が合本した雑誌合本の例が相当に多いのです。古い雑誌を見たら、ノドのところに綴じ穴があるかどうか確認してみてください。綴じ穴があれば、それは一度合本された雑誌をほどいて分冊に戻したあとです。

雑誌合本のなかには、いわゆる洋装（紙くるみ装）の雑誌を和装本のように四ツ目綴じに綴じ直す場合もあります。永井荷風の『狐』などが載った「中学世界」には、読者が四ツ目綴じに綴じた本のほか、ハードカバーに綴じた本もありますが、ハードカバーの方は明治文学研究者である木村毅の旧蔵本であり、戦後の製

図5　「中学世界」合本二種。もとは紙くるみ装。

図6　「帝国文学」合本のさまざま。もとは紙くるみ装。

本である可能性もあります。実際に読むとわかりますが、紙くるみ装平綴じの雑誌をハードカバー製本にするとえてして開きにくく、針金や糸をとって「和装」にした方がかえって参照しやすい。最近モーパッサン著・広津和郎訳の『美貌の友（ベル・アミイ）』を和装に綴じ直した本を入手して大変愉快を覚えましたが、このタイプの合本を版元が行ったと考えられるのは漱石や芥川の作品が載った「帝国文学」です。

さらに文学に関していえば、雑誌のなかの小説（気に入った作）だけを切り抜いて綴じあわせる合本も、それなりに広く行われたようです。販売段階において洋装活字本の一種であるようにみえる雑誌は、「洋装」の「雑誌」としてテンポラリーに流通していたとはかぎらないということを申し上げました。

書入れ・検閲など

実際に流通した新聞雑誌には、所蔵者による書入れや検閲のあとが残されている場合があります。書入れは当該記事を読者が読んだ貴重な記録であることは言うまでもなく、地域の読書サークルで共有された雑誌などでは、一人の感想に対して他の人物が反論を書き、議論が巻きおこっている場合もあります。

検閲は明治期には大別して「発行停止」「発売禁止」「削除」に分かれ、対象となる記述は時期によってちがいます。記録上「発行停止」「発売禁止」とされている本が残っていることも珍しくなく、「削除」に関してはカッターナイフで頁を切りとるという単純かつ物理的な操作であるせいか、雑誌によって対象箇所が残っているものと残っていないものがあったりしますので、切り取り箇所には注意が必要です。昭和期の例でいえば、石川達三『生きてゐる兵隊』が掲載された号に削除箇所のヴァリエイションがあることを明かした牧義之氏の研究があります。

雑誌・新聞文献を扱うにあたって、目次以外に採集すべき情報は次の通りです。

【形態】

・サイズ、外装の有無
・残存形態…合本、帯封つきなど

【流通】

・発行年月日、号数、発行頻度
・出版社（者）、印刷社（者）、売捌所
・価格…単価、合本価格、地方価格、郵税
・所蔵者（データ採録場所）、蔵書印、記名、購求年月日など

【本文】

・他本文との異同
・口絵・挿絵の有無、画工名、写真キャプション
・広告
・書入れ・検閲（切取り）の有無

三、刊本――「重版」を中心に

文章が再録され、あるいは書き下ろしの形で刊行される「刊本」のところまで参りました。逐次刊行物は話題を集めるのに適しているけれども「本」を出すことで文章が世に長く残り伝えられるのだという意識は、明治人たちに共通して見てとることができます。

文学作品について、こうした本の〈作りかた〉の情報は文学作品や作者の精神とは直接関わらないので無視してよい、という見方をする人が時々います。誤り、とまでいう自信はありませんが、作家や詩人たちの文章に残された自著の装幀へのこだわりかたを見ても、そうとも言えないのではないかと私は思います。

いつか、是非、出さんと思ふ本のこと、
表紙のことなど

妻に語れる。

（石川啄木『悲しき玩具』）

もう一方で、本の形を内容とは関わりないもののように扱うのも、なぜそこに「文字」が書いてあるのかということを忘れた態度と言えるでしょう。

そしてこの明治期刊本こそ、江戸以前の「和本」と西洋由来の「洋装本」がせめぎあい百花繚乱の様相を呈した領域であり、形態的分類に手をつけようとすると誰もがほとほと手を焼いてしまう、おそらく世界的にも珍しいほど多様な書物文化を看取できる地点です。

〈本〉の際限ない差異

まず印刷は木版印刷と活字印刷、組んだ活字を厚紙に捺して紙型《しけい》をとり、そこに再び真鍮を流し込んでつくる紙型印刷などに分かれ、活字のフォントも多岐にわたり、一枚ごとの印刷と新聞の輪転機印刷などがあります。絵の方では木版、木口木板、銅版、石版、コロタイプ写真とさらに細かく印刷方法が分かれます。

製本方法に和装／洋装の別があることはもちろんですが、明治期の和装本は頁が袋綴ではなく単葉の本が増加し、漢籍では清朝由来の「唐本」（竹をつかった非常に白い紙の、縦長の形の本）が比較的簡単に作れるようになるなどの違いがあります。洋装本には紙くるみ装、クロース装、羽二重装、革装などの表紙の違いがあり、背も角背《かくせ》（フラットバック）／丸背《まるせ》（ラウンドバック）の別、ホローバック（頁を開いたときに背が割れないように余裕を持たせる作り方）やディッチ（開くときの溝）の有無、背題の有無や表紙・背題印刷方法の別（箔押《はくおし》／

印刷)、木口を裁断し揃えているかどうか、天金・マーブルの有無、スピン(しおり)の有無、などの分類項があります。和本の綴じかたに康熙綴や四ツ目綴などがあることはこのテキストの読者ならもう知っている通り。洋装本には、針金綴/糸綴/リボン綴/こより綴など綴じる材料の別、それから平綴じ(仮製本ともいう)/かがり綴じ(本製本ともいう)の別があり、近年の研究では平綴じにも支持体の数を含めていくつかの種類があることや、製本の際の紙の使いかたの違いまでわかってきました(磯部敦氏・木戸雄一氏の研究による)。内容細目についても序跋や題詞、欄外批評、肖像・繡像、口絵、挿絵といった和本と共通する採録項目以外に写真(重版本には木板口絵をコロタイプ写真などで再録する場合もある)があったり、外装でいえば近世の「袋」だけでなく「カバー」や「函」があらわれます(函には針金をつかった「機械函」と糊をつかう「貼函」がある)。「〇〇著」/「〇〇作」/「〇〇編」/「〇〇纂訳」など、主たる執筆者の行為をあらわす言葉にも種類があります。

こうした変化が和装から洋装へという軸に沿っているかといえばそうでもなく、たとえば文学書では明治十年代(一八七七~八六年)頃に「ボール表紙本」という洋装本の雰囲気を真似た本(ただし綴じ方は和装の四ツ目綴じなどにボール表紙をくっつけただけのものも多い)があらわれるものの明治二十年代(一八八七~九六年)には紙くるみ装の本が主流となり、明治三十年代(一八九七~〇六年)の半ばをすぎてようやく現在のハードカバー製本にやや近い本があらわれ、しかし唄の本や都市情報を記す本などは相変わらず横長の本も昭和期に至るまで多く出る、といった具合です。はじめ和装四ツ目綴じで出ていたタイトルが再版でボール表紙になる例もあります(モンテスキュー著、何礼之訳『万法精理』や『英和通信』、坪内逍遥『当世書生気質』など)。とにかくあまりに分類項目が多くて困ってしまうことは事実ですが、最近では国立国会図書館、立命館大学アート・リサーチ・センター、国文学研究資料館などが近代本のデジタル画像を公開していますので、まずは近代本を一冊手にして画像と見くらべてみるのが目を養うための早道です。

奥付の読みかた——流通のウラオモテ

近代本を識別するために用いられてきたのが「奥付《おくづけ》」でした。奥付には出版年時・印刷年時・著者・定価・出版人・印刷人・売捌所といった情報が書いてあるというのがその理由です。しかしこの奥付もまた必ずしも「正確」とはいえないことが近年の研究では明らかになっています。まず雑誌や単行本の発売日は奥付に記載してあるものとは異なり、これは東京府下の新聞で当該書籍の広告を確認してみればすぐにわかることです。さらに発売日とは異なる「出版年時」というものが仮にあるとしても、その記述が重版過程でズレていく例（初版年時が後の重版で誤って記載されたり他の本の初版年時がまぎれこむ。中江兆民『一年有半』や徳富蘆花『自然と人生』など）や、重版に記載されている版がどうも現実には見あたらないといった例（与謝野晶子『みだれ髪』再版）も報告されています。検閲などをはばかって著者名・出版人名に別人の名義を使用するのは明治本の常套手段、定価も頻繁に出版社や各地の書店によって改定されたことは、貼付された紙やゴム印が示しています。「奥付にこう書いてあるから」というだけでそのまま目録に載せることがためらわれるようなデータが、ここにはときどき印刷されているわけです。

こうした明治本奥付のウラとオモテについてはコラムでもふれました（「ナポレオンの妻の物語」）。国文学研究資料館古典籍講習会の二〇一八年度テキストとして書かれた谷川恵一氏の「近代文献について――奥付の読み方」を、ぜひおすすめしたいと思います。現在のところこれを超える詳細な参考文献はありません。

「重版」の重要性

「重版」の情報を奥付以外の部分まで追ってみると意外な広がりが見えること自体は、明治後期以降の出版でも変わりません。よほどの文学好きでもいないかぎり、各地の図書館や文学館、資料館に収まる明治本は再版以降の版が多いのですが、〈残しかた〉や〈読まれかた〉を知る上では、重版本は初版本以上に重要なのかもしれません（ただし著者・出版社による〈作りかた〉の理想を知る点では初版本が重要で、また初版本にも異装や日付違いの本があります）。

考えてみると「重版」というのは和本の時代にはなく――「後刷り」はもちろんありますが――近代本にのみ存在する、奇妙といえば奇妙な概念です。私自身、過去の古典籍講習会のテキストで森鷗外の『水沫集』を扱って一八八〇年代から一九二〇年代までの重版史を追ってみたり、大正期に顕著にあらわれる「百版本」の流れを追ったことがあります。一つの文章が本から本へとわたりあるき、再録され、別の出版社からまた形を変えて出ていく様は、中世・近世における写本にも似たところがあります。転写あるいは変形の連鎖、それぞれの本が残存しつづけてしまう滞留あるいは持続の相にこそ、日本近代における本と文学の関係構造があるのかもしれません。

書入れなど

雑誌にも読後感を記すものがあることは先に述べましたが、いわゆる「書入れ」が多いのはやはり刊本です。書入れの形式には近世以来の圏点・批点（「〇」「◎」「〻」など）、近代に入って登場したアンダー・ライン、あるいは文章による書入れなどの種類があり、森鷗外などは近代小説にも欄外に漢文で批評を書き込んだりしていました（「鷗外文庫書入本画像データベース」で確認可能）。

鷗外や漱石の旧蔵書への書入れはすでに全集やデータベースで一部が公開され、近年では芥川龍之介や堀辰雄、室生犀星、中野重治、伊藤整、正宗白鳥といった作家についても組織的な調査が進みつつあります（近代作家旧蔵書研究会）。文学書への書入れは書き手の文学意識を量るための貴重な資料で、作品の典拠を知る手がかりにもなります。ただし書入れは日本の読者が多く行った作業であるわけで、身近な一冊への無名人の書き込みが、その本や本が書かれた時代への貴重な導きの糸になることもあります。ぜひ区市町村の図書館や県立図書館などの古い本がまとまってある場所に赴いて、（今ではいけないことですが）昔の人が書入れをしていないかどうか、見てみてください。寄贈によって引き受けた本などにはしばしば面白いことが書きこんであります。

近代の刊本について採録したい項目は左の通りです。ただしあまりに分類項が多いので、判明したら最低限採録していただきたい情報には傍線を引きました。さらに細かい項目については、国文学研究資料館が公開している「近代文献調査マニュアル」の二〇一五年五月三十一日増訂版をご覧ください。その後の画像データベースの拡充により現在の調査項目とは異なっていますが、もっとも細やかな調査項目数はこの版で知ることができます。

【本文】

・著者、序・跋・題詞・欄外批評などの著者

・口絵・肖像・挿絵・写真の有無、印刷方法とキャプション

・広告

・頁数

【形態】

・サイズ

・装幀…和装／洋装の別、表紙の材質、背の形（角背／丸背／ホローバック有無／ディッチ有無）、綴じ材料（糸／リボン／こより／針金）、綴じ方（平綴じ／本製本）、天金／マーブルの有無と場所、しおりの有無、装幀者名・画家名、外装・つきものの有無（袋／カバー／函／帯／リーフレット／はがき）

【奥付】

・発行年月日、版数、発売者（出版人）、印刷所（印刷人）、売捌所、価格

【来歴】

・旧蔵者名、流通情報（書店／古書店／貸本屋／図書館）

・データの採録地

・国立国会図書館の所蔵情報の有無、Cinii Books等の所蔵情報の有無

最初に申し上げた通り、近代は「本」のかたちが他に類を見ないほどの広がりを持った時代です。文献学の対象としてこれほど面白い領域はありません。この一講義が、どこに向かってもすぐに前人未踏の通路があらわれるところへと読者の皆さんが踏み出してゆくための、わずかな手がかりになれば幸いです。

参考文献

【自筆資料】

青木正美『自筆本蒐集狂の回想』(青木文庫、一九九三年)
松澤和宏『生成論の探究――テクスト・草稿・エクリチュール』(名古屋大学出版会、二〇〇三年)
日本近代文学館『近代文学草稿・原稿研究事典』(八木書店、二〇一五年)
日本近代文学館『小説は書き直される――創作のバックヤード』(秀明大学出版会、二〇一八年)
※ほか、宗像和重氏、戸松泉氏、十重田裕一氏、渡部麻実氏による一連の原稿研究も重要。

【雑誌・新聞】

◆総説

前田愛『近代読者の成立』(原著、有精堂、一九七三年。岩波現代文庫、二〇〇一年)
『雑誌探索』(朝日書林、一九九二年)をはじめとする、紅野敏郎の著書
永嶺重敏『雑誌と読者の近代』(日本エディタースクール出版部、一九九七年)

山本武利編『新聞・雑誌・出版』（ミネルヴァ書房、二〇〇五年）
坂口博『校書掃塵　坂口博の仕事Ⅰ』（花書院、二〇一六年）
山田俊治「情報伝達手段論——こより綴じの和装活版本について」（『日本「文」学史　第二冊　「文」と人びと——継承と断絶』勉誠出版、二〇一七年）
佐藤卓己『『キング』の時代——国民大衆雑誌の公共性』（岩波現代文庫、二〇二〇年）

◆挿絵・口絵・写真

井上祐子『日清・日露戦争と写真報道』（吉川弘文館、二〇〇〇年）
黒岩比佐子『編集者国木田独歩の時代』（角川選書、二〇〇七年）
木股知史『画文共鳴』（岩波書店、二〇〇八年）
愛媛県美術館・毎日新聞社編『杉浦非水 時代をひらくデザイン』（毎日新聞社、二〇二一年）
日本近代文学館・出口智之編『明治文学の彩り 口絵・挿絵の世界』（春陽堂書店、二〇二二年）
※ほか、鏑木清方記念館が発行する鏑木清方関連の図録、小村雪岱に関する真田幸治氏の諸論考。

◆検閲

牧義之「誌面削除が生んだテキスト・ヴァリアント——石川達三「生きてゐる兵隊」から」（『伏字の文化史 検閲・文学・出版』森話社、二〇一四年）
金ヨンロン・尾崎名津子・十重田裕一編『「言論統制」の近代を問いなおす 検閲が文学と出版にもたらしたもの』（花鳥社、二〇一九年）

【単行本】

川島幸希『初版本講義』（日本古書通信社、二〇〇二年）
谷川恵一『歴史の文体　小説のすがた』（平凡社、二〇〇八年）
浅岡邦雄『〝著者〟の出版史——権利と報酬をめぐる近代』（森話社、二〇〇九年）

「歴史を「編輯」する――群生する『近世太平記』『明治太平記』の内と外」（『文学』二〇一五年四月）をはじめとする磯部敦の諸論考。

山中剛史『谷崎潤一郎と書物』（秀明大学出版会、二〇二〇年）

谷川恵一「近代文献について――奥付の読み方」（https://kokubunken.repo.nii.ac.jp/?action=pages_view_main&active_action=repository_view_main_item_detail&item_id=3882&item_no=1&page_id=13&block_id=21）

木戸雄一「書物の転形期：和本から洋装本へ」（https://note.com/kidoyou/m/m69c97d17cfc8/hashtag/1311864）

拙稿「水沫集の重版を読む」（『日本古書通信』二〇一六年六月）、「百版本の世界」（『日本古書通信』二〇一七年九月）・「明治以来の百版本――桜井忠温『肉弾』・新渡戸稲造『修養』・徳冨蘆花『自然と人生』『みみずのたはこと』など」（『日本古書通信』二〇二〇年十一月）

ナポレオンの妻の物語――多田蔵人

【講義9】「近代本の世界」で申し上げた通り、近代本の「重版」には実にさまざまな様相がありますが、とりわけ扱いが難しいのは明治二十六年の出版法公布以前の本です。ここではひとつ例を挙げてみることにしましょう。アボット著、秋庭楓山（濱太郎）訳『那翁外伝　閨秀美談』（一八八五年刊）という伝記小説です。

一、『閨秀美談』

『閨秀美談』はナポレオンの妻、ジョゼフィーヌ（徐世賓《ジョセフヒン》、Joséphine de Beauharnais）の伝で、明治のナポレオン・ブーム――言うまでもなく、一介の平民の子から皇帝にまで昇りつめたため立身出世主義の憧れの的になった――を受けて訳された本です。原著はフランスで出たRichards, *Histoire de L'Impératrice Joséphine,* 1849で、秋庭は「アボット」の英訳（Abott, *History of Josephine,* 1851）から本書を重訳したと考えられます。

『閨秀美談』の「初版」は表紙以外の部分が国立国会図書館のデジタル・コレクションで閲覧可能です。「明治十八年五月　出版」と奥付にあり、出版人は「愛知県士族／山本秀雄」、発兌人は「大阪府平民／藤谷虎三」とあります。国会図書館のＮＤＬオンラインには『閨秀美談：那翁外伝 2版』と件名を付した本もあり、こちらの奥付には「明治十九年一月　出版」と記載があり、出版人は市川路周、これは「発兌」の箇所に名前

図1　『那翁外伝　閨秀美談』七冊

のある文事堂の代表者としてしばしば見かける人物です。このほか他機関の書誌には、明治十九年九月二日出版」とある「第三版」も確認でき、こちらも発兌元は「文事堂」です。

　しかしながらこれらの奥付をベースにした書誌情報はあくまでも図書館等における整理のためのものであって、これに基づいて『閨秀美談』は一八八五年五月に山本秀雄が初版を出版したのち再版は翌年文事堂が出し、三版まで重版した」と書くのは、不正確とはいえなくとも本書の流通実態に比してやや平板という印象を免れません。なぜなら右のほかに「明治十八年四月　出版」の奥付を持つ本が存在し、実物は未確認ながら「大阪朝日新聞」一八八五年（明治十八）六月に大阪の「花井卯助」なる人物が発行した『閨秀美談』の広告が載り、また国会蔵本「2版」とおなじく「明治十九年一月」に出版されていながら国会本とはかなり様相の異なる本が少なくとも三種類あって、それらの本が該書の出版流通を考える上で少々大事であるからです。

　私はこのタイトルを改装本もふくめて七冊所蔵しておりまして（図版）、「明治十八年四月、、出版」の奥付をもつ本が一冊、「明治十九年一月」は四冊、「明治十九年九月二日」は二冊あります。「プレ=初版」とでも

図2　ジョゼフィーヌ(とナポレオン)肖像のさまざま

図3　挿絵も趣がちがう

申しましょうか、「十八年四月」本の方は、出版年次のところに「五月」とある以外は国会本の「初版」と同一です。国会図書館の所蔵本がいわゆる「納本用」の本であって実際に流通した本の奥付と相異点が多いというのはしばしば指摘されるところで、この月表記のズレもその範囲におさまるものかもしれませんが、他にも架蔵本は出版人「山本秀雄」の下に「文岳堂出版章」の印、発兌人「藤谷虎三」の下に「敬文山章」の印があって、本書が文岳堂の出版物であることがわかります。

この十八年四月の架蔵本、あるいは十八年五月の国会本には序文の後にジョゼフィーヌとナポレオンの肖像が石版で掲げられており、篇中の挿絵も多数載っています。国会本の「明治十九年一月」本もこの点は同じですが、しかし「明治十九年一月」の奥付を持つ本には、この肖像や挿絵から陰影が失われ絵の前にあった遊び紙もないものや、絵が粗悪な木版摺に差し替わってしまっているもの、あるいは肖像もなくなって木板挿絵だけが載り版組も細かく、かつ他の「明治十九年一月」本の小口に施されているマーブル模様もない本があるのです。ジョゼフィーヌがカリブ海に浮かぶ「麻珍求《マアチンキウ》」（マルティニーク島）生まれの白人クレオール女性だったことを強調する本書の記述内容からすれば、ジョゼフィーヌの顔をどの肖像で読むかによって、やはりかなり異なる読書体験が生じるのではないかと思われます。

二、海賊版とその対策

こういうことがなぜ起こるのか。見やすい違いは、陰影ある精細な挿絵を載せる「明治十九年一月」本の

「売捌」情報には「売捌　辻岡文助」とあり、そうでない本は「全国各地売捌書林」あるいは「売捌全国各地書林」とある点でしょう。それから絵が木板になってしまった本のうち肖像のない本には、他の本の扉に印刷されていた「東京文事堂発兌」の表記がありません。ここからある程度「明治十九年一月」本の広がり方を推定することができるでしょう。

「明治十八年四月」本と同年「五月」本の奥付をあらためて見てみると、「弘通書肆」として東京・芝の山中市兵衛はじめ十三の本屋が名をつらね、「各府県売捌書肆」として北は弘前の野崎九兵衛、南は熊本の長崎次郎まで七十六の書店が挙がっています。「弘通書肆」と「売捌書肆」の関係はタイトルごとに違いますが、販売店（売捌書肆）のうち、今日にいう取次に近い役割をも担ったのが「弘通書肆」と見てよいでしょう。こうした形式で出版された「初版」の売れゆきを見た文事堂が、山本秀雄（文岳堂）あるいは花井卯助から紙型を買い受け、天保期以来の地本問屋として知られる辻岡屋文助に販売を任せることで、草双紙などの流通網をつかった販路確保を試みた（辻文は「初版」の売捌書林一覧にも名前があります）。ここにはジョゼフィーヌの物語は娯楽的な読み物として販売できるという読みがあったのかもしれません。しかし同時に「全国各地売捌所」を名乗る売捌書肆の「明治十九年一月」本が出まわり、これが文事堂の指示によるものかどうかは不明だが少なくとも作りが劣化した本であることは間違いなく、ついには版元である「文事堂」の名が奥付にはあっても扉からは削られ肖像もないような本、つまりは明らかに文事堂のコントロールを離れた文字通りの海賊版が売られていった、という経緯です。

「明治十九年九月二日」の出版年時表記のある「三版」二種類の内容はいずれも「売捌　辻岡文助」の「明治

十九年一月」本と大きな違いはなく（ただし外装の色や背題、表紙・ウラ表紙の型押模様などは違います）、発兌元は「文事堂」、ただし売捌情報は「売捌各府県書林」です。文事堂が辻岡文助にのみ流通を引き受けさせるのではなく、あらためて複数の書肆に依頼せざるをえなくなった経緯が見えるでしょう。

『閨秀美談』の「明治十九年一月」本のすこし後、末広鉄腸《すえひろてっちょう》の『二十三年未来記』や『雪中梅』がこうした偽版の洗礼を受けており、しかもここでは同題で微妙に内容も異なる本が出版され、鉄腸の『二十三年未来記』そのものが同題の本からタイトルを取っていたというような複雑な出版事情がありました（谷川恵一氏・西田谷洋氏・甘露純規氏の研究あり）。これらの本は、従来の娯楽的な本の販路と知的な本の販路のあいだを行くような本があらわれたこと、本の商圏が広がり商機を求める本屋が多く参入した様、そして流通網のむこう側にいる読者の興味が変容しつつあった様を示しているわけです。

参考文献

谷川恵一「翻刻の領野——末広鉄腸『二十三年未来記』」（国文学研究資料館編『明治の出版文化』二〇〇二年）
西田谷洋「イペルテクスト性とテクスト生成——末広政憲と末広鉄腸の政治小説」（『近代文学研究』二〇〇二年五月）
甘露純規「博文堂と偽版」（『剽窃の文学　オリジナリティの近代』森話社、二〇一一年）

column

「普通の本」の大切さ――多田蔵人

「図書館にない本」といえば、普通はいわゆる「稀覯本」を思い浮かべる方が多いのではないかと思います。手書きの資料はもちろん、私家版や販売部数の少ない本、発売禁止処分を受けた本、そもそもアンダーグラウンドで流通した本などです。

しかしこうした本には案外注目が集まっていて、熱心なコレクターの著書から情報を得ることもできます。むしろ真に失われつつあるのは、明治や大正、昭和の家庭でごく日常的に使われていた本の方です。暦の本や年表や日めくり暦、雑誌の附録などになった料理のレシピ、ファッションの本、受験参考書、辞書、手紙の書き方をはじめとする文例集、礼儀作法の本、家庭向け医学書、手帳、出納簿、ノート、日記帳などなど…。ちょっと本を買う余裕のある家なら本棚に並んでいて生活を導いていたはずのこれらの実用書類は、使い捨てる場合が多く、かつ図書館などにも収蔵されないために忘れ去られる危険のもっとも高いジャンルです。

国文学研究資料館では現在、「文例集」の共同研究を進めています。手紙の書き方の本や受験用の和文英訳文例、日記帳、俳句の作りかたなど、近代人たちが何かを「書く」際に参考にした本を集めていくことで、文章に関する当時の「常識」を浮き彫りにしようとするプロジェクトです。これまでに集めた文例集一五〇〇点ほどのうち国立国会図書館に所蔵のないものを調べてみたところ、二五〇点以上にものぼることがわかって驚いたこともありました。東京都港区の三康図書館にも、こうした実用的な語彙集・文例集が多く所蔵されています。三康図書館の蔵書は、戦前の東京における唯一の公開市民図書館「大橋図書館」（出版社博文館の社主、大橋佐平の遺志を継いで創建）の蔵書を引き継ぐもので、学問研究や政治とは違う目的で図書館に通い、勉強したり調べ物をした人々の参照資料が多く残っているわけです。

これらの本が浮かびあがらせる「文章の常識」は、文学研究にとっても大変有用です。たとえば夏目漱石の『こころ』の後半、「先生の遺書」という部分は、すべて手紙で成りたっています。青年に自分の死の理由を告げる「先生」の手紙は、はじめから終わりまで「言文一致体」（話し言葉）で書かれていますが、それは当時の手紙として一般的だったのでしょうか？　特殊な書き方だとしたら（結論だけ申し上げれば、かなり特殊です）、「先生」はなぜこうした文体で手紙を送ったのか、と考える研究の入り口ができるわけです。

近代人の「日常」を知る手がかりとなるこれらの本を、煙滅させるべきではありません。明治大正の実用書をまとまってお持ちの方がいたら、ぜひ、図書館に――国文学研究資料館でも結構です――寄贈していただきたいと思います。

蔵書形成の意義

国文研のコレクション紹介を兼ねて

――木越俊介・齋藤真麻理

コレクションという言葉は美術館・博物館などで目にする機会が多いと思いますが、書籍の場合もある体系を有した集合体という点で、いわゆる美術品となんら変わりはありません。国文研にもいくつかのコレクションがありますが、それらを紹介するに先だって、書籍のコレクション、すなわち蔵書形成の意義とその存続のありようについて、少しばかり概説めいたことを記すことにします。

日本における蔵書形成の歴史をさかのぼると、朝廷や天皇、寺院など公的な保管を目的としたものにひとつの淵源を求めることができます。また、貴族の中でもとりわけ学問をこととする家や、近衛家・冷泉家などにも独自の蔵書が形成されました。つづく中世・近世以降になると幕府・大名や武家の中にすぐれた蔵書を有する人々が加わり、さらに学者・裕福な商人なども各自の目的にそったコレクションを形成していきます。そして近代に至ると、財閥、古書業者、書誌学者、研究者など、顔ぶれとともに蔵書の性格も多様なものとなります。

各コレクションはそれぞれの形成過程や蔵書内容は違えども、家であれ個人であれ、書籍を蒐《あつ》めることそのものが知をめぐる営為であるという点においては共通しています。そこには自ずと何らかの知の体系が作り出されるわけで、一点一点の書籍たちとその集合体としての蔵書、という視座を獲得すれば、書籍に記されていること以上の意義が、まさに木と森を同時に見据えるように理解することができるはずです。その意味で、こうしたコレクションをできる限り散佚させずに維持・保存していくことは、先人の知ならびに知をめぐる活動を未来に伝えるという点でとても重要な意味を持ちます。過去のコレクションの中には散佚してしまったものも多くありますが、歴史あるものでも、たとえば右に触れた近衛家・冷泉家の蔵書は、それぞれ陽明文庫、冷泉家時雨亭文庫としていまに伝えられているのをはじめ、特殊文庫として著名な機関は全国に多数あります。また、たとえ散佚しても、たとえば蔵書印などからコレクションの全体像をたどることも可能です。コレクションをめぐっては、そのカタログからはもちろんのこと、来歴やコレクション相互の関係性などにその時代や人々の相を読みとることができ、蔵書形成そのものが研究対象となるのです。こうした知の体系を可能な限り崩さず守ることも国文学研究資料館の活動の一つです。

国文学研究資料館は全国に一七機関ある大学共同利用機関の一つで、すべての大学の研究者が自由に集い、共同で最先端の研究を行うことのできる場として設置されました。そのため、大規模な学術データや貴重資料を収集し、広く提供しています。ここでは、所蔵される古典籍・近代文献の概要ならびに特別コレクションの中からそのいくつかをご紹介しましょう。

現在、江戸時代以前の書物が二万点、明治から大正期の書物が約四〇〇〇点所蔵されており、そのうち二二二点が貴重書です。国文研の研究者たちの眼識によって収集された『春日懐紙』(重要文化財)、鎌倉期写『源氏物語』一六帖、鎌倉期写『新古今和歌集』、『宗安小歌集』、奈良絵本『うつほ物語』、井原西鶴『好色一代男』、組合せ絵入り古活字版『曾我物語』、古活字版『阿弥陀胸割』、『芭蕉書簡』、永井荷風『来訪者』自筆原稿などがよく知られています。

さらに特色ある特別コレクションも充実しており、デジタル公開も進んでいます。

1．大名家・幕末明治期の個人コレクション

「田安徳川家資料（田藩文庫ほか）」八五〇点は徳川御三家、田安徳川家の蔵書で、田安宗武の著作類や日記が目を引きます。「山鹿文庫」一三二一点は儒学者・軍学者であった山鹿素行の蔵書で、五五種の重要文化財を含みます。

幕末明治期の漢詩人や儒学者などの蔵書も見逃せません。「杉浦梅潭文庫」二五三点は漢詩人、梅潭の日記や詩稿等、「広瀬青邨文庫」二三九点は広瀬淡窓の門人であった青邨の蔵書。「日本漢詩文集コレクション」八二六点は、作家中村真一郎が収集した江戸期から昭和に至る漢詩文集のコレクションです。「鵜飼文庫」一五三六点は自由民権運動家、衆議院議員の鵜飼郁次郎の蔵書で、日本古典文学はもとより、絵図や文書等まで多岐にわたっています。

2．研究者等による分野に特化したコレクション

橋本進吉や川瀬一馬、長谷章久、臼田甚五郎など、研究者の専門的知見から集められたコレクションが多くの方々に活用されています。「初雁文庫」七四九点は平安朝文学、とくに『古今和歌集』を専門とした西下経一の蔵書で、『古今和歌集』関係の伝本や注釈書類が二〇〇点を占めます。「高乗勲文庫」八〇四点は『徒然草の研究』で知られる高乗勲による『徒然草』関連のコレクション。「鉄心斎文庫」一〇八八点は蘆澤新

column

二・美佐子夫妻による『伊勢物語』の一大コレクションとして世界的に有名です。近年、松野陽一（当館元館長）の「松野陽一文庫」四八四点（近世の歌書や絵本類）や林望「古文真宝コレクション」「三体詩コレクション」七二八点等も当館の所蔵となりました。

当館のコレクション一覧は、サイト内の［サービス案内　＞　貴重書・コレクション一覧］から見ることができます（二〇二四年二月現在）。

参考文献リスト――工具書を中心に

おおよそ人文学におけるレファレンス書籍の総称を「工具書」と呼びます。ここでは本書に関連の深い工具書を中心に、参考となる書を一覧にしました。

＊書誌学総説

『図書学辞典』長沢規矩也編著（三省堂、一九七九年）

『日本書誌学用語辞典』川瀬一馬（雄松堂書店、一九八二年）

『日本古典籍書誌学辞典』井上宗雄ほか編（岩波書店、一九九九年）

『古書のはなし　書誌学入門』長沢規矩也（冨山房、一九九四年）※一九七二年刊の再刊

『図解書誌学入門』長澤規矩也（汲古書院〈図書学参考図録　入門篇・4〉、一九七六年）

『書誌学序説』山岸徳平（岩波書店〈岩波全書セレクション〉、二〇〇八年）※一九七六年刊の再刊

『日本古典書誌学総説』藤井隆（和泉書院、一九九一年）

『書誌学の回廊』林望（日本経済新聞社、一九九五年）※のち『リンボウ先生の書物探偵帖』（講談社文庫、二〇〇〇年）と改題

『増補　書藪巡歴』林望（筑摩書房〈文庫〉、二〇一四年）※一九九五年刊の文庫化、『書誌学の回廊』の一部も含む

『日本書誌学を学ぶ人のために』廣庭基介・長友千代治（世界思想社、一九九八年）

『書誌学入門』川瀬一馬・岡崎久司編（雄松堂出版、二〇〇一年）

『書誌学入門　古典籍を見る・知る・読む』堀川貴司（勉誠出版、二〇一〇年）

『図書大概』大沼晴暉（汲古書院、二〇一二年）

『表紙裏の書誌学』渡辺守邦（笠間書院、二〇一二年）

『和書のさまざま』国文学研究資料館編・中村康夫監修（和泉書院、二〇一五年・CD-ROM１枚付属）

＊古典籍の書誌学・史学

『原典をめざして　古典文学のための書誌　新装普及版』橋本不美男（笠間書院、二〇〇八年）※一九七四年刊、新装版一九九五年刊の普及版

『古典籍が語る　書物の文化史』山本信吉（八木書店、二〇〇四年）

『古典籍研究ガイダンス　王朝文学をよむために』国文学研究資料館編（笠間書院、二〇一二年）

『日本古典書誌学論』佐々木孝浩（笠間書院、二〇一六年）

＊原資料を知るために

『古写本の姿』藤本孝一編（日本の美術・436、至文堂、二〇〇二年）

『古筆鑑定必携　古筆切と極札』村上翠亭ほか（淡交社、二〇〇四年）

『古典籍の装幀と造本』吉野敏武（印刷学会出版部〈デザイン製本・3〉、二〇〇六年）

『文書・写本の作り方』藤本孝一編（日本の美術・505、至文堂、二〇〇八年）

『古文書修補六十年　和装本の修補と造本』遠藤諦之輔（汲古書院、一九九六年）

『書跡・典籍、古文書の修理』池田寿編（日本の美術・480、至文堂、二〇〇六年）

『古典籍古文書料紙事典　必携』宍倉佐敏編（八木書店、二〇一一年）

『板木の諸相』永井一彰（日本書誌学大系・111、青裳堂書店、二〇二一年）

『新版　日本の伝統色　その色名と色調』長崎盛輝（青幻舎、二〇〇六年）

＊分類・蔵書・文庫について

『新編和漢古書目録法』長澤規矩也（汲古書院、一九七九年）

『三大編纂物、群書類従、古事類苑、国書総目録の出版文化史』熊田淳美（勉誠出版、二〇〇九年）

『宮内庁書陵部書庫渉猟　書写と装訂』櫛笥節男（おうふう、二〇〇六年）

『本を千年つたえる　冷泉家蔵書の文化史』藤本孝一（朝日新聞出版〈朝日選書・870〉、二〇一〇年）

『幕府のふみくら　内閣文庫のはなし』長澤孝三（吉川弘文館、二〇一二年）

＊近世期出版関係・書目一覧など

『増訂版　慶長以来書賈集覧　書籍商名鑑』井上和雄編・坂本宗子増訂（高尾書店、一九七〇年）
『徳川時代出版者出版物集覧（正・続年）』矢島玄亮（萬葉堂書店、一九七六年）
『江戸時代初期出版年表　「天正十九年〜明暦四年」』岡雅彦ほか編（勉誠出版、二〇一一年）
『江戸時代前期出版年表　「万治元年〜貞享五年」（上・下）』岡雅彦編（勉誠社、二〇二三年）
『元禄・正徳板元別出版書総覧』市古夏生編（勉誠出版、二〇一四年）
『享保以後板元別書籍目録』坂本宗子編（清文堂出版、一九八二年）
『享保以後江戸出版書目　新訂版』朝倉治彦・大和博幸編（臨川書店、一九九三年）
『享保以後大阪出版書籍目録』大阪図書出版業組合編（復刻版・龍溪書舎、一九九八年）
『赤本黒本青本書誌　赤本以前之部』『赤本黒本青本書誌　黒本青本之部（上）』木村八重子編（日本書誌学大系・95（1）（2）、青裳堂書店、二〇〇九年、二〇二三年）
『改訂　日本小説書目年表』山崎麓編（ゆまに書房〈書誌書目シリーズ・6〉、一九七七年）
『増補改訂　近世書籍研究文献目録』鈴木俊幸編（ぺりかん社、二〇〇七年）
『近世・近代初期　書籍研究文献目録』鈴木俊幸編（勉誠出版、二〇一四年）

＊近世期の書籍ならびに出版・流通について

『出版事始　江戸の本』諏訪春雄（毎日新聞社、一九七八年）
『江戸の板本　書誌学談義』中野三敏（岩波書店、一九九五↓〈岩波人文書セレクション〉、二〇一〇年）
『近世日本における書籍・摺物の流通と享受についての研究――書籍流通末端業者の網羅的調査を中心に』鈴木俊幸編（一九九六〜一九九八年度科学研究費補助金基盤C（2）、一九九九年）
『和本入門（正・続）』橋口侯之介（平凡社、二〇〇五・二〇〇七年↓〈平凡社ライブラリー〉、二〇一一年）
『和本の海へ　豊饒の江戸文化』中野三敏（角川学芸出版〈角川選書・436〉、二〇〇九年）
『和本のすすめ　江戸を読み解くために』中野三敏（岩波書店〈岩波新書〉、二〇一一年）
『書籍流通史料論序説』鈴木俊幸（勉誠出版、二〇一二年）
『海を渡ってきた漢籍　江戸の書誌学入門』高橋智編（日外アソシエーツ、二〇一六年）

＊近世期の本屋について

『江戸の本屋さん　近世文化史の側面』今田洋三（日本放送出版協会〈ＮＨＫブックス・299〉、一九七七→平凡社〈平凡社ライブラリー〉、二〇〇九年）
『改訂増補　近世書林板元総覧』井上隆明（日本書誌学大系・76、青裳堂書店、一九九八年）
『江戸の古本屋　近世書肆のしごと』橋口侯之介（平凡社、二〇一八年）

＊蔵書印譜について

『増訂　新編蔵書印譜』渡辺守邦・後藤憲二編（日本書誌学大系・103（1）―103（3）、青裳堂書店、二〇一三～二〇一四年）
『近代蔵書印譜』中野三敏編（日本書誌学大系・41（1）―（6）・補、青裳堂書店、一九八四～二〇二三年）

＊近代文献について

『近代読者の成立』前田愛（原著、有精堂、一九七三年→岩波現代文庫、二〇〇一年）
『蒐書家・業界・業界人』反町茂雄（八木書店、一九八四年）
『雑誌探索』（朝日書林、一九九二年）をはじめとする、紅野敏郎の著書
『自筆本蒐集狂の回想――（付）近代作家　現行・書簡流通価格史』青木正美（青木文庫、一九九三年）
『雑誌と読者の近代』永嶺重敏（日本エディタースクール出版部、一九九七年）
『一古書肆の思い出』反町茂雄（全五巻、平凡社、一九九八～九九年）
『初版本講義』川島幸希（日本古書通信社、二〇〇二年）
『生成論の探究――テクスト・草稿・エクリチュール』松澤和宏（名古屋大学出版会、二〇〇三年）
『新聞・雑誌・出版』山本武利編（ミネルヴァ書房、二〇〇五年）
『編集者国木田独歩の時代』黒岩比佐子（角川選書、二〇〇七年）
『画文共鳴』木股知史（岩波書店、二〇〇八年）
『歴史の文体　小説のすがた』谷川恵一（平凡社、二〇〇八年）
『〝著者〟の出版史――権利と報酬をめぐる近代』浅岡邦雄（森話社、二〇〇九年）
「明治以来の百版本――桜井忠温『肉弾』・新渡戸稲造『修養』・徳冨蘆花『自然と人生』『みみずのたはこと』など」多田蔵人（「日本古書通信」、二〇一〇年一月）

『明治前期の本屋覚書き　附．東京出版業者名寄せ』磯部敦編（金沢文圃閣、二〇一二年）
「誌面削除が生んだテキスト・ヴァリアント――石川達三「生きてゐる兵隊」から」牧義之（『伏字の文化史　検閲・文学・出版』森話社、二〇一四年）
『近代文学草稿・原稿研究事典』日本近代文学館編（八木書店、二〇一五年）
『校書掃塵――坂口博の仕事』坂口博（花書院、二〇一六年）
「水沫集の重版を読む」多田蔵人（「日本古書通信」、二〇一六年六～八月）
「百版本の世界」多田蔵人（「日本古書通信」、二〇一七年九月）
『谷崎潤一郎と書物』山中剛史（秀明大学出版会、二〇二〇年）

国文研を利用しよう

国文学研究資料館とは？

一九七二年の創設以来、日本の古典籍・近代文献に関する資料と研究の蓄積を行う国立の研究機関。共同研究の拠点であり、閲覧業務、各種データベースの提供などのサービスを行う。

資料を閲覧するには？

館内にある図書館（閲覧室）では、国文学・歴史資料の原本・マイクロフィルムのほか、研究資料等を収集・保存しております。これら資料の閲覧サービスを行っています。当館の資料を必要としている方は、閲覧室にて利用カードを発行すればどなたでも利用することができます。

事前予約が必要な資料について

歴史史料・貴重書・特別コレクション・寄託資料の閲覧は事前予約制です。予約

問い合わせ・申し込み

〒190-0014 東京都立川市緑町 10-3
大学共同利用機関法人人間文化研究機構
国文学研究資料館　管理部学術情報課　情報サービス係

TEL=050-5533-2928
FAX=042-526-8607
MAIL=etsuran@nijl.ac.jp
URL=https://www.nijl.ac.jp/

が集中した場合や希望点数が多い場合は、希望日の変更、または点数の制限をさせて頂く場合があります。形状が特殊な資料については、事前にお問い合わせください。

・受付期間
利用希望日の一ヶ月前から一週間前まで
・申込方法
①予約システム②メール③郵送またはFAXのいずれかで必要項目を連絡。※①予約システムの場合は備考欄に記載
・必要項目
◎氏名◎所属（身分）◎連絡先（電話・FAX・メール）◎閲覧希望日◎閲覧希望資料（請求記号・資料名・部編等）

開館日・開館時間などを含め詳しくは、国文学研究資料館のサイト内の「本・資料を探す」→「図書館を利用する」（https://www.nijl.ac.jp/search-find/）をご覧ください。

ACCESS

多摩都市モノレール、ＪＲ東日本利用の場合
・JR 立川駅下車、多摩モノレール立川北駅に乗り換え、高松駅下車徒歩 10 分
　またはＪＲ立川駅下車、徒歩約 25 分
立川バス利用の場合
・JR 立川駅北口２番のりば乗車の場合
「立川学術プラザ」バス停下車、徒歩１分（「立川学術プラザ」バス停は始発から 18 時台のみ運行）
　または「裁判所前」バス停下車、徒歩５分。
・JR 立川駅北口１番のりば乗車の場合
「立川市役所」バス停下車、徒歩３分

あとがき

　ここまですでに触れられているとおり、本書は毎年開催されている古典籍講習会の一部をもとにしています。とはいえ、一冊の書籍としてまとまりのある新たなものを編もうとの思いから、一から取組みました。このことは、わたしたちが常日頃伝えようとしていることの本質は何か、と自らに改めて問い直すいい機会にもなりました。そうして本書の企画をあたためていく段階で、たしかな手応えとともに芯のようなものとして見えてきたテーマが、書名にも掲げた〈かたちと文化〉でした。書籍という〈かたち〉あるものに即して理解を深め、時には想像を広げることでその先にあるものへとたどっていく。そこには自ずと〈文化〉の諸相があらわれる――目の前にある一冊から広がる、果てしない地平があることを本書から感じてとっていただけたなら、これに勝るよろこびはありません。

　また、本書は古典籍と近代文献の理解をめぐって、かなり実践的、実用的な側面を持っています。この方面に関心のある方や調査・研究を志す方に対してはもちろんのこと、たとえば図書館をはじめとする書籍を扱う場などにおいて、古い文献について問い合わせを受けたり、そうした資料の寄贈を受け整理をする必要に迫られたりする場面にも対応できるよう、やや大仰な言い方になりますが、どのような心構えと知識が必要になるかということに意識が向くよう配慮しました。それと同時に、くりかえしになりますが、こうした全てが大きく文化にかかわることがらであり、そこに携わることや触れることは理屈抜きに愉しいということとも、本書が体現していると自負しています。役に立つ本であり、ためになる本。この際、何のためかは必ずしも問う必要はないでしょう。あえて言うなら、生きていくことを豊かにするため。文化は広く世を照らしてくれる尊いものであり、このたびはそのうち、書籍という光によって映し出されるものを、九つの講義とコラム数編によって切り取った次第です。

もちろん、わたしたちも全てに知悉しているわけではありません。学びあうことは多くあり、講習会では折に触れお互いの講義を聴講し合っています。本書を通して、わたしたちと同じく、今後もみなさんが実際の資料に触れながら、国文研が提供するサービスを利用し、末尾に紹介した工具書をはじめとする多くの知見に学び、さらなる興味を広げていただくことを願っています。

本書刊行に至るまで多くの方にお力添えをいただきました。全てのお名前をここにあげることはできませんが、とりわけ編集を担当してくださった勉誠社の武内可夏子氏、ならびに吉田祐輔氏には多大なご尽力を賜りました。関係者一同、心より感謝申し上げます。

木越俊介

執筆者一覧（五十音順。＊は総合研究大学院大学併任教員）

入口敦志（いりぐち・あつし）　教授。専門は近世文学（近世前期の学芸・出版）＊
海野圭介（うんの・けいすけ）　教授。専門は中世文学（和歌・古典学）＊
落合博志（おちあい・ひろし）　教授。専門は中世文学（主として芸能・散文）＊
神作研一（かんさく・けんいち）　教授。専門は近世文学（和歌史・学芸史）＊
木越俊介（きごし・しゅんすけ）　教授。専門は近世文学（小説を主とした散文）＊
粂　汐里（くめ・しおり）　特任助教。専門は中世文学（お伽草子・語り物芸能）
齋藤真麻理（さいとう・まおり）　教授。専門は中世文学（とくに室町文芸と絵画）＊
多田蔵人（ただ・くらひと）　准教授。専門は近代文学（永井荷風を中心とした文体史）＊
松永瑠成（まつなが・りゅうせい）特任助教。専門は近世文学（出版文化と貸本文化）
渡部泰明（わたなべ・やすあき）　教授。専門は和歌文学＊

書誌学用語索引

【あ】

【か】

【さ】

【た】

【な】

【は】

【ま】

【や】

【ら】

【わ】

編集
大学共同利用機関法人 人間文化研究機構
国文学研究資料館
国内各地の日本文学とその関連資料を大規模に集積し、日本文学をはじめとするさまざまな分野の研究者の利用に供するとともに、それらに基づく先進的な共同研究を推進する日本文学の基盤的な総合研究機関。
創設以来50年にわたって培ってきた資料研究の蓄積を活かし、国内外の研究機関・研究者と連携し、日本の古典籍及び近代文献を豊かな知的資源として活用する、分野を横断した研究の創出に取り組んでいる。

本《ほん》　かたちと文化《ぶんか》
古典籍・近代文献の見方・楽しみ方

2024年2月20日　初版発行

編　集　大学共同利用機関法人 人間文化研究機構 国文学研究資料館
発行者　吉田祐輔
発行所　㈱勉誠社
〒101-0061　東京都千代田区神田三崎町 2-18-4
TEL：(03)5215-9021(代)　FAX：(03)5215-9025

印刷
製本　中央精版印刷

ISBN978-4-585-30011-3　C1000

江戸時代初期出版年表
天正十九年～明暦四年

出版文化の黎明期、どのような本が刷られ、読まれていたのか。江戸文化を記憶し、今に伝える版本の情報を網羅掲載。広大な江戸出版の様相を知る。

岡雅彦 ほか編・本体二五〇〇〇円（＋税）

江戸時代前期出版年表
万治元年～貞享五年

出版文化の華開いた万治元年から貞享五年の三十年間に、どのような本が刷られ、読まれていたのか。江戸文化を記憶し、今に伝える版本の情報を網羅掲載。

岡雅彦 編・本体三二〇〇〇円（＋税）

元禄・正徳　板元別出版書総覧

元禄九年から正徳五年に流通していた七四〇〇に及ぶ出版物を、四八〇以上の版元ごとに分類し、ジャンル別に網羅掲載。諸分野に有用な基礎資料。

市古夏生 編・本体一五〇〇〇円（＋税）

江戸時代の貸本屋
庶民の読書熱、馬琴の創作を支えた書物流通の拠点

長年にわたり諸資料を博捜してきた筆者が、江戸時代の貸本屋の展開、そして、書物と人びととのかかわりの諸相を描き出す書籍文化史論。

長友千代治 著・本体五〇〇〇円（＋税）